山与海的牵手

——精准扶贫思想指导下的珠海、怒江扶贫协作的"山海模式"研究

珠海市社会科学界联合会　怒江傈僳族自治州社会科学界联合会◎编纂

李祖超　曹诗友◎主编

·广州·

版权所有　翻印必究

图书在版编目（CIP）数据

山与海的牵手：精准扶贫思想指导下的珠海、怒江扶贫协作的"山海模式"研究/珠海市社会科学界联合会，怒江傈僳族自治州社会科学界联合会编纂；李祖超，曹诗友主编. —广州：中山大学出版社，2021.12

ISBN 978 – 7 – 306 – 07391 – 4

Ⅰ.①山… Ⅱ.①珠… ②怒… ③李… ④曹… Ⅲ.①扶贫—案例—中国 Ⅳ.①F126

中国版本图书馆 CIP 数据核字（2021）第 265216 号

SHAN YU HAI DE QIANSHOU
JINGZHUN FUPIN SIXIANG ZHIDAO XIA DE ZHUHAI、NUJIANG FUPIN XIEZUO DE "SHANHAI MOSHI" YAN JIU

出 版 人：	王天琪
策划编辑：	曾育林
责任编辑：	曾育林
封面题字：	张建猛
封面设计：	林绵华
责任校对：	周昌华
责任技编：	靳晓虹
出版发行：	中山大学出版社
电　　话：	编辑部 020 – 84110283，84113349，84111997，84110779，84110776
	发行部 020 – 84111998，84111981，84111160
地　　址：	广州市新港西路 135 号
邮　　编：	510275　传　　真：020 – 84036565
网　　址：	http://www.zsup.com.cn　E-mail：zdcbs@mail.sysu.edu.cn
印 刷 者：	广州市友盛彩印有限公司
规　　格：	787mm×1092mm　1/16　20.5 印张　368 千字
版次印次：	2021 年 12 月第 1 版　2021 年 12 月第 1 次印刷
定　　价：	68.00 元

如发现本书因印装质量影响阅读，请与出版社发行部联系调换

本书编辑委员会

顾　　　问：张　松　叶　真
主 任 委 员：蔡新华
副主任委员：李祖超　曹诗友　祝培荣
委　　　员：（以姓氏笔画为序）
　　　　　　杨延文　李祖超　肖劲松　张雪梅
　　　　　　林　湘　狐志昂　祝培荣　曹诗友
　　　　　　谢首军　蔡新华　谭昌训

本书编写组

主　　编：李祖超　曹诗友
副 主 编：林　湘　谢首军　陈庆庆
成　　员：（以姓氏笔画为序）
　　　　　仝宣文　刘百冰　李　霞　李梦柯
　　　　　张文冰　陈　蕾　陈俊泳　侯运丽
　　　　　彭锶雪　裴跃祖

序 一

习近平总书记指出,"中华民族是一个大家庭,一家人都要过上好日子"。2020年11月23日,中国832个贫困县全部脱贫摘帽,现行标准下中国农村贫困人口全部脱贫,中国取得了脱贫攻坚的伟大胜利。在这场伟大实践中,习近平总书记非常关心云南怒江各族群众,多次做出重要指示批示,亲切接见独龙族干部、群众代表,两次给独龙族群众回信。怒江傈僳族自治州作为全国深度贫困"三区三州"的典型代表、脱贫攻坚的"硬骨头",国务院指定广东省珠海市、中交集团等重点央企,24家中央或省级机关、企事业单位对口帮扶怒江。珠海和各帮扶单位全力帮扶,怒江人民迎难而上,不负总书记厚望,最终攻克深度贫困堡垒。2020年,怒江州26.96万贫困人口全部达到"两不愁三保障"标准,全州人口近1/5的10万农村群众搬出大山,傈僳族和怒族等"直过民族"实现整族脱贫,"一步跨千年"的梦想成为现实。

2020年12月14日,习近平总书记在给人类减贫经验国际论坛的贺信中写道:"消除贫困是人类共同理想","中国愿同世界各国一道,携手推进国际减贫进程,推进构建人类命运共同体"。中国减贫事业已经取得历史性成就,将中国减贫实践经验进行提炼总结,为国际减贫事业提供中国经验、中国方案,就是对构建人类命运共同体的一大贡献。中国减贫事业的经验需要广大社科理论工作者积极参与,共同丰富"中国减贫方案",为国际减贫事业和构建人类命运共同体贡献力量。

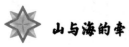

对云南怒江州脱贫攻坚取得的决定性成就进行总结,可以为"中国减贫方案"提供云南经验、怒江经验,为中国东西部扶贫协作提供广东经验、珠海经验。珠海和怒江两地社科界不负使命,主动践行习近平总书记关于新时代哲学社会科学工作的重要论述精神,联手开展珠海对怒江的精准扶贫和珠海对口怒江东西部扶贫协作的实践研究,形成了"山海模式"的脱贫经验,丰富了中国减贫经验的内容。

习近平总书记指出,全面建成小康社会、实现第一个百年奋斗目标,最艰巨的任务是脱贫攻坚。2020年脱贫攻坚圆满收官,并交出了满意的答卷。从2021年开始,中国乘势而上开启全面建设社会主义现代化国家新征程,向着第二个百年奋斗目标进军。因此,脱贫摘帽不是终点,而是新奋斗的起点。正如习近平总书记在写给独龙族群众的回信中指出的"脱贫只是第一步,更好的日子还在后头"。在新征程中,要运用好脱贫攻坚经验,巩固好脱贫攻坚成果,建立健全防止返贫机制,优先发展农业农村,统筹衔接乡村振兴战略。在党中央的坚强领导下,坚定不移走全国各族人民共同富裕的道路,坚定践行"社会主义道路上一个也不能少""全面建成小康社会,一个少数民族也不能少"的庄重承诺。

征途漫漫,唯有携手奋斗,我们需要以脱贫攻坚精神和追求幸福生活的斗志赢得未来。

是为序。

珠海市社会科学界联合会
2021 年 1 月

序　二

怒江傈僳族自治州是一个集边疆、民族、山区、贫困为一体的民族自治州，是"贫中之贫、坚中之坚、难中之难"典型的深度贫困地区，是云南省乃至全国最贫困的少数民族自治州，是全国"三区三州"深度贫困地区的典型代表，是全国边疆民族地区贫困问题最突出的缩影。

党的光辉照边疆，怒江人民心向党。怒江，一直是习近平总书记最牵挂、最关心的地方之一。党的十八大以来，习近平总书记就怒江脱贫工作先后做出多次重要指示批示，特别是一次会见、两次回信、一次听取工作汇报，为打赢怒江深度贫困脱贫攻坚战指明了方向、提供了根本遵循。怒江州委、州政府始终坚持以习近平总书记关于扶贫工作重要论述为根本指导，牢记嘱托，感恩奋进，严格按照中共中央、国务院和云南省委、省政府部署要求，把打赢深度贫困脱贫攻坚战作为首要政治任务和头等大事、头号工程，坚持以脱贫攻坚统揽经济社会发展全局，聚焦"两不愁三保障"，带领全州干部群众开足马力，一鼓作气，以"不破楼兰终不还"的气概，立下了坚决打赢怒江脱贫攻坚战的铮铮誓言。

光荣与梦想同在，责任与希望同行。自脱贫攻坚的发令枪打响，在这个没有硝烟的战场上，扶贫铁军以壮士断腕之决心，发扬"怒江缺条件，但不缺精神、不缺斗志"的怒江脱贫攻坚精神和"苦干实干亲自干"的怒江脱贫攻坚作风，用热血书写忠诚，将信仰化作丰碑。怒江州委、州政府主要领导带头每月驻村2天以上，广大党员、干部尽锐出战，8000多名扶贫队员驻村入户，2万多名干部结对帮扶，脱贫攻坚和基层党建实战队、驻村工作队、"背包工作队"、"扶贫暖心团"等精锐的队伍，在脱贫攻坚一线忠诚履职、甘于奉献、舍生忘死，倾心尽力为群众服务，谱写了一曲曲可歌可泣的扶贫壮歌。2015年以来，全州有28名同志先后在脱贫攻坚一线献出了宝贵的生命，有120多名同志受伤或患病。

四级书记抓脱贫，层层签订责任状，东西部协作江海携手，定点扶贫情深意长，行业帮扶抓铁有痕。珠海市3个行政区和5个功能区、18个乡镇（街道）、161家企业、57个社会组织与怒江州4个县（市）、18个贫困乡（镇）、161个深度贫困村实现结对帮扶。中交集团与怒江州形成50年不变的命运共同体，在交通、产业、教育等方面给予大力帮扶。三峡集团、大唐集团等集团，云南能投集团等中央、省级定点扶贫单位，以及全国工商联、中国光彩事业促进会、万科集团、华邦控股集团等单位和社会组织、爱心企业、社会各界人士，切实用真情开展帮扶工作，用真心帮助怒江发展，用真爱关怀贫困群众，各项帮扶工作取得明显成效。机关、事业、部队、企业一齐上阵，铸就"大扶贫"格局，抒写着一个个同心筑梦、携手追梦、奋进圆梦的感人故事。

截至2020年12月，全州产业覆盖有产业发展条件建档立卡贫困户的96%，贫困群众增收渠道不断拓宽。农村住房安全保障实现动态"清零"，所有学校全部达到"20条底线"办学标准。村村都建有标准化卫生室，配备了村医，符合城乡基本医疗保险参保条件的贫困人口实现应保尽保，大病救治进展率达到99.42%，家庭医生履约率达到98.34%。规划建设了67个集中安置点，完成了怒江历史上最大规模的搬迁行动，10万贫困群众搬出大山。建设了41个扶贫车间，设立了52

个就业创业服务站（点），转移就业47977人，易地扶贫搬迁家庭劳动力实现了户均1.85人就业。先后投入234.2亿元，推进高速公路、国道省道改扩建以及乡（镇）、村组公路建设，行政村公路硬化率达100%。完成怒江、澜沧江两岸36座"溜索改桥"项目，"过江靠溜索"的历史一去不复返。农村自来水普及率达90.25%，农村供水保证率达93.17%。所有行政村通动力电，所有公共服务和活动场所实现广播电视信号全覆盖，村委会、学校和卫生室100%通宽带，区域性发展的瓶颈制约得到有效破解。全州香料作物种植面积达144万亩，覆盖建档立卡贫困户1.13万户3.78万人，实现了生态效益和经济效益的"双丰收"。蔬菜、水果、中药材、生猪、肉牛等高原特色种养业蓬勃发展，17.4万农村劳动力通过转移就业有了稳定的收入来源。3万名贫困群众当上了生态护林员，带动12万建档立卡贫困人口稳定增收脱贫。实施"保生态、防返贫"生态建设巩固脱贫成果行动，185个生态扶贫专业合作社、2万多名贫困人口参与怒江、澜沧江两岸生态修复治理。完成"怒江花谷"示范点建设29个，累计种植各类观赏苗木2040.77万株19.08万亩。脱贫攻坚工作取得决定性成就，全州建档立卡贫困人口全部实现"两不愁三保障"，贫困村达到退出标准，全州如期实现了脱贫摘帽。

脱贫攻坚，让怒江发生了历史性沧桑巨变，昔日边远闭塞的"蛮荒之地"，一步跨千年，一跃奔小康，实现了从区域性深度贫困到区域性整体脱贫的历史"蝶变"。怒江美丽公路建成通车，兰坪丰华通用机场投入使用，保泸高速公路建成通车，所有行政村通硬化路，通省达边、内联外畅的大交通网初见雏形；10万贫困群众搬出大山，告别了篾笆房和木板房，迁入了传统民族文化与现代文明相融合的崭新社区，安居乐业奔小康；农村常住居民实现了从"苦日子"到"熬日子"再

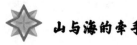

到"好日子"的巨大变化,人民群众发自内心"感恩共产党、感谢总书记",矢志不渝听党话、感党恩、跟党走;蓝天、碧水、青山让怒江成为一张靓丽的生态名片。怒江森林覆盖率达78.08%,居全省第二位,生态环境状况位居全省前列,贡山县成功创建国家级"绿水青山就是金山银山"实践创新基地,怒江州被生态环境部授予"第四批国家生态文明建设示范县市"称号;贡山县被命名为"第七批全国民族团结进步示范区(单位)",怒江州正式被国家民委命名为"全国民族团结进步示范州"。广大党员、干部在脱贫攻坚主战场得到了历练,提高了广大干部群众不断增强"四个意识"、坚定"四个自信"、做到"两个维护"的政治自觉、思想自觉和行动自觉,涌现出了"人民楷模"高德荣、"最美奋斗者"邓前堆、"全国最美支边人"管延萍等一批"有情怀有血性有担当"的怒江脱贫攻坚干部。

"脱贫摘帽不是终点,而是新生活、新奋斗的起点"。在开启全面建设社会主义现代化国家新征程新时代,站在"十四五"开局之年的新起点,我们要高举习近平新时代中国特色社会主义思想伟大旗帜,紧密团结在以习近平同志为核心的党中央周围,在云南省委、省政府的坚强领导下,继续发扬在脱贫攻坚中养成的干事创业的锐气、攻坚克难的勇气、善打胜仗的豪气,坚决守住脱贫攻坚成果,全面推进乡村振兴,开拓创新,真抓实干,为建设和谐、幸福、美丽新怒江而努力奋斗!

怒江傈僳族自治州社会科学界联合会
2021年1月

前　言

　　鸦片战争以来，为了摆脱落后挨打的困境，中华民族一直在追赶一波接一波的世界文明进步浪潮，为此一代又一代人前赴后继，流血牺牲，英勇奋斗。这个追赶，就是实现中华民族伟大复兴的中国梦。要实现中国梦，就需要实现现代化。而实现现代化，就需要解决现代化进程中出现的各种代价和成本问题。中国现代化的代价和成本包括城乡二元对立、工业与农业发展的不平衡、内地与沿海的发展差距、人民收入的贫富差距、老少边穷地区与中国其他地区的发展不平衡等问题。新中国在一穷二白的基础上，仅仅用了70年的时间就由农业大国变为工业大国，初步实现社会主义现代化，并摆脱了绝对贫困，正在实现共同富裕，这是中华民族勠力同心、共同奋斗的"人间奇迹"。全面实现现代化，全面实现共同富裕，最终实现共产主义，是一个相当长的历史过程，也是一项代代相续的伟大工程。新中国成立之初的30年是第一个发展阶段，计划经济时代个人和地区差别不是很大，为"平均论"时期。这一时期主要是加强国家和集体的积累，积极发挥劳动者的社会主义主人翁精神，致力于打好工业基础，努力使中国从农业国发展成工业国，实现从农业文明到工业文明的跨越。改革开放后进入第二个发展阶段，让一部分人先富起来，解决体制机制束缚，为"先富论"时期。在这一时期，我们党也注意到要兼顾公平，将"效率优先，兼顾公平"写入党的十四届三中

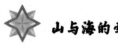

全会公报。2002年,党的十六大报告明确提出要建成惠及十几亿人口的更高水平的小康社会,此后,新中国历史进入第三个阶段,即"共富论"时期。① 党的十八大以来,党中央把脱贫攻坚摆在治国理政的突出位置,把脱贫攻坚作为全面建成小康社会的底线任务,组织开展了声势浩大的脱贫攻坚人民战争,最终取得了脱贫攻坚战的全面胜利,补上了共同富裕的短板,夯实了共同富裕的基础,向最终实现共同富裕跨出了历史性的一大步。

为呈现新时代东西部扶贫协作的创新实践硕果,丰富我国东西部扶贫协作的成功经验,深化对中国反贫困事业的研究,为世界反贫困事业提供成功案例,珠海市社会科学界联合会和怒江州(怒江傈僳族自治州,以下简称"怒江州")社会科学界联合会携手开展珠海市对口怒江州东西部扶贫协作理论和实践研究,组成调研组,深入怒江州开展调查研究,深入了解两地自2016年以来所进行的全方位、多层次、宽领域的扶贫协作工作,并取得第一手材料。珠海市社会科学界联合会会同中国地质大学(武汉)、珠海市智源社会经济发展研究院共同组建写作团队,经过近一年时间,潜心研究,精心打磨,终成本书。

珠海是中国改革开放后最早建立的经济特区之一,是岭南地域的一部分。岭南文明是南岭与南海之间的文明,具有开放、包容、多元的特点。珠海的地域文化属于香山(伶仃洋)文化,具有权变性、乐观性、民本性、笃行性、向心性的特点。中国文明因三种自然空间而分为山地文明、河流文明、海洋文明。中央民族大学麻国庆教授在《山海之间:从华南到

---

① 玛雅:《道路自信:中国为什么能》,北京联合出版公司2013年版,第23—25页。

东南亚社会》(《世界民族》2016年第6期)中将我国广东、广西、海南、福建、台湾、云南及东南亚国家等置于一个学术关联概念来研究,称之为"南部边疆区域",认为中国南部陆疆与海疆难以分开。"云南、广西等陆疆地区,同南中国海周边省份与东南亚在文化、经济方面的交流与互动从未中断。""相对于平地民以独立国家为中心,边陲山地民是以'部族'为中心的、远离国家的部族社会。"精准扶贫政策的落实,使云南怒江部分少数民族得以从部族社会直接过渡到社会主义社会,从人类学和社会学的角度来说,这是一种新的历史时期山海文明的互动结果,具有样本意义。"区域研究作为人类学重要组成部分,无论是在人类学学科起源和兴起的过程中,还是在人类学学科理论与学科流派的形成中,都具有举足轻重的作用。其目的在于通过区域个案的研究来认识区域整体。"① 脱贫攻坚导致的此区域内的地域空间、族群关系、社会发展、历史情境与海洋文明的互动与变迁,并不单纯是怒江史,也是区域史、流域史,具有中国现代化背景的中华文明区域互动下的局部与总体的比较研究价值。通过区域研究视角,可反映更多的"历史真实",因此,我们提供了这个具有各种数据和历史事实的文本。另外,中国大体而言,东部是沿海,西部是高山,故珠海市和怒江州开展东西部扶贫协作也可称为"山海协作"。我们希冀在中国扶贫战略这一大背景下展示海的深情、激情和友情,展现一种澎湃的时代风潮,同时也展示山的坚韧、刚强和毅力,展现另一种蓬勃向上、追求幸福的奋斗精神。怒江人说,"怒江缺条件,但不缺精神,不缺斗志";珠海人说,"我们到怒江不仅是来工作的,也是来学习的,是来

---

① 陈刚、徐舜杰:《人类学与山地文明》,黑龙江人民出版社2016年版,第464页。

受教育的"。这种精神对物质的能动作用在珠海对口怒江东西部扶贫协作中体现得特别明显,其实也是"山海协作"的另一种价值体现。根据 2016 年 7 月东西部扶贫协作座谈会精神,国务院确定珠海帮扶怒江。5 年来,珠海举全市之力,深度参与对口怒江州东西部扶贫协作,两地如兄弟般牵手合作,山与海文明互动,情深谊厚,硕果累累,共同感受社会主义大家庭守望互助的温暖,一同为中国多民族统一的格局做出了贡献。正是基于这样一种山与海的复杂关系,基于整体区域的文明互动关系,基于东西部扶贫协作与中国道路的关系,基于中国传统的群己观念和现代"文化集体主义"建设的关系①,我们将本书定名为"山与海的牵手"。

中国扶贫模式按类型分为开发式扶贫模式、保障式扶贫模式和两者相结合的扶贫模式;按特色分为绿色减贫模式、金融扶贫模式、深度贫困创新治理模式、精准扶贫模式、产业扶贫模式、教育扶贫模式、"非遗+扶贫"模式等;按地域分为福建的"宁德模式""闽宁模式",浙江的"山海协作"模式,贵州的"织金模式",云南的"云南扶贫开发模式""独龙江帮扶模式",重庆的"乡村旅游扶贫模式",甘肃的"宕昌模式",山东青州的"九龙峪模式",等等。此外,在区域经济发展中包含摆脱贫困的还有沿海带临海的东部模式,也有省会带周边的"一干多支"的西部模式。珠海对口怒江东西部扶贫协作是中国扶贫模式中的一个,也是云南扶贫开发模式的一部分。由于怒江州在全国摆脱深度贫困是最难的,但从实践来看,也有其自身的特色,故我们称之为"山海模式"。

中国扶贫模式的核心特征为"政府在扶贫领域建构了一

---

① 陆汉文:《东西部扶贫协作与中国道路》,载《人民论坛·学术前沿》2019 年第 21 期,第 62 - 68 页。

套集中力量办大事的体制机制并保证其能够稳定且顺畅地运行",其做法主要包括合法性保障、组织保障、制度保障、资源保障。① 习近平总书记关于东西部扶贫协作有很多重要论述,主要包括互利共赢的论述、聚焦扶贫的论述、完善结对关系的论述、发挥政治优势与制度优势的论述,为世界减贫贡献了中国智慧。② 云南扶贫开发模式的主要内容是实施八大工程:特色产业扶贫工程、就业扶贫工程、易地搬迁扶贫工程、教育扶贫工程、健康扶贫工程、危旧房改造工程、生态环保扶贫工程、扶贫扶志(智)工程。③ 珠海、怒江亲密合作,始终以习近平总书记的精准扶贫思想和关于东西部扶贫的重要论述为指导,积极发挥怒江州在脱贫攻坚战中的主体作用和珠海在扶贫协作中的帮扶作用,经过5年的生动实践,形成了"山海模式"。"山海模式"的主要特征:一是打开视野,解放思想与扶志扶智相结合;二是敞开怀抱,文明互动与扶教扶业相结合;三是破除桎梏,提质升级与跨越发展相结合;四是扭紧纽带,互惠互利与同步发展相结合;五是点开链接,融入世界与虚实一体相结合;六是继往开来,坚守本来与面向未来相结合;七是营造氛围,感恩文化与内生动力相结合;八是打造阵地,党群建设与乡村振兴相结合。

贫困问题是一个世界性难题,贫困的本质和致贫机理随着时代和经济的发展而更加复杂,因此脱贫与返贫的斗争也将是长期而艰巨的。我们必须以习近平新时代中国特色社会主义思

---

① 王红艳:《中国扶贫模式核心特征研究》,载《理论学刊》2020年第4期,第139 – 149页。
② 何家伟:《习近平东西部扶贫协作重要论述研究》,载《武汉科技大学学报(社会科学版)》2020年第22卷第2期,第164 – 171页。
③ 崔冠军:《马克思主义视阈下中国特色反贫困理论的辩证思维研究——基于云南扶贫开发的实践探索》,载《广西科技师范学院学报》2019年第34卷第4期,第75 – 78、86页。

想为反贫困斗争和东西部扶贫协作的根本指引和遵循,从国家战略出发,大胆实践和探索,为中国的反贫困事业提供智慧,为构建人类命运共同体提供中国特色的扶贫路径。《山与海的牵手:精准扶贫思想指导下的珠海、怒江扶贫协作的"山海模式"研究》就是这样一个探索成果和阶段总结。

编 者
2021 年 1 月

目　录

绪　论　习近平总书记关于扶贫重要论述的核心要义与实践意义
　　一、习近平总书记关于扶贫重要论述的理论渊源 / 1
　　二、习近平总书记关于扶贫重要论述的核心要义 / 6
　　三、习近平总书记关于扶贫重要论述的实践意义 / 11

第一章　高举扶贫思想火炬　照亮脱贫伟大征程
　　——习近平总书记关于扶贫工作的重要论述指引珠海、怒江东西部扶贫协作研究 / 16
　　一、追根溯源，开拓奋进有方向 / 16
　　二、思想引领，扶贫工作有力量 / 22
　　三、现实为据，脱贫攻坚有目标 / 30
　　四、行动为实，决战决胜有保证 / 33

第二章　区县携手脱贫攻坚　勠力同心共奔小康
　　——以珠海、怒江实施区县结对携手奔小康行动为例 / 37
　　一、协作双赢，兄弟情深友谊长 / 37
　　二、各美其美，优势互补好结对 / 43
　　三、区县结对，互利共赢结硕果 / 45
　　四、蝶变焕新，携手并肩奔小康 / 50

第三章　易地搬迁"五步走"　"一步千年"乐无忧
　　——以珠海助力怒江开展高山峡谷贫困户易地搬迁为例 / 63
　　一、达共识：下山群居"断穷根" / 63
　　二、搬得出：浴火涅槃"金凤凰" / 66
　　三、稳得住：配套治理"美家园" / 70

四、能致富：能工巧匠"农家乐" / 75
五、出经验：干群一心"鱼水情" / 77

第四章　生产要素增活力　东西协作促振兴
　　　　——以珠海、怒江开展劳务协作为例 / 84
一、理论引领：勤劳巧劳稳致富 / 84
二、供需适配："需""能"结合两相宜 / 87
三、精准施策：培训广开就业路 / 89
四、典型经验：精诚所至金石开 / 98
五、未来展望：携手浇灌幸福花 / 100

第五章　山海携手兴产业　东西合奏致富歌
　　　　——以珠海、怒江产业扶贫协作为例 / 104
一、出政策，国之大计催生减贫力量 / 104
二、配供需，扬优补短促进山海协作 / 107
三、兴产业，因势利导汇聚山海合力 / 110
四、再发力，携手成就怒江产业未来 / 116

第六章　教育扶贫"治穷根"　"五扶"并举育新人
　　　　——以珠海、怒江教育帮扶工作为例 / 120
一、坚定教育治本策，打开脱贫希望门 / 121
二、突破落后旧藩篱，发展还需砥砺行 / 123
三、山海携手抓"五扶"，育人下足"绣花功" / 125
四、精准帮扶惠民生，教育扶贫显成效 / 137
五、铸魂强智播希望，凝心聚力绘未来 / 140

第七章　健康扶贫献大爱　固本拓新保小康
　　　　——以珠海、怒江开展医疗卫生帮扶协作为例 / 143
一、运筹帷幄，大政方针深入人心 / 143
二、百年大计，多措并举行之有效 / 145
三、铿锵前行，直面现实向难求成 / 152
四、同舟共济，因地制宜一往无前 / 154

第八章　旅游扶贫添活力　怒水青山绽笑颜
　　——以山海旅游扶贫工作为例 / 159
　　一、旅游引领"致富路"，保护开发"两手抓" / 159
　　二、资源丰饶"渡无舟"，怒水青山"人未识" / 162
　　三、精准扶贫"三聚焦"，合奏旅游"交响曲" / 171
　　四、春风化雨惠"山海"，特色旅游"又一村" / 176
　　五、固本强基靠"四原"，人兴财旺"聚宝盆" / 180

第九章　巧解梗阻千千结　喜铺丝路万万里
　　——"山海"经贸协同发展路径探索 / 188
　　一、同频共振，优势互补"涨停板" / 188
　　二、山海交融，方显经贸真本色 / 190
　　三、相机而行，特色经贸为抓手 / 197
　　四、乘风破浪，直挂云帆济沧海 / 201

第十章　文化扶贫扶志铸魂　凝聚奋进精神伟力
　　——以珠海、怒江文化扶志为例 / 207
　　一、提振发展精气神，打好脱贫"组合拳" / 208
　　二、励志鼓劲用真情，文化惠民"创样板" / 210
　　三、精准施策开良方，架起文明"连心桥" / 220

第十一章　深化干部交流培训　全力助推脱贫攻坚
　　——以珠海、怒江组织两地干部交流实践活动为例 / 225
　　一、指引方向，照亮小康"前行路" / 225
　　二、成绩斐然，绘就攻坚"同心圆" / 227
　　三、结对共培，互派干部"双挂职" / 229
　　四、建构模式，共诵山海"脱贫经" / 233

第十二章　强化基层党建　引领精准脱贫
　　——以怒江基层党组织建设为例 / 239
　　一、长远之计同谋划，固本之策亮底色 / 239

二、党建引领结硕果，强村富民聚民心 / 242

三、帮扶结对携手行，战斗堡垒坚如磐 / 244

四、淬炼战力砥砺进，风正旗红歌嘹亮 / 248

第十三章　夯实基础助腾飞　康庄大道阔步行
　　　　　——以珠海配套帮扶怒江基础设施建设为例 / 253

一、政策先行：希望遍撒高山峡谷 / 253

二、切脉问诊：找准怒江致贫病灶 / 256

三、对症下药：精准施策提质增效 / 257

四、春华秋实：真诚帮扶硕果满坡 / 265

第十四章　珠海千家春风来　怒江万户笑颜开
　　　　　——发动珠海社会力量　助力怒江精准脱贫 / 268

一、理论指导：奋力弘扬传统美德 / 268

二、凝心聚力：多方联动输血赋能 / 272

三、众志成城：攥指成拳共襄振兴 / 274

参考文献 / 296

附　录　山与海的牵手
　　　　　——珠海、怒江扶贫协作之歌 / 304

后　记 / 305

绪　论

习近平总书记关于扶贫重要论述的核心要义与实践意义

消除贫困、改善民生、逐步实现共同富裕是社会主义的本质要求。党的十八大以来，以习近平同志为核心的党中央奋力实现"两个一百年"奋斗目标和中华民族伟大复兴的中国梦，把脱贫攻坚纳入"五位一体"总体布局和"四个全面"战略布局中，摆到治国理政的重要位置，以前所未有的高度和力度统筹推进。习近平总书记立足于我国的基本国情和时代特征，继承和发展马克思主义反贫困理论，深刻总结我国长期扶贫的实践经验，全面分析新时代扶贫开发工作的形势特点，着眼于消除绝对贫困、解决区域性整体贫困问题。习近平总书记在2013年11月考察湖南湘西自治州时首次提出了"精准扶贫"的科学论断，强调扶贫要实事求是、因地制宜、分类指导，并在此后多次发表相关重要讲话，对做好扶贫工作提出了明确的要求，为打赢脱贫攻坚战指明了正确的方向，为新时代扶贫开发工作取得历史性成就奠定了坚实的思想基础，为扶贫工作稳步推进提供了科学的行动指南。

一、习近平总书记关于扶贫重要论述的理论渊源

习近平新时代中国特色社会主义思想博大精深，源远流长。重视历史、研究历史、借鉴历史，可以给人类带来很多了解昨天、把握今天、开创明天的智慧。① 习近平总书记关于扶贫的重要论述具有深厚的理论渊源，在对马克思主义经典作家及历代中国共产党主要领导人扶贫重要

---

① 《习近平致信祝贺第二十二届国际历史科学大会开幕》，载《人民日报》2015年8月24日第1版。

论述直接继承和发展的同时,还主动从中华优秀传统文化中汲取先贤智慧。习近平总书记关于扶贫的重要论述,具有丰富的时代意蕴和思想内涵,是习近平新时代中国特色社会主义思想的重要内容,开创了马克思主义反贫困理论中国化的新境界。

(一)马克思主义经典作家的反贫困理论是理论之基

马克思主义经典作家立足无产阶级立场,立足当时社会发展的实际,对消灭私有制、消灭资产阶级的上层建筑、消灭资本、加强工人阶级的阶级意识等做出了科学论断和正确分析,是习近平总书记关于扶贫重要论述的理论基石。马克思和恩格斯将工人阶级致贫归因于资本主义制度,根源在于生产资料的私有制和资本主义的生产方式,揭露了资本主义罪恶的本质特征。恩格斯在《英国工人阶级状况》序言中专门提及工人阶级处境悲惨的根源应当从资本主义制度本身中去寻找。马克思认为劳动者的贫困源于生产过程中资本、地租和劳动者的分离,即生产资料的贫困。这种物质贫困导致无产阶级丧失了接受教育和参与政治的机会,衍生出精神贫困,进一步造成贫困的代际传递。马克思和恩格斯在《共产党宣言》中指出:"他们的目的只有用暴力推翻全部现存的社会制度才能达到。"① "贫困是现代社会制度的必然结果,离开这一点,只能找到贫穷的某种表现形式的原因,但是找不到贫困本身的原因。"② 因此,消除贫困的根本途径就在于消灭资产阶级的上层建筑,消灭资本主义雇佣劳动制度。马克思和恩格斯关于贫困和反贫困的思想不仅确立了中国共产党看待和分析贫困问题的正确立场,也指明了消除贫困的根本方向和路径。

列宁继承了马克思、恩格斯的反贫困理论,他指出:"资本积累加速机器对工人的排挤,在一极造成富有,在另一极造成贫困。"③ 对于贫困治理的路径,列宁强调通过推翻资本主义制度,建立社会主义政

---

① 中共中央马克思恩格斯列宁斯大林著作编译局:《马克思恩格斯选集》第1卷,人民出版社2012年版,第435页。
② 中共中央马克思恩格斯列宁斯大林著作编译局:《马克思恩格斯文集》第2卷,人民出版社2005年版,第561页。
③ 中共中央马克思恩格斯列宁斯大林著作编译局:《列宁选集》第2卷,人民出版社2012年版,第432页。

权,"实现由工人自己进行管理的共同的社会主义生产,共同劳动的产品将由劳动者自己来享用"①,才能摆脱贫困,并指出要大力发展生产力,保障人民享有各项权利,鼓励广大社会力量积极参与。习近平总书记坚持"贫穷不是社会主义"的观点,并指出"如果贫困地区长期贫困,面貌长期得不到改变,群众生活长期得不到明显提高,那就没有体现出我国社会主义制度的优越性,那也不是社会主义"②。总书记关于扶贫的重要论述正是对马克思主义经典作家反贫困理论的继承和发展,是马克思主义反贫困理论与当代中国实际相结合的产物,是中国化马克思主义最新成果的重要组成部分。

（二）历代中国共产党主要领导人关于扶贫的重要论述是理论之源

中国共产党历代领导人关于扶贫的重要论述是具有时代印记的理论成果,是习近平总书记关于扶贫论述形成和发展的重要理论来源。中国共产党自成立以来,就始终在带领全国各族人民为促进贫困地区的经济发展和群众生活状况的改善而不懈努力,将消除贫困和提高人民生活水平作为各项工作的重中之重。新中国成立后,毛泽东、邓小平、江泽民、胡锦涛等党和国家的主要领导人结合我国的具体国情,紧扣变化着的贫困阶段特征,带领人民群众为消除贫困不懈奋斗,形成了具有时代特色的扶贫重要论述,为习近平关于扶贫重要论述提供了丰富滋养,为新时代打赢脱贫攻坚战奠定了坚实的理论基础。

毛泽东同志指出,中国共产党是消除贫困的坚定领导力量,全体中国人民尤其农民群众是反贫困的主导力量。他在《关于发展农业生产合作社的决议》中,基于对中国发展历史经验的总结,第一次明确提出共同富裕的概念,"使农民能够逐步完全摆脱贫困的状况而取得共同富裕和普遍繁荣的生活"③,重点消灭贫富差距,并指出社会主义是中国的唯一出路,通过社会主义改造和社会主义建设来发展经济,在农村

---

① 中共中央马克思恩格斯列宁斯大林著作编译局:《列宁全集》第42卷,人民出版社1959年版,第434页。

② 中共中央党史和文献研究院:《习近平扶贫论述摘编》,中央文献出版社2018年版,第5页。

③ 中共中央文献研究室:《建国以来重要文献选编》第4册,中央文献出版社1993年版,第661－662页。

中消灭富农经济制度和个体经济制度,使全体农村人民共同富裕起来。① 邓小平同志将共同富裕提升到社会主义优越性和社会主义本质的高度,并在南方重要谈话中,提出了关于社会主义本质的论断,即"社会主义的本质,是解放生产力,发展生产力,消灭剥削,消除两极分化,最终达到共同富裕"②。小平同志为实现中国经济社会发展确定了"先富带后富""两个大局"等一系列治理贫困战略和举措,充分调动劳动人民通过劳动脱贫致富的积极性和主动性,逐步实现由消除少数人贫穷到消除多数人贫穷,最终实现共同富裕的目标。习近平总书记关于扶贫的重要论述继承和发展了邓小平的共同富裕思想,把解决区域整体性贫困问题、消除绝对贫困人口作为全面建成小康社会的底线任务,并且坚持物质和精神共富,准确把握了科学社会主义共同富裕思想的实质。

东欧剧变和苏联解体使世界社会主义和共产主义运动陷入低谷,在新的历史条件下,江泽民同志在《正确处理社会主义现代化建设中的若干重大关系》中再次强调,要以邓小平同志先富带动后富,逐步实现共同富裕的思想来统一全党的认识,避免收入差距悬殊扩大以造成严重后果。③ 党的十六大报告在强调贯彻"三个代表"重要思想时指出:"制定和贯彻党的方针政策,基本着眼点是要代表最广大人民的根本利益,正确反映和兼顾不同方面群众的利益,使全体人民朝着共同富裕的方向稳步前进。"④ 江泽民同志提出开发式扶贫理论,强调"他扶"与"自扶"的有机统一,坚持"政府主导、社会参与、自力更生、开发扶贫、科学发展"的扶贫做法,开启了由救济式扶贫转向开发式扶贫的扶贫治理征程。

构建和谐社会的核心任务之一就是要"实现全面建设惠及十几亿人口的更高水平的小康社会的目标,努力形成全体人民各尽其能、各得其所而又和谐相处的局面"⑤。胡锦涛同志提出扶贫开发要坚持走以人

---

① 中共中央文献研究室:《毛泽东文集》第6卷,人民出版社1999年版,第437页。
② 邓小平:《邓小平文选》第3卷,人民出版社1993年版,第373页。
③ 余永跃、王世明:《论邓小平共同富裕思想的理论来源及其发展》,载《科学社会主义》2012年第6期,第120-123页。
④ 江泽民:《江泽民文选》第3卷,人民出版社2006年版,第543页。
⑤ 中共中央文献研究室:《十六大以来重要文献选编》下卷,中央文献出版社2009年版,第651页。

为本的科学发展观道路，主张用统筹兼顾的方法缩小城乡和区域发展的差距以实现全面建设小康社会的目标要求，完善贫困地区的社会保障体系，解决好关系到人民群众的利益问题。同时，在实施统筹城乡发展的过程中，党中央提出了建设社会主义新农村的任务，在实施统筹区域发展的过程中，大力推行实施西部大开发、振兴东北地区老工业基地、促进中部地区崛起等战略，更加注重社会公平和正义。在此基础上，习近平总书记心系人民群众，关心人民群众的疾苦，始终坚持以人为本，进行了一系列卓有成效的探索和创新。

（三）中华传统优秀文化关于消除贫困论述的思想是理论之根

守望相助、扶危济困是中华民族的传统美德①，中华优秀传统文化是最深厚的文化软实力，其内涵丰富的消除贫困论述具有智慧和远见，是新时代全力推进脱贫攻坚事业的重要历史依据。中华民族五千多年璀璨文化孕育出的扶危济困思想是习近平总书记关于扶贫重要论述的文化根源和文化基础。

传统儒家关于消除贫困的论述主要见之于仁政、民本、均贫富等思想。"仁爱"是儒家思想的核心和基础，孔子提倡"不患寡而患不均，不患贫而患不安"，"仁政爱民"的仁爱思想旨在阐明君主应体察民众的疾苦，财富分配要体现公平和正义。孟子主张"民为国之本"，树立"忧民之忧""乐民之乐"的施政理念，设身处地关心百姓疾苦。荀子主张"民富则安，贫则危"的民富思想，明确了国家的稳定和人民富裕之间的关系。他指出解决百姓贫困问题，过上平稳生活，才能实现民之安宁、国之稳定；提倡减轻人民的赋税，奖励人民发展生产，国方盛，民方富。孔子说："百姓足，君孰与不足，百姓不足，君孰与足。"在孔子看来，执政者既要均贫富，也要保证国家有充足的粮食，使民众生活富裕，满足人民各方面的需要，这是君王统治国家需要解决的主要问题。②孟子则在孔子的思想上进行了升华，提出了"民贵君轻"的重要理论，爱民和惜民以及体恤人民，给人民休养生息的机会，保护人民

---

① 中共中央党史和文献研究院：《习近平扶贫论述摘编》，中央文献出版社2018年版，第10页。

② 燕连福、马亚军：《习近平扶贫重要论述的理论渊源、精神实质及时代意义》，载《马克思主义与现实》2019年第1期，第92—98页。

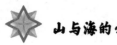

的私有财产,对弱者予以最大的同情,这都是儒家"去民之患,如除腹心之疾"的民生思想的具体体现,达成"老有所终,壮有所用,幼有所长,矜寡孤独废疾者,皆有所养"的期望。每个人都愿奉献力所能及的力量,社会才得以和谐稳定发展。道家认为人民力量与社会稳定息息相关,墨家也十分看重平民百姓的利益,提出了兼爱思想,认为百姓幸福,国家才能稳定。

扶危济困、改善民生、建设小康社会是中华优秀传统文化的内在追求。"仁爱""民富""民生""大同"等思想,不仅蕴含了中国古代对贫困与反贫困问题的基本看法,也为中国扶贫、济困、救助、慈善思想的形成发展奠定了重要基础。尊重历史才能开辟未来,继承优秀传统才能稳步发展,守正变革方可求是创新。习近平总书记坚持将中华优秀传统文化中扶危济困的理念贯穿于精准扶贫的生动实践中,创造性地建构起以人民为中心的中国扶贫方略,既有理论上的科学性,也有理论上的彻底性。

二、习近平总书记关于扶贫重要论述的核心要义

精准化理念是习近平总书记关于扶贫重要论述的核心要义,是扶贫工作秉承的基本理念。实施精准扶贫就是要真正把精准化理念落细落准落实,采用"精准滴灌"式扶贫方式,精准施策,精准发力,从根本上解决"年年贫困年年扶,年年扶贫年年贫"的问题,确保扶贫攻坚有的放矢、精准到位。

(一)秉承"以人民为中心"的思想内核

纵观中国共产党的历史,我们党受到人民拥护和爱戴的根本原因就在于始终坚持全心全意为人民服务的根本宗旨。"发展为了人民,这是马克思主义政治经济学的根本立场。"[①] 习近平总书记在中央全面深化改革委员会第十次会议上,针对国内改革进程中存在的发展不平衡问题,指出改革是要让人民群众有更多获得感。人民群众的获得感是对中

---

① 中共中央文献研究室:《十八大以来重要文献选编》下,中央文献出版社2018年版,第4页。

国共产党"以人民为中心"的执政理念的认可和赞同,也是精准扶贫工作的奋斗目标。精准扶贫的实质是为真正需要脱贫的群众带来最切实的利益,体现了中国共产党以人为本、执政为民的执政理念。

让人民都过上好日子是精准扶贫的出发点和最终目的,而精准扶贫的实践过程还需要人民来推动,为此应充分发挥扶贫对象的主体性,激发贫困群众的自我发展意识和脱贫能动性。对贫困群众的帮扶不仅仅是政策倾斜、物质援助和经济救助,还要使贫困群众意识到自身思想方面的问题,消除"等、靠、要"的消极心态,懂得只有依靠自己的辛勤劳动才能实现真正的脱贫。习近平总书记强调在扶贫开发过程中,鼓励贫困人群参与进来,增强"造血"功能。同时保证他们的知情参与监督权,实现贫困人口的意愿和科学发展相融合。

习近平总书记关于扶贫的重要论述强调,要始终坚持"发展为了人民、发展依靠人民、发展成果由人民共享"的理念。"共享"发展是社会主义的核心价值追求,是"以人民为中心"发展思想的路径选择。精准扶贫、精准脱贫是以人民为中心与扶贫的有机融合,保护广大人民群众的利益,让贫困人口共享改革发展成果是精准扶贫的价值所在,是以人民为中心的发展思想的集中体现,是检验扶贫成效的关键标准。

(二)明确"两不愁三保障"的目标任务

"两不愁三保障"承载着民生期待,是摆脱绝对贫困的标志,也是检验脱贫成色的"试金石"。习近平总书记在 2012 年考察河北省阜平县扶贫开发工作时强调:"深入推进扶贫开发,帮助困难群众特别是革命老区、贫困山区困难群众早日脱贫致富,到 2020 年稳定实现扶贫对象不愁吃、不愁穿,保障其义务教育、基本医疗、住房,是中央确定的目标。"① 此后,习近平总书记在多次讲话中强调我国扶贫开发的工作要实现"两不愁三保障"。2015 年 11 月,《中共中央国务院关于打赢脱贫攻坚战的决定》进一步将"两不愁三保障"明确为精准扶贫的目标任务。习近平总书记主持召开解决"两不愁三保障"突出问题座谈会并发表重要讲话,再一次明确指出:"到 2020 年稳定实现农村贫困人口

---

① 习近平:《把群众安危冷暖时刻放在心上 把党和政府温暖送到千家万户》,载《人民日报》2012 年 12 月 31 日第 1 版。

不愁吃、不愁穿、义务教育、基本医疗、住房安全有保障,是贫困人口脱贫的基本要求和核心指标,直接关系攻坚战质量。"①

"两不愁三保障"统筹考虑了贫困地区、贫困人口的脱贫攻坚和发展致富的综合现实需求,既有针对贫困人口现实生活需求的具体考量,也有对贫困地区今后发展做出的相应安排,具有很强的针对性、可行性和适用性。做细做实"两不愁三保障",摸清底数是基础。各省区市以习近平总书记的重要讲话精神为基本遵循,积极制定实施方案,各地各部门吃透扶贫工作各项政策,切实增强使命感和责任感,明确时间表、路线图,查漏补缺,建立问题清单,确保精准精细完成扶贫各项任务。

(三)提出"六个精准"的基本要求

2015年6月,习近平总书记在贵州召开部分省区市扶贫攻坚与"十三五"时期经济社会发展座谈会上的讲话首次提出"六个精准"。切实推进精准扶贫工作,就要切实做到"六个精准",即扶持对象精准、项目安排精准、资金使用精准、措施到户精准、因村派人精准、脱贫成效精准。"六个精准"是习近平总书记关于扶贫重要论述的基本要求,旨在解决"扶持谁、谁来扶、怎么扶、如何退"的问题,有利于指导各省区市切实增强使命感、责任感、紧迫感,全面梳理扶贫政策措施的落实情况,从根本上破除过去存在的因人情扶贫、关系扶贫而造成的应扶未扶、扶富不扶穷等社会不公现象,从而实现"扶真贫、真扶贫、真脱贫",助力打好打赢脱贫攻坚这场硬仗。②

"六个精准"是一种全新的认识视角和工作方式,符合全面建成小康社会的阶段性任务要求,真正从多维度视角探索如何治理贫困。扶持对象是精准扶贫工作开展的目标,是客体,更是主体。把扶贫对象摸清搞准,把家底盘清,是精准扶贫的前提。它解决的是"扶持谁"的问题。习近平总书记要求聚焦精准发力,攻克坚中之坚,在解决突出问题上下功夫。做到扶持对象精准,一方面要做到进村入户,深入调查研究,提高统计数据质量;另一方面应积极开展建档立卡工作,对扶贫对

---

① 中共中央党史和文献研究院:《习近平扶贫论述摘编》,中央文献出版社2018年版,第58页。

② 张琦、张涛、李凯:《中国减贫的奇迹:制度变革、道路探索及模式创新》,载《行政管理改革》2020年第5期,第47—56页。

象实行规范化管理，为以后扶贫措施的精准与实现有序退出提供可参考的依据。项目安排精准、资金使用精准、措施到户精准都旨在解决"怎么扶"的问题，因村派人精准旨在解决"谁去扶"的问题，脱贫成效精准旨在解决"如何退"的问题。精准扶贫的目的在于精准脱贫，脱贫成效是衡量精准扶贫成就的重要指标，要做到建立严格的退出考核机制、建立动态监测机制、建立扶贫成效奖惩制度。

（四）规划"三位一体"的战略布局

人心齐，泰山移。鉴于我国区域差异大、发展不平衡，致贫因素多、扶贫难度大的实际，要啃下脱贫攻坚的硬骨头，靠单打独斗并不可行。习近平总书记多次强调，脱贫致富不仅仅是贫困地区的事，也是全社会的事，他指出："我们坚持动员全社会参与，发挥中国制度优势，构建了政府、社会、市场协同推进的大扶贫格局，形成了跨地区、跨部门、跨单位、全社会共同参与的多元主体的社会扶贫体系。"① 中国特色社会主义制度优势恰恰是能够最大限度地整合社会资源，集中力量办大事。中国的扶贫实践是以习近平总书记的重要论述精神为引领，充分发挥社会主义制度的优越性，动员全社会参与，改变传统的以政府为中心的单一扶贫主体扶贫模式，形成专项扶贫、行业扶贫、社会扶贫等多方力量、多种举措有机结合、互为支撑和共同推进的"三位一体"大扶贫格局。在理论创新指引下，我国脱贫攻坚实践呈现出扶贫主体逐渐增多、扶贫模式不断创新、扶贫观念日益增强等特征，有力地推动了贫困治理的精准化、专业化、精细化，是国家治理体系和治理能力现代化在贫困治理领域的具体实践和充分表现。②

脱贫攻坚是全党全社会的共同责任，应有效地动员和凝聚各方力量，引领政府、市场、社会协同发力，发挥专项扶贫、行业扶贫、社会扶贫互为补充的作用。首先，发挥政府在大扶贫格局中的构建者、引导者、协调者作用，在坚持政府为主导的同时，发挥好市场在资源配置中的决定性作用，通过开展东西部协作扶贫、中央单位定点帮扶、社会组

---

① 习近平：《携手消除贫困　促进共同发展》，载《人民日报》2015年10月17日第2版。
② 向德平：《推动贫困治理专业化精细化》，载《光明日报》2019年10月17日第11版。

织扶贫等形成全社会广泛参与的脱贫攻坚新格局。其次,具体而言,专项扶贫坚持以中央和地方各级政府编制专项规划,以易地搬迁扶贫、整村推进、产业扶贫、就业促进为重点,在安排专项资金的投入和项目的推进落实上有切实的保障基础。行业扶贫重在大力发展特色产业、开展科技扶贫、发展教育文化事业等,为贫困地区的群众创造更好的发展条件,不断满足贫困群众对美好生活的需求。社会扶贫可补齐政府扶贫的"短板",通过动员和组织社会各界的力量,加强社会力量参与扶贫的工作力度,从而形成多方参与、形式多样、活力满满的扶贫攻坚生动局面,助推如期实现全面建成小康社会和高质量发展的时代要求。

(五)指明"五个一批"的实现途径

"五个一批"是完成脱贫攻坚目标和遵循扶贫基本方略的具体实施方式。2015年6月,习近平总书记在贵州省考察调研座谈会上首先提出了"四个一批"的理念,即"通过扶持生产和就业发展一批,通过移民搬迁安置一批,通过低保政策兜底一批,通过医疗救助扶持一批"①。随后,在减贫与发展高层论坛上提出"五个一批"的脱贫措施。2015年11月,在北京召开的扶贫开发工作会议上,"五个一批"工程被明确规定为"发展生产脱贫一批、易地搬迁脱贫一批、生态补偿脱贫一批、发展教育脱贫一批、社会保障兜底一批"②。

"发展生产脱贫一批"是引导和支持有劳动能力的贫困户、贫困人口,立足贫困地区实际,发挥自身资源优势,通过扶持发展特色产业,实现就地脱贫。"易地搬迁脱贫一批"是针对生存条件恶劣、自然灾害频发的贫困地区,按规划、分年度、有计划地组织实施易地搬迁,确保搬得出、稳得住、能致富。"生态补偿脱贫一批"是牢固树立"绿水青山就是金山银山"的绿色发展理念,加大贫困地区生态保护修复力度,增加重点生态功能区转移支付,是使贫困户、贫困人口获得相应的生态补偿收益的生态脱贫新路子。"发展教育脱贫一批"是通过教育、科技、文化等智力扶贫,提高贫困户、贫困人口自我发展能力和自身综合

---

① 习近平:《在深度贫困地区脱贫攻坚座谈会上的讲话》,载《人民日报》2017年9月1日第2版。

② 中共中央文献研究室:《十八大以来重要文献选编》下,中央文献出版社2018年版,第40-43页。

素质，阻断贫困代际传递。"社会保障兜底一批"是统筹协调农村扶贫标准和农村低保标准，完善农村最低生活保障和贫困户危房改造相关政策，实现"两线合一"，发挥社会保障的兜底作用。

（六）强化"坚持党的领导"的组织保障

党政军民学，东西南北中，党领导一切。党的十八大以来，我国脱贫攻坚工作取得决定性成就，成绩喜人，最根本的在于以习近平同志为核心的党中央坚强领导，全党全国全社会上下同心，积极作为，善作善成。在脱贫攻坚战中，党始终总揽全局、协调各方，始终发挥把方向、谋大局、定政策、促改革的作用。习近平总书记强调："越是进行脱贫攻坚战，越是要加强和改善党的领导。"① 啃下脱贫攻坚最后的硬骨头，全面打赢这场硬仗，必须强化党的集中统一领导，坚持中央统筹、省负总责、市县抓落实的工作机制，强化党政一把手负总责的责任制，强化县级党委作为全县脱贫攻坚总指挥部的关键作用。②

伟大的事业需要伟大的理论。习近平总书记关于扶贫工作的一系列重要论述是习近平新时代中国特色社会主义思想的重要组成部分，构成了系统完备、科学规范、运行有效的管理体制、工作机制和政策体系，为坚决打赢脱贫攻坚战提供不竭的精神动力和思想源泉。实践证明，党的领导是决战决胜脱贫攻坚的"定盘星"和"主心骨"，党的执政基础夯实了，党组织应对脱贫攻坚战的战斗堡垒作用才能强大，各项目标任务才能更快地扎实落地，全国上下才能在党中央的统一指挥、统一协调、统一调度下，有力地推动脱贫攻坚战不断取得节节胜利。③

三、习近平总书记关于扶贫重要论述的实践意义

列宁说，没有革命的理论，就没有革命的实践。理论源于实践并用

---

① 中共中央文献研究室：《十八大以来重要文献选编》下，中央文献出版社2018年版，第46页。

② 李景治：《加强和改善党对脱贫攻坚的领导》，载《人民日报》2020年7月15日第9版。

③ 刘明国：《习近平扶贫重要论述的深刻内涵与重大贡献》，载《学习时报》2019年4月24日第1版。

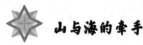

于指导实践。习近平总书记关于扶贫的重要论述是对马克思主义消除贫困思想的发展创新，是中国化反贫困理论的最新成果，是习近平新时代中国特色社会主义思想的重要组成部分，对现阶段经济社会发展具有非常重要的实践指导意义，为新时代中国特色社会主义脱贫攻坚事业和全面建成小康社会提供指引，为推动乡村振兴和民生事业发展擘画蓝图，为促进民族团结和国家长治久安筑牢根基，为现阶段全球减贫事业提供中国智慧和中国方案。

（一）为全面建成小康社会及脱贫攻坚提供指引

习近平总书记关于扶贫的重要论述是我国决胜全面小康社会以及脱贫攻坚的重要法宝。"小康不小康，关键看老乡"，发展不平衡不充分的问题是新时代中国经济发展主要矛盾的深刻体现，区域、城乡和东西部地区之间发展存在明显差距，收入分配也不均衡，而全面建成小康社会最突出的任务在于抓住主要矛盾并补足贫困地区发展的"短板"，当下深度贫困地区的精准脱贫就是最难啃的"硬骨头"。保质保量完成精准脱贫的任务有利于实现对人民的庄严承诺，更为决胜全面建成小康社会打下坚实基础。

习近平总书记基于党和国家发展的大局，坚持用精准扶贫、精准脱贫方略指导我国的扶贫工作。运用科学有效的思维和方法精准识别扶贫对象，精确帮扶、精确管理和精准考核，坚持以人民的利益和获得感为出发点，扎实建设民主更加健全、科教更加进步、文化更加繁荣、人民生活稳定、收入差距缩小、公共服务均等的小康社会。真抓实干，精准施策，为新时代的脱贫攻坚事业进一步增强理论指导，确保脱贫攻坚任务得以如期完成。

（二）为推动乡村振兴和民生事业发展擘画蓝图

乡村振兴战略关乎中国的现代化建设，是一项具有重大意义的长期性历史性任务。党的十九大提出以"产业融合、生态宜居、乡风文明、治理有效、生活富裕"为总要求，指明了中国特色农业农村现代化的发展方向。精准扶贫战略与乡村振兴战略相辅相成、相互促进，习近平总书记关于扶贫的重要论述为推动乡村振兴擘画蓝图。党中央和国务院着力解决农村发展遇到的各种问题，在乡村振兴的制度框架内不断完善和解决相对贫困问题，实现乡村产业持续发展，破解城乡二元体制，提升乡风文明，为乡村治理体系和治理能力现代化提供有效支撑。"五级书记"责任制抓乡村振兴和"三位一体"的大扶贫格局等完善的体制机制破解了城乡发展不平衡、乡村发展滞后的难题，真正做到惠民惠村。

2020年12月，习近平总书记在中央经济工作会议上明确提出，"要做好基本民生保障工作"，"以满足人民日益增长的美好生活需要为根本目的"。① 民生事业发展事关能否实现中华民族伟大复兴的中国梦。新时期我国扶贫开发工作依然面临严重挑战，广大农村贫困人口依然是扶贫工作的重中之重，生活水平低、生产力发展缓慢、居住环境恶劣、基础设施落后等各种发展问题依然突出存在。精准扶贫的目的在于促进贫困地区民生事业发展，精准扶贫政策的实施有益于使不同类型的贫困人口找到适合自己的脱贫之路，从而为实现共同富裕奠定基础。将精准扶贫思想与农村发展结合起来，可以保障和完善农村民生事业的发展，大力发展公益性事业，为农村经济的发展注入活力，积累后劲。

（三）为促进民族团结和国家长治久安筑牢根基

中国共产党的宗旨是全心全意为人民服务，党始终坚持群众观点和群众路线，出发点始终是人民的根本利益。党的十八大以来，以习近平同志为核心的党中央对民族工作高度重视。"各民族像石榴籽一样紧紧抱在一起。""民族团结重在交心，要将心比心、以心换心。""中华民族是一个大家庭，一家人都要过上好日子。"……习近平总书记念兹在兹，对新时代民族团结工作提出一系列新思想、新观点、新论断，做出一系列重大决策部署，推动民族地区面貌日新月异，少数民族群众在奔小康路上"一个也不少"。②

习近平总书记关于扶贫的重要论述注重加强扶贫开发工作领导，将少数民族聚居地区扶贫开发纳入国家和自治区的经济和社会发展的总体规划中，加强顶层设计，明确各级责任，制定和完善符合少数民族聚居

---

① 黄敬文：《中央经济工作会议在北京举行》，载《人民日报》2020年12月19日第1版。
② 刘延东：《深入贯彻党的十九大精神　奋力开创新时代民族工作新局面》，载《光明日报》2017年12月22日第3版。

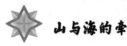

地区扶贫开发实际的特殊优惠政策。注重民族贫困地区的扶贫对象实现"两不愁三保障",强化贫困地区社会治安防控体系建设和基层执法队伍建设,健全贫困地区的公共法律服务制度,切实保障贫困人口的合法权益。注重加强对部门扶贫工作的督查,确保扶贫项目目标任务落到实处,建立包含政策引导、项目规划、技术指导、资金管理、效果评估、档案管理等方面的动态服务管理机制。切实践行习近平总书记关于扶贫重要论述精神,对巩固党的执政基础、确保边疆少数民族地区社会和谐稳定、促进民族地区经济发展、实现全面建成小康社会的宏伟目标,具有极其重大的意义。

(四)为全球贫困治理贡献中国智慧和中国方案

贫困治理是人类社会发展过程中存在的世界性难题,中国在致力于消除自身贫困的同时,还秉持构建"人类命运共同体"理念,积极承担起大国责任,支持并帮助其他国家摆脱贫困、消除贫困,是世界减贫事业的重要参与者和推动者。习近平总书记指出,消除贫困是人类共同的使命,中国将发挥好中国国际扶贫中心等国际减贫交流平台的作用,提出中国方案,贡献中国智慧,更加有效地促进广大发展中国家交流减贫经验。①

中国是世界上最大的发展中国家,一直把扶贫工作作为重中之重。中国的扶贫经验是世界减贫事业的宝贵财富。一是始终将反贫困作为国家重大优先战略。一直以来,中国政府始终把反贫困、减贫脱贫工作作为国家经济社会发展中的重大优先战略部署落实,并且从未在思想上有过动摇,从未在行动上有过停滞。二是注重发挥政府主导作用。发挥社会主义集中力量办大事的制度优势,制定完备的扶贫策略,统一分配扶贫资源,集中开展扶贫工作。三是健全完善贫困识别机制。准确有效地判定贫困对象,是做好反贫困工作的前提条件,也是国际减贫脱贫工作的重点难点。四是增强贫困地区的贫困人口的内生发展动力。解决贫困问题没有一劳永逸的万全之策,最根本、最有效的方法就是通过外部力量的支持帮扶,不断改善贫困地区贫困人口的发展环境和发展条件,使

---

① 中共中央文献研究室:《十八大以来重要文献选编》中,中央文献出版社2016年版,第721-722页。

绪论　习近平总书记关于扶贫重要论述的核心要义与实践意义

贫困地区的贫困人口能够立足自身条件不断增强内生发展动力，实现由"外部输血"向"内部造血"的重大转变。

习近平总书记关于扶贫的重要论述适应世界经济发展的需求，推动了国内扶贫事业的发展，指导中国创造了扶贫的奇迹，为新时期扶贫工作的开展提供了新的思想引领。同时，也推动了全球减贫事业的开展，为维护世界和平与发展、构建人类命运共同体贡献了中国智慧、中国方案。习近平总书记关于扶贫的重要论述内涵丰富，博大精深，不仅对中国新时期打赢脱贫攻坚战和全面建成小康社会具有极其重要的指导意义，而且对全世界消除贫困事业具有十分重要的借鉴作用，是新时代我们立党兴党、执政兴国的宝贵精神财富。

第一章
高举扶贫思想火炬　照亮脱贫伟大征程

——习近平总书记关于扶贫工作的重要论述指引珠海、
怒江东西部扶贫协作研究

党的十八大以来，在以习近平同志为核心的党中央的坚强领导下，我国脱贫攻坚取得了全面胜利，现行标准下9899万农村贫困人口全部脱贫，832个贫困县全部摘帽，12.8万个贫困村全部出列，区域性整体贫困得到解决，完成了消除绝对贫困的艰巨任务，创造了一个彪炳史册的人间奇迹，怒江州（怒江傈僳族自治州，以下简称"怒江州"）就是全部脱贫中一个范例。珠海市和怒江州深入贯彻习近平总书记关于扶贫工作的重要论述和考察云南的重要讲话精神，正确谋划一系列全局性、战略性和方向性问题，精准落实帮扶救助措施，较真碰硬狠抓工作落实，举全市全州之力打赢脱贫攻坚战。

一、追根溯源，开拓奋进有方向

习近平总书记坚守人民立场，始终牵挂贫困群众，在脱贫攻坚实践中做出了一系列重要论述。这其中，既有摆脱贫困的思想渊源和时代发展的现实需求，又有他多年扶贫实践探索的深刻思考和经验总结。

（一）习近平总书记关于扶贫工作重要论述的理论依据

1. 马克思主义经典作家基于制度层面对解决贫困问题的相关论述

首先，如何实现人的自由而全面的发展，是马克思、恩格斯终其一生不懈探索奋斗的理想信念和价值追求。在他们所处的时代，资本主义社会生产力得到空前发展，资本主义制度较之封建主义制度所展现出的体制性优势愈发明显，但资本主义社会无法克服自身所固有的生产力和

第一章 高举扶贫思想火炬 照亮脱贫伟大征程
——习近平总书记关于扶贫工作的重要论述指引珠海、怒江东西部扶贫协作研究

生产关系之间的矛盾,无法摆脱周期性出现的资本主义经济危机,造成对社会生产力的极大破坏,使得广大劳动人民特别是工人阶级工作状况愈加恶劣、生活状况愈加贫困。马克思、恩格斯高度关注无产阶级贫困问题,对此进行了不懈探索和理论总结,深刻分析了无产阶级和劳动人民致贫的原因,指明了解决无产阶级和劳动人民贫困问题的根本出路。

马克思、恩格斯的反贫困理论既科学分析了资本主义制度下无产阶级和广大劳动人民产生贫困的根本原因,又深刻指出消除贫困、实现人的自由而全面发展的现实路径,是无产阶级和广大劳动人民反贫困的锐利思想武器和根本行动指南,为无产阶级政党和国家进行反贫困理论创新和实践探索奠定了理论基础和实践遵循。党的十八大以来,以习近平同志为核心的党中央高度重视扶贫工作,多次强调"消除贫困、改善民生、实现共同富裕,是社会主义的本质要求","现在,我国大部分群众生活水平有了很大提高,出现了中等收入群体,也出现了高收入群体,但还存在大量低收入群众。真正要帮助的,还是低收入群众"。① 这正是对马克思、恩格斯关于无产阶级政党及国家反贫困思想的继承、实践和深化。

其次,当资本主义社会由自由竞争阶段发展到垄断阶段后,俄国伟大的马克思主义者列宁结合时代特征和现实国情,继承和发展了马克思主义。由于历史原因和现实因素,沙皇俄国是经济文化比较落后的国家,也是帝国主义链条中最薄弱的环节。十月革命胜利后,对于列宁领导的布尔什维克来说,建设社会主义的经济社会基础十分薄弱,其中,贫困问题尤为突出。因此,贫困问题成为列宁在探索俄国社会主义建设道路中必须面对的严重现实问题,反贫困思想成为列宁主义的重要组成部分。列宁反贫困思想中的利用政权制度体制优势反贫困、加强农村党的基层组织建设增强反贫困领导力量、提高农民科学文化水平发挥反贫困内生动力作用等思想,对中国共产党人高度重视反贫困斗争产生了影响。习近平总书记多次强调:"各级党委和政府要高度重视扶贫开发工作,把扶贫开发列入重要议事日程,把帮助困难群众特别是革命老区、

---

① 习近平:《把群众安危冷暖时刻放在心上 把党和政府温暖送到千家万户》,载《人民日报》2012年12月31日第1版。

贫困地区的困难群众脱贫致富列入重要议事日程，摆在更加突出的位置。"①

作为把社会主义由理论变为现实的伟大马克思主义者，列宁在巩固苏维埃国家政权、探索社会主义改造和建设道路、开展反贫困治理所进行的理论创新和实践创造，为其他无产阶级政党和社会主义国家提供了重要借鉴和实践参考，特别是对习近平总书记关于扶贫工作重要论述具有十分重要的理论指导和思想启迪作用，并把马克思主义推进到新的发展阶段，在新的历史条件下拓展了马克思主义反贫困理论和实践。

2. 中国共产党主要领导人形成的具有时代印记的扶贫理论成果

新中国成立以来，以毛泽东、邓小平、江泽民、胡锦涛为代表的中国共产党人，在继承马克思、恩格斯、列宁等无产阶级革命导师反贫困思想的基础上，结合时代特征和中国国情，在推进中国革命、建设、改革和发展的历史进程中，丰富和发展了马克思主义消除贫困的思想，形成了符合中国国情、体现中国特点、具有中国特色的马克思主义中国化反贫困思想，并成为习近平总书记关于扶贫工作的重要论述的直接理论来源。

作为马克思主义中国化的开创者和奠基人，以毛泽东同志为代表的中国共产党人，通过艰辛探索和不懈追求，开创了马克思主义中国化新局面，实现了马克思主义新发展，形成了毛泽东思想这一马克思主义中国化的伟大创新成果。以毛泽东为代表的第一代中国共产党人，在当时社会生产力相对较低、国家经济基础十分薄弱、社会贫困比较普遍的现实条件下，充分发挥社会主义制度优势，对解决中国贫困问题进行了初步探索和实践总结，开启了中国反贫困道路新纪元，为改革开放后开展扶贫工作积累了重要的理论基础和宝贵的实践经验。

贫穷不是社会主义，两极分化也不是社会主义，社会主义就是要消除贫困，消灭两极分化，最终达到共同富裕。发展社会主义社会生产力，实现共同富裕，是邓小平消除贫困思想的鲜明特色和集中体现。改革开放以来，以邓小平同志为代表的中国共产党人，把"发展社会生产力、实现共同富裕"作为制定实施一切方针政策的指导思想和重要

---

① 中共中央党史和文献研究院：《习近平扶贫论述摘编》，中央文献出版社2018年版，第31页。

原则，开启了新时期扶贫工作新征程。习近平总书记高度评价邓小平共同富裕思想，并强调："邓小平指出，社会主义的本质，是解放生产力，消灭剥削，消除两极分化，最终达到共同富裕。党的十八届五中全会明确提出要坚持以人民为中心的发展思想，把增进人民福祉、促进人的全面发展、朝着共同富裕方向稳步前进作为经济发展的出发点和落脚点。"① 习近平总书记关于扶贫工作的重要论述继承和发展了邓小平共同富裕思想，把解决区域整体性贫困问题、消除绝对贫困人口作为全面建成小康社会的底线任务，明确指出："全面建成小康社会，最艰巨最繁重的任务在农村、特别是在贫困地区。没有农村的小康，特别是没有贫困地区的小康，就没有全面建成小康社会。"②

以江泽民同志为代表的中国共产党人，根据我国扶贫工作的新形势、新情况、新问题，有针对性地提出了扶贫开发思想，即"贫困地区人民在政府和社会的帮助下，运用当地资源开展切实可行的持续性生产、建设，从而增强本区域的良性自我发展能力"③，开拓了反贫困理论的新领域。

以胡锦涛同志为代表的中国共产党人坚持以人为本的扶贫思想，实现了我国扶贫开发工作在理念上的重大转变和重大调整，标志着我国扶贫开发工作进入新阶段，为开展精准扶贫、精准脱贫工作奠定了重要基础。在系统总结我国扶贫实践和理论成果的基础上，结合新时代新特征，从多个维度进一步深化发展了中国共产党的扶贫理论。

3. 中华优秀传统文化关于扶贫济困的价值理念

在 5000 多年的历史发展长河中，中华民族创造了源远流长、璀璨辉煌的中华文明，曾经引领了世界发展潮流，彰显了中华民族富强兴盛的辉煌历史，成为世界人类文明不可或缺的重要组成部分。中华优秀传统文化是中华文明的传承基因，是中华民族的宝贵财富。中华优秀传统文化蕴含着丰富而深刻的"民富""民生""民本""仁爱""大同"等思想观念和价值理念，是习近平总书记关于扶贫工作重要论述的文化根源。在回顾个人成长经历时，他曾深情表达道："25 年前，我在中国福

---

① 中共中央文献研究室：《十八大以来重要文献选编》下，中央文献出版社 2018 年版，第 4 页。
② 习近平：《做焦裕禄式的县委书记》，中央文献出版社 2015 年版，第 16 页。
③ 江泽民：《江泽民文选》第 1 卷，人民出版社 2006 年版，第 552 页。

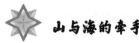

建省宁德地区工作，我记住了中国古人的一句话'善为国者，遇民如父母之爱子，兄之爱弟，闻其饥寒为之哀，见其劳苦为之悲'。至今，这句话依然在我心里。"①

习近平总书记还指出："'天下之治乱，不在一姓之兴亡，而在万民之忧乐。'我们共产党人必须有这样的情怀。中国共产党在中国执政就是要为民造福，而只有做到为民造福，我们党的执政基础才能坚如磐石。"②

精准扶贫是以习近平同志为核心的党中央根据新时代扶贫开发工作的新形势新任务新要求提出的更高质量、更高层次、更高水平的新目标和新举措，其蕴含的丰富内涵、深沉思考和价值理念，既传承了中华优秀传统文化基因，又升华了中华优秀传统文化当代价值，是对中华传统文化蕴含的扶危济困价值理念的创造性转换和创新性发现。

（二）习近平总书记关于扶贫工作重要论述的现实来源

1. 习近平总书记的个人实践经历

习近平总书记是从"黄土地"走出来的人民领袖，他对中国国情有着深刻认知，对中国农村的贫困状况有着深切的体会，对中国农民的生存状态有着深挚关爱。《习近平的七年知青岁月》《习近平在正定》《习近平在厦门》《习近平在宁德》《习近平在福州》《知之深　爱之切》《干在实处　走在前列》等书籍详细记录了习近平同志从知青成长为党的总书记的光辉历程。习近平总书记丰富的社会实践经历，使他最挂念的始终是贫困群众，最放心不下的始终是困难群众，时刻关心他们吃得好不好、穿得暖不暖、住得行不行，这一切与他知青岁月时期扎根陕北农村、躬身力行地直面贫困问题密不可分，与他主政县级区域河北正定、市级区域福建宁德抓实做细扶贫开发工作息息相关，与他治理福建、浙江两个省级区域高度重视"三农"工作一脉相连，是他成为党和国家领导人后全面实施精准扶贫、精准脱贫战略的实践基础和经验升华。

---

① 习近平：《携手消除贫困　促进共同发展》，载《人民日报》2015年10月17日第2版。

② 中共中央文献研究室：《十八大以来重要文献选编》下，中央文献出版社2018年版，第719－720页。

2. 中国特色扶贫开发道路

中国共产党自成立以来，始终在与贫困做斗争，一直努力解决中国贫困问题，矢志不渝地进行了艰苦卓绝的探索和实践，形成和积累了具有中国特色的扶贫经验。革命时期的"打土豪、分田地"是为了广大农民翻身得解放，解决旧中国最基层老百姓的贫困问题；新中国成立初期的土地改革运动是为了广大农民恢复和发展生产，解决新中国一穷二白的贫困问题；社会主义建设新时期的家庭承包经营体制机制改革是为了广大农民过上富裕生活，解决贫穷不是社会主义的问题。正是因为我党始终按照"在经济上保障农民物质利益、在政治上尊重农民民主权利、在精神上激发农民发展活力"的执政理念和原则立场，中国特色扶贫道路才取得了举世瞩目的成就。

3. 新时代扶贫工作的现实需要

习近平总书记关于扶贫工作的重要论述具有强烈的内生性、现实性、社会性、实践性和时代性，因为这一思想来源于中国反贫困探索、形成于中国扶贫开发实践、检验于脱贫攻坚主战场，是马克思主义反贫困理论逻辑与中国特色扶贫实践历史逻辑双向互动形成的创新成果，也是回应以精准扶贫、精准脱贫为基本方略的脱贫攻坚新阶段现实需求的时代新思想。

第一，"全面建成小康社会"宏伟目标对扶贫工作提出了新要求。到2020年全面建成小康社会，是中国共产党对人民群众的郑重承诺，是中国政府对全世界的庄严宣誓，是我国经济社会发展方位的历史节点，也是全国各族人民的期待与要求。

第二，传统扶贫模式难以适应新形势，对扶贫工作提出了新挑战。自新中国成立以来，我国虽然持续开展扶贫工作，解决贫困问题，改善人民群众生产生活条件，但扶贫管理多是单一式、救济式、区域性的，贫困人口的生产积极性和生活情况未得到充分激发和提升。

第三，我国经济社会发展新常态对扶贫工作提出了新标准。自2012年以来，我国经济社会发展呈现出新的阶段性特征，进入经济社会发展新常态，对我国经济社会发展方向、发展目标、发展要求、发展标准，既提出了新挑战，又提供了新机遇。因此，把握新常态、适应新常态、引领新常态，是当前和今后一段时期我国经济社会发展的首要原则、基本逻辑和主要基调。

第四,人民日益增长的美好生活需要使其对扶贫工作提出了新要求。党的十九大做出"中国特色社会主义进入新时代"的重大政治判断,并指出新时代我国社会的主要矛盾已经由"人民日益增长的物质文化需要同落后的社会生产之间的矛盾"转变为"人民日益增长的美好生活需要和不平衡不充分的发展之间的矛盾"。这是对我国新的历史发展方位的科学定位,也是我国新起点推进社会主义现代化建设的现实依据,意味着今后党和国家的一切工作都是围绕解决新的社会主要矛盾,实现更高质量的发展,更好地满足人民群众的美好生活需要。

我国脱贫攻坚虽然取得了历史性成就,但仍然面临重大压力、不少挑战和严峻形势,集中表现在以下三个方面:一是相对贫困人口绝对数量依然不少,相对贫困人口绝对数值依旧庞大;二是稳定脱贫、遏制返贫的压力较大,在中央政府和地方各级政府一系列扶持政策和资金的支持下,贫困地区、贫困村、贫困人口减贫脱贫工作稳步推进,但是一旦现有政策和相关支持不再实施或贫困人口遇到其他家庭重大变故,部分已脱贫群众就很有可能出现返贫现象;三是现有未脱贫贫困人口脱贫难度很大,在区域上多位于自然环境恶劣、交通信息闭塞、经济社会发展相对缓慢的落后地区,在致贫原因上多是疾病、残疾而难以依靠自身能力实现脱贫,因而精准扶贫、精准脱贫的代价更大、成本更大、难度更大。

二、思想引领,扶贫工作有力量

习近平总书记关于扶贫工作的重要论述,深刻回答了新时代我国扶贫开发工作一系列重大理论和实践问题,是马克思主义反贫困理论中国化的最新成果,是指导我国扶贫开发工作的行动指南。

(一)习近平总书记关于扶贫工作重要论述的主要内容

党的十八大以来,以习近平同志为核心的党中央把脱贫攻坚摆在治国理政的突出位置,作为全面建成小康社会的底线任务,组织开展了声势浩大的脱贫攻坚人民战争。为此,习近平总书记发表了一系列关于扶贫工作的重要论述,围绕"精准扶贫、精准脱贫"基本方略,深刻回

第一章　高举扶贫思想火炬　照亮脱贫伟大征程
——习近平总书记关于扶贫工作的重要论述指引珠海、怒江东西部扶贫协作研究

答了"扶持谁""谁来扶""怎么扶""如何退"这四个关键性问题。①这一重要论述的主要内容可以从重要使命、根本方法、核心方略、长远对策、有力保障 5 个方面来理解和把握。

1. 重要使命：消除贫困是社会主义的本质要求

习近平总书记指出："消除贫困、改善民生、实现共同富裕是社会主义的本质要求，是我们党的重要使命。"② 从本质要求的层面讲，人民群众摆脱贫困，幸福生活的愿望变为现实是对社会主义制度优越性的体现，正如习近平总书记所强调的："如果贫困地区长期贫困，面貌长期得不到改变，群众生活长期得不到明显提高，那就没有体现我国社会主义制度的优越性，那也不是社会主义。"③ 因此，必须落实消除贫困、改善民生举措，想方设法解决群众的绝对贫困问题。从党的重要使命层面讲，中国共产党以全心全意为人民服务为根本宗旨，当前的重要使命就是带领全国人民加快迈入小康社会的步伐，贫困是全面建成小康社会的重要障碍，是急需解决的重要民生问题、发展问题。习近平总书记强调全面建成小康社会"一个都不能少"，这是党的庄严承诺，也体现了中国共产党带领全国各族人民摆脱贫困的信心与决心。在这个使命的引领下，脱贫攻坚这一方向更加明确，脱贫干部的斗志更加昂扬，中国将通过脱贫攻坚的过程向世界深度展现社会主义制度的优越性，展现中国共产党的初心使命。

2. 根本方法：发展产业才能甩掉"贫困帽子"

发展是甩掉"贫困帽子"的总办法。首先，要因地制宜，结合地域发展优势，找准发展路子。习近平总书记指出："现在，许多贫困地区一说穷，就说穷在了山高沟深偏远。其实，不妨换个角度看，这些地方要想富，恰恰要在山水上做文章。"④ 这就需要扶贫干部深入分析贫困地区发展的利弊，扬长避短，找到带动致富的优势产业。其次，要与

---

① 习近平：《习近平总书记重要讲话文章选编》，中央文献出版社 2016 年版，第 74 页。
② 黄敬文：《习近平在部分省区市党委主要负责同志座谈会上强调　谋划好"十三五"时期扶贫开发工作　确保农村贫困人口到 2020 年如期脱贫》，载《人民日报》2015 年 6 月 20 日第 1 版。
③ 中共云南省委：《让贫困地区同步全面建成小康社会——深入学习贯彻习近平总书记关于扶贫开发的战略思想》，载《求是》2015 年第 7 期，第 11－14 页。
④ 中共中央文献研究室：《十八大以来重要文献选编》下，中央文献出版社 2018 年版，第 50 页。

市场对接，激活产业活力。贫困地区要发展，就要走出去，产品要走向市场，产业要扩大规模，特色要形成品牌，这都需要具有犀利的市场眼光，根据市场需求谋划特色产业发展，在国内国际市场获得一席之地，这样不仅能带动贫困农民就业，更能带动整个地区脱贫致富。最后，既要注重产业发展，也要注重生态环境保护。习近平总书记指出："我们既要绿水青山，也要金山银山。宁要绿水青山，不要金山银山，而且绿水青山就是金山银山。"在扶贫开发过程中，要践行生态扶贫的理念，在保护生态环境的同时，借助大自然的天然条件为贫困群众提供护林员等生态扶贫岗位，因地制宜思考最适合的扶贫方式。

3. 核心方略：精准扶贫提高扶贫工作质量

习近平总书记强调："扶贫开发贵在精准，重在精准，成败之举在于精准。"① 精准扶贫是习近平总书记关于扶贫开发工作重要论述中的重要内容，精准扶贫开发工作指明了重要方向。首先，精准扶贫要求在"扶持谁"上做到精准，通过建档立卡等举措做到扶持对象精准，扶真贫。其次，精准扶贫要在"谁来扶"上做到精准，通过因村派人等举措，严格落实扶贫责任。最后，精准扶贫要在"怎么扶"上做到精准，通过项目安排精准、资金使用精准、措施到户精准等，达到脱贫成效精准。此外，为切实解决"怎么扶"的问题，习近平总书记提出"五个一批"工程，即发展生产脱贫一批、易地搬迁脱贫一批、生态补偿脱贫一批、发展教育脱贫一批、社会保障兜底一批，这为打通脱贫攻坚"最后一公里"提供了更精准的破题思路，是坚定不移"啃硬骨头"的核心方略，是避免大水漫灌，针对不同贫困问题对症下药的有效举措。

4. 长远对策：扶志扶智有效斩断贫困根源

习近平总书记强调："只有首先摆脱了我们头脑中的'贫困'，才能使我们所主管的区域'摆脱贫困'，才能使我们整个国家和民族'摆脱贫困'，走上繁荣富裕之路。"② 要摆脱头脑中的贫困，走上富裕道路，要正确认识"扶志"和"扶智"的重要性。一方面，要"扶志"。志是贫困群众胸中的志向。"脱贫致富贵在立志，只要有志气、有信

---

① 《习近平论扶贫工作——十八大以来重要论述摘编》，载《党建》2015年第12期，第5—7、13页。

② 习近平：《摆脱贫困》，福建人民出版社2014年版，第216页。

心，就没有迈不过去的坎。"① 脱贫攻坚主要还是要依靠贫困群众自己动手，主观能动的创造才能使贫困群众找到自我，发现劳动的美，真正参与创造幸福生活的过程。另一方面，要"扶智"。智是贫困群众的智慧。启发民智，最重要的环节是教育，通过严格落实和保障适龄儿童的教育，逐步阻断贫困代际传递；通过科学技术教育，加大对职业技术院校等的投资与建设，加强对贫困户的职业技术技能培训，使其有得以生存发展的一技之长。当然，对于不重视教育的贫困户还需要加强思想政治教育，通过对思想文化的宣传以及政策解读等，努力改变人们的落后观念、懒惰思想。"扶志"与"扶智"需要漫长的过程，却是斩断贫困根源的科学对策，因此，应着力做好贫困山区的"志""智"双扶工作。

5. 有力保障：合力扶贫扎实推进扶贫进程

习近平总书记强调要形成全社会广泛参与的脱贫攻坚格局。要强化领导责任、强化资金投入、强化部门协同、强化东西协作、强化社会合力、强化基层活力、强化任务落实，加快扶贫进程。首先，党和政府是扶贫攻坚的领导者，要把握好扶贫开发方向。政府要完善有利于贫困地区和贫困对象的政策体系、金融扶贫体系、法律标准、考核机制，保障扶贫实效。其次，精准扶贫工作要与行业扶贫相结合。尤其是对基础设施薄弱的深度贫困地区，要提高帮扶精准度，着力解决贫困地区路、水、电、网等问题，优先解决建档立卡贫困户的住房安全问题，将教育扶贫、医疗扶贫、文化扶贫等行业扶贫工程协同推进，着力提高贫困地区的基本公共服务水平。最后，实施定点帮扶，健全社会参与机制。要健全东西部协作和党政机关、部队、人民团体、国有企业定点扶贫机制。尤其要鼓励民营企业、社会组织、个人参与扶贫开发。鼓励企业发挥责任意识，投资贫困地区，开发特色产业，支持慈善扶贫事业发展，鼓励扶贫济困，回馈社会。通过调动各方面的社会力量参与扶贫开发进程，实现各种社会资源在贫困地区的高效流动，使每个社会成员都有机会成为脱贫攻坚、全面建成小康社会的助力者，有效推进脱贫攻坚进程。

---

① 《习近平论扶贫工作——十八大以来重要论述摘编》，载《党建》2015 年第 12 期，第 5 - 7、13 页。

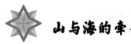

(二) 习近平总书记关于扶贫工作重要论述的鲜明特征

贫困是人类的天敌。习近平总书记指出："贫穷不是社会主义。如果贫困地区长期贫困，面貌长期得不到改变，群众生活长期得不到明显提高，那就没有体现我国社会主义制度的优越性，那也不是社会主义。"① 习近平总书记关于扶贫工作的重要论述逻辑严密、内涵丰富，是中国特色社会主义扶贫开发体系的丰富拓展，是新时期我国扶贫开发工作的重要指导思想，具有鲜明的人民性、实践性、精准性、创新性和明确性。

1. 扶贫目标的人民性

马克思、恩格斯在《共产党宣言》中指出，共产党所领导的"无产阶级运动是绝大多数人的、为绝大多数人谋利益的运动"，这是对无产阶级政党阶级属性和历史使命最本质的概括，是对无产阶级政党政治本色和价值取向最鲜明的昭示。党的十八大以来，以习近平同志为核心的党中央坚持立党为公、执政为民的使命担当，坚持以民为本、以人为本的执政理念，把人民群众利益放在治国理政的突出位置，把增进民生福祉作为一切工作的出发点和落脚点，把激发全体社会成员的活力、动力当成全面深化改革的关键环节，推动改革发展成果更多、更公平地惠及全体人民，深刻体现了人民利益至上的马克思主义根本立场，集中体现了无产阶级政党鲜明的人民性内在本质。

对于任何一个政党而言，"为谁发展、靠谁发展、怎样发展"都是一个全局性、方向性的重大问题，关乎政党前途和历史命运。习近平总书记关于扶贫工作重要论述的人民性即始终坚持以人民为中心的发展理念，直面中国贫困地区、贫困群众存在的现实贫困问题，直面全面建成小康社会的底线、短板、弱项，想贫困群众之所想，急贫困群众之所急，为贫困群众之所盼，解贫困群众之所难，时刻把贫困群众的大事小事记在脑子里、扛在肩膀上、落在手心里，时刻牢记中国共产党不变的初心，不断增强贫困群众的获得感、幸福感和安全感。

---

① 刘永富：《打赢全面建成小康社会的扶贫攻坚战——深入学习贯彻习近平同志关于扶贫开发的重要讲话精神》，http：//politics. people. com. cn/n/2014/0409/c369091－24855570. Html。

第一章　高举扶贫思想火炬　照亮脱贫伟大征程
——习近平总书记关于扶贫工作的重要论述指引珠海、怒江东西部扶贫协作研究

"治理之道，莫要于安民；安民之道，在于察其疾苦。"① 实践证明，党的根基在人民、血脉在人民、力量在人民，我党最大的政治优势就是密切联系人民群众，党执政后最大的危险就是脱离人民群众。因此，"人民性"是我们永恒不变的底色，把贫困群众脱贫致富作为使命要求，把服务贫困群众作为使命担当，着力在发展中保障和改善民生，切实维护和扩大民利，始终与人民群众心心相印、同甘共苦、团结奋斗，满足其对美好生活的向往。

2. 扶贫措施的实践性

习近平总书记关于扶贫工作的重要论述立足于解决贫困地区贫困群众最关心、最直接、最现实的贫困问题的长期探索实践，扎根于具有中国特色的扶贫开发道路模式，来自贫困一线的实际工作积累，发展于脱贫攻坚主战场的淬火历练，具有强烈的实践性，其对现实的针对性指导主要体现为以下三点。

第一，扶贫理念具象化。针对贫困地区、贫困村、贫困人口的突出困难和问题，按照"什么问题集中就集中解决什么问题"的思路，把好贫困地区、贫困村、贫困人口的"穷脉"，用好贫困地区、贫困村、贫困人口的"药方"，治好贫困地区、贫困村、贫困人口的"穷病"。严格落实精准扶贫的各项措施，深入贫困户，摸准贫困群众的致贫原因，对贫困户进行建档立卡，并采取针对性举措，为贫困群众脱贫致富出谋划策，将国家的扶贫政策与贫困群众的实际困难对接，将社会帮扶与贫困地区的需求对接，切实做到该兜底的不漏一户，该发展生产的积极带动，使每个贫困群众都能找到适合自己的致富路子。

第二，扶贫方式生活化。精准扶贫的主要目标可集中概况为"两不愁三保障"，即不愁吃、不愁穿，义务教育、基本医疗、住房安全有保障。从"两不愁"来看，就是从贫困群众最基本、最关注、最现实的生活生计问题入手，首先改变贫困人口的贫困生活状况，解决最基础的生活生计问题，在此基础上确立稳脱贫后致富的发展目标。从"三保障"来看，更是集中关注和大力解决涉及民生领域的教育、医疗、住房三个关键问题，深度聚焦贫困群众的所难、所急、所盼和所愿，切实降低和解决贫困户的教育、医疗、住房等支出费用，想方设法减轻贫

---

① 人民日报评论部：《习近平用典》，人民日报出版社2015年版，第92页。

困家庭的各项生活负担。

第三，扶贫重点清晰化。贫困地区资源禀赋各有特点，发展条件各有不同，贫困人口致贫原因千差万别，因此，扶贫重点要找得准，扶贫举措要用得准，不能千篇一律、大而化之、照猫画虎、简单应对。精准扶贫、精准脱贫既有对贫困人口脱贫的具体标准要求，也有对贫困村出列的考核指标体系，既注重从单个贫困户、贫困人口入手，也组织实施贫困村整体提升工程，培育壮大集体经济，为贫困地区和贫困人口夯实发展致富基础、规划长远发展大计。

3. 扶贫政策的精准性

习近平总书记关于扶贫工作的重要论述基于新世纪新阶段我国扶贫开发工作的新形势、新任务、新要求，提出了包括指导思想、基本原则、目标任务、路径方法、政策措施、保障机制等诸多方面的综合性、系统性、整体性的中国化反贫困理论。没有就贫困言贫困、就扶贫言扶贫，而是在深刻分析中国贫困地区、贫困人口复杂致贫因素的基础上，从全局着眼，从整体着手，从系统着力，统筹协调扶贫开发各种重大关系和各方面工作内容，将宏观政策措施与微观制度安排相结合，外部力量帮扶与激发内生动力相结合，实施扶贫开发与推动经济社会发展相结合，精准识别扶贫对象与完善动态退出机制相结合，政府主导力量与社会共同发力相结合，深刻体现出我国扶贫政策设计的精准与全面。

4. 扶贫理念的创新性

习近平总书记关于扶贫工作的重要论述继承发展了马克思主义反贫困理论，是对长期以来中国扶贫开发工作实践的经验总结和理论创新，具有强烈的时代表征和创新特质，具体表现为以下三点。

第一，创新了扶贫理念，更加注重人的全面脱贫。扶贫开发工作，说到底是做人的工作，这个人就是贫困地区的贫困人口。贫困人口的如期脱贫，不仅要在物质上实现，也要在精神上富有，不是个别指标单一维度的单项脱贫，而是整体系统性指标的全面脱贫，因此需要"志""智"双扶。精准扶贫是双向维度的扶贫开发，既积极组织外部力量投身扶贫开发，也鼓励支持贫困人口激发内生动力，内外结合，上下结合，实现人的全面脱贫。

第二，创新了扶贫模式，更加注重脱贫致富。贫困是个历史性难题，精准扶贫通过实施"精准滴灌""内生造血""生态保护脱贫"

"易地搬迁脱贫""产业扶贫"等多种扶贫模式,主动探索贫困地区、贫困村、贫困人口既能如期脱贫的有效办法,又为今后贫困地区、贫困村、贫困人口实现全面发展、全面振兴、全面致富打下良好基础,实现脱贫中致富、致富中脱贫。

第三,创新了扶贫手段,更加注重系统整合。在精准扶贫中,专项扶贫、行业扶贫与社会扶贫协调联动、有机统一、相互配合,实现最大效用。扶贫开发工作千头万绪,贫困地区贫困人口千差万别,精准扶贫按照强基固本的总体思路,增强了贫困地区贫困人口的自我发展能力、自我脱贫能力、自我致富能力。精准扶贫是对"全国一盘棋""全局一张网"的有力践行,从东中西部协调发展战略全局谋划推动扶贫开发工作,从城乡一体融合发展时代要求组织实施扶贫开发工作,充分发挥了制度性体制机制优势。

5. 责任主体的明确性

推进脱贫攻坚,关键是将责任落实到人。习近平总书记在贵州贵阳召开部分省区市党委主要负责同志座谈会,并在会上提出了关于扶贫工作的"四个切实"具体要求,其中第一点就是要切实落实领导责任,指出:"要强化扶贫开发工作领导责任制,把中央统筹、省负总责、市(地)县抓落实的管理体制,片为重点、工作到村、扶贫到户的工作机制,党政一把手负总责的扶贫开发工作责任制,真正落到实处。"① 明确了各地区领导的主体责任,强化了扶贫工作的责任感和使命感,要求压紧压实脱贫攻坚的全体责任。

落实好全体责任,根本在于有强烈的责任担当。首先,主要领导必须肩负起扶贫工作的第一重任,严格要求自己,层层传递压力,让扶贫方案和措施能顺利到村到户,而不是走马观花搞形式主义。其次,各级各部门,特别是所有党员干部务必认真对待扶贫工作,深入基层、深入贫困,多走访、多调研,认清实际,按照各自的职能分工,按照各自的帮扶任务分工,切实履行好主体责任。同时,在思想上要强化大局意识、服务意识、帮扶意识,时刻谨记贫困地区百姓安危,确保精准扶贫各项任务落到实处。最后,要在扶贫工作中跟进问责问效,到一线监

---

① 《习近平在部分省区市党委主要负责同志座谈会上强调 确保农村贫困人口到2020年如期脱贫》,载《人民日报》2015年6月20日第1版。

督、指导、协调工作开展，将扶贫工作纳入各单位目标考核，提高扶贫攻坚实效。

三、现实为据，脱贫攻坚有目标

习近平总书记指出，扶贫应当实事求是、因地制宜，不要空喊口号，也不要好高骛远。所谓因地制宜，就是根据当地的具体情况，制定或采取适当的措施来处理矛盾和问题。怒江州集边疆、民族、山区、贫困于一体，是全国扶贫攻坚的主战场之一。虽然扶贫开发工作已取得显著成效，但仍然是全国农村贫困面最大、贫困人口最多、贫困程度最深的地区之一，扶贫脱贫任务仍异常艰巨。

（一）怒江州的基本概况

怒江傈僳族自治州位于云南省西北部，怒江中游，因怒江由北向南纵贯全境而得名。位于中缅滇藏的接合部，境内有长达450千米的国界线。怒江州北接西藏自治区，东北临迪庆藏族自治州，东靠丽江市，西南连大理白族自治州，南接保山市，政府驻泸水市六库镇。怒江州总面积14703平方千米，辖泸水市、福贡县、贡山独龙族怒族自治县、兰坪白族普米族自治县4个县（市），29个乡（镇），255个村民委员会、17个社区。2019年末，全州常住总人口达到55.7万人。怒江州是中国唯一的傈僳族自治州，其中，独龙族和怒族是怒江地区所特有的少数民族，怒江州是中国民族族别成分最多、中国人口较少民族最多的自治州。

怒江州为全国"三区三州"深度贫困地区之一，全州四县都是国家扶贫开发重点县和滇西边境山区集中连片贫困地区片区县，83%的乡镇是贫困乡镇，80.8%的行政村是扶贫开发重点村。傈僳族是云南省4个特困民族之一，96%以上的独龙族、90%以上的怒族、89%以上的普米族群众处于贫困状态，白族支系"拉玛人""勒墨人"和景颇族支系"茶山人"整体处于深度贫困状态。据2011年末统计数据，当时全州建档立卡贫困人口为31.29万人，贫困发生率71.1%，住房差、饮水难、出行难，群众因灾、因病返贫现象突出。经过多年努力，截至2020年底，怒江州剩余的26.96万贫困人口全部达到"两不愁三保障"

标准，249个贫困村全部退出，泸水、福贡、兰坪、贡山4县（市）全部脱贫摘帽，独龙族、怒族、普米族、傈僳族等"直过民族"和人口较少民族实现整族脱贫。

（二）扶贫开发的主要成就

怒江州深入学习贯彻习近平总书记对云南工作重要指示精神和给贡山独龙族怒族自治县独龙江乡群众回信的重要精神，在中央企业、国有企业、高等院校等有关部门的大力支持下，与珠海市通力合作，充分发挥脱贫攻坚主体作用，全面深入地推进脱贫攻坚工作，攻坚克难，脚踏实地，成效显著。

1. 脱贫攻坚取得新突破，群众获得感、幸福感明显增强

怒江州《2020年政府工作报告》数据显示，2017年至2020年初，怒江州聚焦精准扶贫，落实和整合各类扶贫资金76.7亿元，大力实施易地扶贫搬迁、产业就业扶贫等项目。10万多名贫困群众基本实现搬迁入住，农村危房改造所定任务全部完成。怒江州林业生态脱贫攻坚区建设成效明显，落实生态公益性岗位4.01万个，带动12.35万贫困人口实现稳定增收。建成46个扶贫车间，组建182个生态扶贫专业合作社，建档立卡贫困户产业覆盖率达96%。建档立卡贫困人口基本医疗、大病和养老保险参保率达100%。贡山县如期实现脱贫摘帽。全州126个贫困村退出，减少贫困人口10.02万人，建档立卡贫困人口基本达到"两不愁三保障"标准。[①]

在民生方面，大力实施就业促进行动，发放创业贷款6495万元，城镇新增就业5643人，城镇登记失业率2.5%。农村劳动力转移就业13.1万人次，劳务工资性收入达21.7亿元。纳入城镇低保8865人、农村低保10.7万人，共发放资金3.14亿元。加大临时救助力度，累计救助5.34万人次，发放救助金4461.62万元。3279户困难群众享受住房租赁补贴。20.32万农村人口饮水安全得到保障。完成"全面改薄"建设任务，新建（改扩建）79所义务教育学校，241所中小学全部达到"20条底线"办学标准。新建（改扩建）71所幼儿园，基本实现

---

① 怒江州人民政府办公室：《2020年怒江州政府工作报告》（怒府办〔2020〕133286号）。

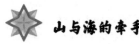

"一村一幼"。255个行政村建成了标准化卫生室，配备638名合格乡村医生。人民群众获得感、幸福感、安全感明显增强。

2. 加大基础设施建设，促进绿色产业发展

第一，聚焦重大项目，基础设施建设实现重大突破。13个省级"四个一百"重点建设项目有序推进，集中开工5批次、86个项目。怒江"美丽公路"建成通车，丰华通用机场实现通航，怒江新城、保泸高速公路、美丽公路南延线等加快推进。全州建成4个5G通信基站，独龙江乡率先开通5G实验站。

第二，聚焦资源优势，产业发展取得新进展。重点打造以草果为代表的绿色香料产业，香料种植面积达144万亩，绿色香料产业园区建设稳步推进。云黄连、重楼等中药材种植面积达30万亩。中华蜂养殖达8万箱。工业总产值达90亿元，增长18.7%；规模以上工业增加值34亿元，增长22%。全力推进"旅游革命"暨"一部手机游云南"工作，成功创建独龙江3A级旅游景区，成功举办"2019中国怒江皮划艇野水世界杯"，实现旅游业总收入64.4亿元。

第三，聚焦保护修复，生态文明建设取得显著成效。新增国家级公益林202万亩，森林生态效益补偿资金达7612.8万元。完成陡坡地生态治理等营造林20.4万亩，累计种植各类苗木2041万株。

3. 开放步伐更坚实，稳步推进民族团结进步示范州建设

第一，优化政策举措，营造良好发展环境。政府机构改革全面完成，机构设置得到优化，职能职责进一步理顺。"放管服"改革持续推进，调整、取消行政许可事项17项。优化审批服务，工商企业登记时间压缩到平均4.5个工作日。落实减税降费政策，减免税费2.94亿元。广泛开展招商推介，成功举办首届"草果文化周"系列活动，引进州外资金98.4亿元。完成对外贸易进出口总额4.46亿元，增长163.6%，增幅位列全省第一。

第二，加强社会治理，和谐稳定局面得到进一步巩固。民族团结进步示范州创建稳步推进，全州2个集体、3名个人被国务院表彰为全国民族团结进步模范集体和个人。贡山县被国家民委命名为"全国民族团结进步示范区（单位）"，兰坪白族普米族自治县创建全国民族团结进步示范县通过省级验收，命名了83个州级民族团结进步创建示范单位。

四、行动为实，决战决胜有保证

巩固扶贫成果是稳定脱贫的"压舱石"，提高扶贫质量是科学脱贫的"推进器"。为确保脱贫攻坚质量更高、成色更足、圆满收官，珠海、怒江深入贯彻总书记关于扶贫工作的重要论述，凝心聚力，加压奋进，铆足干劲跑好最后一棒，向党和人民交上一份满意的答卷。

（一）立足党建引领，强化组织保障

随着我国扶贫开发步入攻坚拔寨期，贫困问题的复杂性、艰巨性前所未有，实现脱贫攻坚的任务尤为紧迫。2016年7月，习近平总书记亲自主持召开"银川会议"，提出"东西部协作"的精准扶贫、精准脱贫新战略，强调要认清形势、聚焦精准、深化帮扶、确保实效，切实做好新形势下东西部扶贫协作工作。党对农村的坚强领导，是使贫困的乡村走向富裕道路最重要的保证。如何在农村实现党的领导，这是农村党组织的历史使命。如果没有一个坚强的、过硬的农村党支部，党的正确路线、方针政策就不能在农村得到具体的落实，就不能把农村的党员团结在自己周围，也就谈不上带领群众壮大农村经济，发展农业生产力，向贫困和落后宣战。必须通过扎扎实实的工作，纯洁队伍，改进工作方法，建设好农村党支部，增强党组织的凝聚力，加强脱贫第一线的核心力量。

怒江州成立了以州委书记为组长的怒江珠海扶贫协作领导小组，将扶贫协作工作纳入重要议事日程。"珠海市·怒江州"扶贫协作工作联席会议制度随即建立，为对口帮扶工作把脉定向，明确帮扶思路。双方经过多次考察协商，编制了"1+7"的帮扶工作规划，制定了《珠海市对口怒江东西部扶贫协作工作实施意见》和《珠海市对口怒江州扶贫协作工作计划（2016—2019年）》。明确扶贫协作资金重点向贫困地区、贫困户和贫困人口倾斜。截至2020年，珠海市已累计投入各类援助资金14.343亿元，共解决2618户8530名群众的住房问题，并累计投入资金2.645亿元开展166个产业帮扶项目，受益卡户8万多人。同时，珠海已有18个乡镇、8个村、207家企业、70家社会组织、13个社区分别与怒江贫困乡（镇）村开展结对帮扶，筹集社会帮扶资金和

捐物折款累计超过 4.255 亿元，形成了全社会关注支持怒江深度贫困、精准脱贫的良好氛围。

（二）立足多方联动，全力推进工作

为深入贯彻习近平总书记在解决"两不愁三保障"突出问题座谈会上关于"组织消费扶贫"的重要指示精神，响应中共中央、国务院关于深入开展消费扶贫助力打赢脱贫攻坚战的号召，进一步凝聚起全社会力量共同参与消费扶贫的强大合力，助力贫困群众稳定脱贫和贫困地区长远发展，国家发展改革委联合国务院扶贫办、中央和国家机关工委、教育部等多个部门共同发出了《动员全社会力量共同参与消费扶贫的倡议》，指出各级党政机关、国有企事业单位、群团组织等，对消费扶贫起着重要的引领带动作用，要将消费扶贫纳入定点扶贫和结对帮扶工作内容，在同等条件下持续扩大对贫困地区产品和服务的消费。东部等发达地区的省市是推动消费扶贫的重要力量，要引导当地企业到贫困地区建设生产基地，积极购买受援地产品和服务，组织到受援地旅游，与受援地建立长期稳定的产销衔接关系和劳务对接机制。

在双方共同推动下，怒江珠海扶贫协作事业驶入快车道。珠海 3 个行政区、5 个经济功能区与怒江 4 个县（市）采取"二帮一"的方式结对，同时，珠海市 16 个乡镇（街道）和部分国企与怒江州 16 个贫困乡（镇）对接，珠海市 9 个村（居委会）和部分国企与怒江州 9 个贫困村实现对接，贫困县（市）党委或政府和珠海市结对地区积极开展调研对接，落实扶贫任务。在"携手奔小康行动"中，珠海各区积极投入财政资金进行帮扶，共完成区级财政帮扶资金 7566.32 万元。同时，珠海也加大社会帮扶力量，促成珠海农控集团在怒江州投资，引导珠海华发集团、九洲集团、水控集团、免税集团、珠海港集团 5 家国有企业开展产业帮扶。已落地、动工或发生实际投资的项目 9 个，总投资 7170 万元，带动建档立卡贫困人口为 4551 人。

（三）立足定有所居，做实易地搬迁

当一方水土难养一方人时，易地扶贫搬迁便成了摆脱贫困的有效途径。习近平总书记 2016 年 8 月在青海省考察时指出："一定要把易地移民搬迁工程建设好，保质保量让村民们搬入新居。大家生活安顿下来后，各项脱贫措施要跟上，把生产搞上去。"① 按照"搬得出、留得下、能就业、有保障"的要求，各级政府在安置区着力发展产业、调整经济结构、拓展增收渠道，使各地搬迁群众生活实现"跨越式"奔小康。

在怒江州1.47万平方千米的土地上，由珠海市负责的兰坪县易门菁易地扶贫搬迁示范点、泸水市维拉坝易地扶贫搬迁示范点、贡山县腊咱易地扶贫搬迁示范点、福贡县达普洛就地改造点已经全面动工，且部分已完成建设并入住，1000多户3000多名怒江人将从世代居住的高山峡谷里搬迁到适宜生存和发展的便利区域。从2016年起，珠海市对怒江州4县（市）每年各帮扶1000万元，主要用于解决贫困户的住房问题。在克服了易地搬迁政策调整、贫困人口动态识别和各种主客观因素带来的影响，特别是珠海建安集团2017年8月进驻以后，珠海负责的3个易地扶贫搬迁示范点建设步入正轨。

（四）立足利益联结，促进产业合作

"贫困地区发展要靠内生动力，如果凭空救济出一个新村，简单改变村容村貌，内在活力不行，劳动力不能回流，没有经济上的持续来源，这个地方下一步发展还是有问题。一个地方必须有产业，有劳动力，内外结合才能发展。"② 早在2012年，习近平总书记在河北阜平县考察时，就明确指出了产业扶贫是最有效、最直接的方法。珠海成功探索出"分散组织生产、集中规模经营"的产业帮扶模式，截至2020年年底，已投入2.645亿元资金开展166个产业帮扶项目，建成了农产品、民族服装制鞋和手工艺品扶贫车间，以及乡村农家乐等旅游服务项目，8万多建档立卡贫困户因此受益。两地共同搭建线上与线下、批发与零售相结合的怒江特色农产品销售体系，拓宽怒江农产品销售渠道。在珠海举行的"5·19怒江旅游文化宣传和招商引资推介活动"签约金额达7250万元，截至2020年8月已完成投资5918万元。

劳务输出作为对贫困人口最为直接的帮扶方式，一直深受政府、企业的关注。尤其是疫情来袭，不少企业停工停产，如何确保就业尤其是

---

① 内蒙古自治区中国特色社会主义理论体系研究中心：《易地扶贫搬迁要实现可持续发展》，2017年7月17日，见 http://theory.people.com.cn/n1/2017/0717/c412680-29409303.html。

② 习近平：《做焦裕禄式的县委书记》，中央文献出版社2015年版，第17-18页。

贫困人员就业以保证其稳定收入,党中央关心,全社会关注。习近平总书记指出,要优先支持贫困劳动力务工就业,在企业复工复产、重大项目开工、物流体系建设等方面优先组织和使用贫困劳动力,鼓励企业更多招用贫困地区特别是建档立卡贫困家庭人员,通过东西部扶贫协作"点对点"帮助贫困劳动力尽快有序返岗。① 珠海市在5年的扶贫过程中,已与怒江州开展多项劳务合作。在怒江州成立珠海市对口帮扶进程中,两地建立和完善了劳动力协作和信息共享机制、实名制动态跟踪就业服务机制,签订劳动力转移就业和技能培训工作协议。

(五)立足斩断穷根,推动扶贫扶智

"扶贫必扶智。让贫困地区的孩子们接受良好教育,是扶贫开发的重要任务,也是阻断贫困代际传递的重要途径。党和国家已经采取了一系列措施,推动贫困地区教育事业加快发展、教师队伍素质能力不断提高,让贫困地区每一个孩子都能接受良好教育,实现德智体美全面发展,成为社会有用之才。"珠海、怒江贯彻中央精神,积极开展"治贫先治愚"行动,特别是党的十八大以来,怒江州树立"优先发展教育"的理念,全面实施"科教兴州""人才强州"战略。珠海市用真情、真心帮扶怒江州发展教育,通过扶智、扶志、扶技、扶能和扶弱这"五扶",做到"怒江所需,珠海所能"。怒江州借助珠海市优质教育资源,不断补齐教育发展"短板",使得教育扶贫取得重大进展。控辍保学实现历史性突破,将学生资助范围做到全覆盖,普通话攻坚工作得到扎实推进,各类教育得到协调发展,教育帮扶成效显著。2019年完成义务教育"全面改薄"建设任务,新建(改扩建)79所义务教育学校,241所中小学全部达到"20条底线"办学标准。新建(改扩建)71所幼儿园,基本实现"一村一幼"。兰坪县义务教育均衡发展通过国家督导评估。对"直过民族"和人口较少民族开展普通话培训,参与人数共计1.8万人。在珠海市的帮扶下,增设学校,增加教育培训,使怒江州扶智的进程得到有效推动,目前怒江州教育整体发展情况良好,为斩穷根、开创美好未来创造了更好的教育条件。

---

① 萧梅:《"优先支持贫困劳动力就业"重在做细做实》,载《北京青年报》2020年4月30日第2版。

第二章
区县携手脱贫攻坚 勠力同心共奔小康

——以珠海、怒江实施区县结对携手奔小康行动为例

结对帮扶的援助力量是助力打赢脱贫攻坚战的"奇兵"和"劲旅",珠海市与怒江州遵照党中央和云南省委、省政府关于东西部扶贫协作的安排部署,贯彻落实习近平总书记扶贫开发战略思想,山海"手牵手",优势互补,互利共赢,助力奔小康行动不断开花结果,同心共谱扶贫协作崭新篇章。珠海市的3个行政区和5个经济功能区与怒江州的4个县(市)采取"二帮一"的方式开展区县结对帮扶,坚持精准扶贫、精准脱贫的基本方略,按照"中央要求、怒江所需、珠海所能"的原则,做到"江有所呼、海必有应",将"携手奔小康行动"扶贫任务落细落小落到实处。

一、协作双赢,兄弟情深友谊长

东西部对口扶贫协作旨在支持和帮助中西部欠发达地区及少数民族地区摆脱贫困,逐步缩小区域发展差距,最终实现区域共同发展和共同富裕。山海携手进行区县结对就是基于优势互补、互惠互利、长期合作、共同发展的原则,在政策引领下开展的对口支援、对口帮扶、区域协作发展等工作。

(一)区域协作扶贫的发展历程

1. 区域协作扶贫的缘起(1978—1996年)

我国在东西扶贫协作方面的实践,肇始于改革开放初期,党和国家动员东部沿海发达地区对口支援少数民族地区发展的相关政策。早在1979年7月,中共中央批转的全国边防工作会议的报告就已经明确要

求组织内地省、市,实行对口支援边境地区和少数民族地区,并且确定了最初的结对支援关系,对口帮扶模式正式确立。1982年10月,国家计委、民委在宁夏银川召开经济发达省市同少数民族地区对口支援和经济技术协作工作座谈会,旨在进一步推动对口支援工作。1983年1月,国务院正式批转了这次座谈会的会议纪要,明确要求对口支援必须坚持"共同发展"和"互利互惠"的方针,实际上已开始把扶贫开发与经济协作相结合。

1984年9月,中共中央、国务院下发了《关于帮助贫困地区尽快改善面貌的通知》,明确提出要着力增强贫困地区的"造血"功能。自此,对口支援工作开始从救济式扶贫开始转向以经济协作为主的开发式扶贫。进入90年代,党和政府更加关注东西部经济发展差异和西部地区扶贫问题。1994年4月15日,国务院颁发的《国家八七扶贫攻坚计划(1994—2000年)》首次明确提出沿海较为发达的省都要对口帮助西部的一两个贫困省、区发展经济,为东西扶贫协作政策的正式提出奠定了基础。

2. 区域协作扶贫的启动(1996—2000年)

1995年9月,《中共中央关于制定国民经济和社会发展"九五"规划和2010年远景目标的建议》专门提出了缩小东西部差距的措施,明确建议沿海发达地区对口帮扶中西部的10个省区,开展东西对口扶贫协作。[①] 自此,东西扶贫协作政策正式提出。《关于组织经济较发达地区与经济欠发达地区开展扶贫协作的报告》明确了各省份间的结对关系,标志着东西扶贫协作的全面启动。

这一阶段东西扶贫协作的实施,极大地推动了全国扶贫开发工作的进展,也使东西部扶贫开发取得了丰硕的成果。2000年,按人均年收入625元标准计算的中国农村贫困人口已经减少至3000万人,贫困人口占农村总人口的比例已经下降到3%左右。其中,国家重点贫困县的贫困人口从1994年的5858万人已经减少到2000年的1710万人。

3. 区域协作扶贫的深化与调整(2000—2010年)

进入21世纪后,随着全面建设小康社会进程的推动,我国扶贫开

---

① 李勇:《改革开放以来东西扶贫协作政策的历史演进及其特点》,载《党史研究与教学》2012年第2期,第36-43页。

发事业迈入解决绝对贫困与相对贫困并重的"大扶贫"阶段。为了这一目标的顺利实现，国务院于2001年制定了《中国农村扶贫开发纲要（2001—2010年）》，对东西扶贫协作提出了更高的要求，并于2002年1月决定由珠海、厦门两市对口帮扶刚刚设立为直辖市不久的重庆市。至此，我国东西协作扶贫的范围再次扩大。

2008年，党的十七届三中全会通过了《中共中央关于推进农村改革发展若干重大问题的决定》，就扶贫开发的方针、政策、标准、重点等提出了一系列新的要求，旨在顺利实现党的十七大报告中提出的"把到2020年基本消除绝对贫困现象作为全面建设小康社会重要奋斗目标"。这一时期我国东西扶贫协作工作的最大变化，就是过去由政府强势主导的扶贫开发工作体系，逐渐转变为政府援助、企业合作、社会参与的多元工作体系，其特点主要包括：一是扶贫协作层次的提高；二是东西扶贫协作的领域日益拓宽，内容更趋丰富；三是东西扶贫协作实效不断凸显。

4. 区域协作扶贫的新发展（2010—2020年）

2011年5月，中共中央、国务院印发了《中国农村扶贫开发纲要（2011—2020年）》，把连片的特困地区作为主战场，把稳定解决扶贫对象温饱、尽快实现脱贫致富作为首要任务，明确要求到2020年稳定实现扶贫对象不愁吃穿，保障其义务教育、基本医疗和住房。这一时期东西扶贫协作的总体特点包括：其一，扶贫开发已从解决温饱为主的阶段开始转入巩固温饱成果、加快脱贫致富的新阶段；其二，工作目标确定为"两不愁，三保障"，既包含生存需要，又包括一部分发展的需要，以适应新阶段扶贫工作的基本任务和要求；其三，扶贫开发的工作方针更为科学合理，进一步明确了既要实现扶贫脱贫目标，又要低保维持生存（托底）的工作定位。

自此，东西扶贫协作已经呈现出三个明显变化：一是结对帮扶关系多元化。从早期的省市间结对帮扶，发展为市、县层层结对，从东部一省一市一县与西部一省一市一县结对，演变出多省市对一省、一市和一国有企业对一地州、一区县加一市直单位对一县等帮扶形式。二是结对帮扶工作普遍化。从中央层面组织开展的东西扶贫协作，发展到各省份组织的地市结对帮扶、地市组织的区县结对帮扶。三是企业协作和政府援助逐步加强。2012年1月，为了帮助贵州这个我国贫困问题最为突出的省份尽快缩小与全国的发展差距，国务院颁布《关于进一步促进贵州经济社会又好又快发展的若干意见》，国务院办公厅也为此于2013年2月颁布《关于开展对口帮扶贵州工作的指导意见》，决定上海、辽宁、江苏、浙江、山东、广东6省8市分别对口帮扶贵州的8个市（州）。至此，新一轮东西扶贫协作全面展开。

（二）东西扶贫协作的现实基础

从资源禀赋上看，西部地区是我国的"聚宝盆"，蕴藏着极其丰富的自然资源，无论是从总量还是人均占有量上衡量，都远远超过东部地区，比较优势明显。但由于地理位置、经济基础、资本储备、技术水平、市场规模等一系列限制，西部地区这些丰富的自然资源难以得到充分的开发利用。东部地区则由于其优越的地理区位、丰富的人力资本、较好的经济实力，以及更高的技术水平、更贴近国际国内市场、国家政策的倾斜等诸多优势，改革开放以来率先获得快速发展，由此东西部在经济社会发展等各方面产生了愈来愈大的差距。

1. 区域发展差距显著

由于种种原因，改革开放以来，我国东西部地区经济社会发展水平和发展差距愈拉愈大，致使我国的集中连片贫困地区越来越集聚于西部地区，成为统筹区域协调发展和促进社会安定团结过程中急需解决的重大现实问题。东西部地区在人均 GDP、人均收入等方面存在明显差距，区域之间形成的"马太效应"是一个客观事实。从 GDP 来看，东部支援方9个省份与受援方9个省份在 GDP 上所占比值差距自 1978 年以来逐步拉大，1996 年以后一直维持在 3 倍以上，这一趋势直至 2005 年以后才有所缩减。另外，东西部地区在经济增长速度上也存在明显差距。2005 年以前，东部 9 个省份的 GDP 增速几乎全部高于西部，个别年份的经济增速差异甚至达到 10 个百分点左右。尽管 2005 以来中、西部地区经济增长速度有了明显提升，但由于经济基数的巨大差异，经济总量差距很难在短期内明显缩小。

2. 政策助推区域均衡发展

20 世纪 90 年代中后期，随着改革开放的深入和国力的增强，我国的区域发展战略开始从不均衡发展逐步转向协调均衡发展。为此，国家先后实施了西部大开发和促进中部崛起等重大区域发展战略，进入 21

世纪后又提出了推进主体功能区的规划建设,以及"一带一路"、长江经济带建设和京津冀协同发展等一系列重大的区域均衡发展战略。这些举措表明,中国已经步入区域整体统筹和协调发展的新阶段,并通过中央财政转移支付和东西扶贫协作等重大政策措施不断加大对西部地区的资金投入,对加快西部地区经济发展和改善各族群众的生产生活条件发挥了重要作用。据统计,2018年末,东部地区农村贫困人口147万人,比2012年末减少1220万人,6年累计下降89.2%;农村贫困发生率由2012年末的3.9%下降到2018年末的0.4%,累计下降3.5个百分点,已基本率先实现脱贫。西部地区农村贫困人口由2012年末的5086万人减少到2018年末的916万人,累计减少4170万人,下降幅度为82.0%;农村贫困发生率由2012年末的17.6%下降到2018年末的3.2%,累计下降14.4个百分点。①

3. 援受双方资源禀赋存在差异

从自然资源上看,西部地区相对东部地区而言具有得天独厚的优势,是我国各种自然资源的"聚宝盆"。据统计,在全国已探明储量的156种矿产中,西部地区就有138种,其中24种主要矿产占全国保有储量的50%以上。同时,西部地区还拥有丰富的土地资源、水能资源、生态资源以及旅游资源等。从各地区经济文化发展情况来看,东部特别是沿海地区地势平坦、交通便利、区位优势突出、经济基础好、市场发育成熟、科教水平高、思想观念开放、信息传播渠道通畅,近百年来与国外有广泛联系,在诸多方面具有明显优势。反观西部地区,海拔相对较高,沙漠、荒原等不易开发土地面积大,地质条件复杂,地形地势封闭,自然灾害发生率高,部分边疆地区生存环境极为恶劣,社会经济发展基础十分薄弱。因此,东部沿海发达地区与西部欠发达地区在资金、技术、人才和资源等方面具有很大的互补性,东西互助、优势互补具有较好的基础条件。要素禀赋的差异,是推动国内区域间尤其是开展东西扶贫协作的重要基础和内在动力。

---

① 国家统计局住户办:《扶贫开发持续强力推进 脱贫攻坚取得历史性重大成就——新中国成立70周年经济社会发展成就系列报告之十五》,2019年8月12日,见http://www.gov.cn/xinwen/2019-08/12/content_5420656.htm。

（三）东西部扶贫协作的主要做法

东西部扶贫协作对加快西部地区脱贫步伐、促进区域协调发展发挥了重要作用。按照中共中央、国务院的部署，协作双方优化结对关系，进一步增强责任意识和使命担当，聚焦精准、拓展领域、真抓实干，健全协作机制，不断提高东西部扶贫协作水平。总结改革开放以来我国东西扶贫协作的具体举措，主要包括以下 8 个方面。

1. 政府援助

政府援助是指东部地区政府为了促进和帮助中西部地区的发展，通过无偿的资金援助直接对中西部地区实施的帮助。其援助资金主要用于帮助西部贫困地区修建学校、卫生院（所）、乡村公路、人畜饮水工程等生产、生活设施。

2. 教育扶贫协作

在东西协作扶贫工作中，教育在扶贫过程中发挥着非常重要的作用，肩负着特殊的历史责任，事关发展、稳定的大局，是维护人民根本利益和国家全局利益的体现。教育扶贫旨在根据帮扶双方的发展实际，提高贫困人口的受教育水平，有效提高其个人素质，帮助其获得更多的就业机会，从整体上加快贫困地区的经济发展，体现社会主义制度的优越性。

3. 企业协作

企业协作是指东部发达地区组织引导本地各类企业，通过并购、重组等多种方式去西部受援地区投资兴业，以促进和带动西部贫困地区的企业发展。如此，企业协作不仅会给受援地区带来经济效益，还能解决就业，提高居民收入，改善人民生活。

4. 产业帮扶

产业帮扶是指东部企业在政府政策引导、资金补贴等方式的激励下，在西部贫困地区建立分公司、子公司等分支机构，向西部转移技术、设备、信息、资金要素资源的投资兴业活动，帮助西部贫困群众提高收入水平，扩展就业渠道，带动地区经济发展。

5. 人力资源开发

人力资源开发就是通过对西部地区人力资源的集中培训及智力开发，帮助西部贫困地区的各级干部、各类技术人员和广大贫困群众不断提升整体文化素质和管理水平、技术水平以及生产就业能力。这既是提升贫困地区经济发展活力的关键所在，也是带动贫困地区群众脱贫致富的根本途径。

6. 干部交流

干部交流是指东部发达地区和西部对口贫困地区相互选派干部到对方地区挂职锻炼。这样做，既有助于东部发达地区挂职干部提升做好东西扶贫协作工作的责任感和使命感，又有助于西部选派干部通过在东部发达地区的挂职锻炼，不断开阔眼界、更新观念、增长才干，对交流双方均有正向作用。

7. 社会帮扶

社会帮扶是指东部发达地区组织动员社会各界力量，为西部贫困地区捐赠资金、药品、医疗器械及各种文教用品和生活用品，并支持开展支医支教等多种形式的社会服务活动。通过社会帮扶活动，可以有效帮助西部地区加速医疗、教育、文化等事业发展，带动西部地区全面发展。

8. 劳务输出

劳务输出是指按照同等优先的原则，在东西扶贫协作的框架下，开展劳务输入输出结对，开展劳务协作。东部发达地区优先吸纳西部对口贫困地区的剩余劳动力就业，西部贫困地区则有序组织剩余劳动力赴东部对口发达地区从业。

二、各美其美，优势互补好结对

怒江州是一个非常特殊的民族自治州，其在地形地貌、生态资源、经济社会等方面都有着先天的优势和特色，然而其发展的内生动力严重不足。珠海市开展对怒江州的对口帮扶，就是要在摸清州情的基础上，发挥珠海优势，挖掘怒江州潜能，因地制宜，激活"原动力"，帮助怒江州念好"山字经"，切实将资源优势转化为经济优势和发展动能。

（一）怒江州自然资源得天独厚

怒江州碧山倚巘、群峰雄峙、郁郁葱葱、江腾万里、美丽险奇，自然资源得天独厚，坐拥"三江并流"的世界自然遗产大部分资源，有

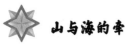

怒江、澜沧江、独龙江三大国际河流及225条支流，水能资源蕴藏量达2000多万千瓦，占云南省水能资源的20%。森林覆盖率达78.08%，是云南省森林覆盖率较高、原始森林面积较多的地区。拥有几十种国家一级和二级保护动植物，被列入保护的动植物有1500多种，被誉为"动植物王国"和"生物基因宝库"。同时拥有世界级矿产资源，矿产资源种类多、储量大、品质优，已发现各种金属矿藏28种，矿床点294个，有亚洲最大的铅锌矿床。主要金属矿有铅、锌、银、锡等，非金属矿主要有硅、盐、云母、大理石等。作为国家推进"一带一路"建设和边疆稳定的重要前沿，战略地位特殊且重要。① 怒江州可谓是坐拥"金山银山"，端着"金饭碗"，但受经济技术发展水平低、人才不足、发展基础薄弱等因素影响，产业发展总体水平较低，资源优势尚未有效转化为产业优势和经济优势。

（二）珠海市扶贫协作动能强劲

珠海市是落实《粤港澳大湾区发展规划纲要》的重要节点城市，设有3个行政区和5个经济功能区，珠海经济特区是中国最早实行对外开放政策的四个经济特区之一，具有把握国内国际双循环发展战略先机的区域优势、政策优势和经济优势。珠海市统计局数据显示，2019年，珠海实现GDP 3435.89亿元，同比增长6.8%，增速分别高于全国、全省0.7和0.6个百分点。高新技术企业总数达2203家，自贸区新落地57项制度创新成果，科技创新发展指数进入全国十强，发展动能持续增强。② 近年来，珠海市经济保持稳中向好的发展势头，第一、第二、第三产业平稳较快增长，且对经济增长的拉动作用在不断增强，外贸进出口和吸收外资额平稳增长。另外，珠海市以交通基础设施的"硬支撑"提升产业创新的"软优势"，其港口也一跃成为珠三角西岸乃至整个西江流域港口群的"龙头"。同时，注重产业转型升级，在高科技产业布局中抢占先机，2020年珠海市充分发挥激发科技创新活力、优化产业布局、培育优势产业品牌等方面的优势，还宣布启动"创新珠海"

---

① 蒋洪强等：《云南怒江州的绿水青山价值与生态脱贫之路》，载《中国环境报》2020年8月13日第3版。

② 珠海市人民政府办公室：《2020年珠海市人民政府工作报告》（珠府办〔2020〕02109号）。

科学技术奖,以创新引领工业较快增长,确保如期完成帮扶怒江州的脱贫攻坚任务。

(三)山海协作扭转困境添动力

怒江州涉藏沿边,集边疆、民族、直过、宗教、山区、贫困于一体,是全国"三区三州"深度贫困地区的贫中之贫、困中之困。怒江州特定的自然地理、生态环境、民族文化、经济区位等,使怒江州成为深度贫困人口集中分布的典型区域,其问题表征主要体现在以下4个方面:一是产业结构单一,以第一产业中的农业为主,第二、第三产业发展严重不足。林特产品只能打"原"字牌,特色产业"散、小、弱",产能低下,附加值较低。二是交通基础设施建设严重滞后。怒江州长期为云南唯一的"五无"地级州,产业发展、资源输出、人才引进等受限,难以实现外向型发展。三是人口素质普遍偏低,生产生活方式落后。全州教育事业滞后,人均受教育年限仅为7.6年,文盲还占有一定比重,人才极度缺乏。四是虽然拥有丰富的旅游资源,但开发不够,对促进人民就业、助力脱贫攻坚作用不明显。因此,实施区县结对,发挥各区优势,有针对性地开展对口支援是符合州情的。

三、区县结对,互利共赢结硕果

珠海市携手怒江州,以立足"怒江所需、珠海所能"为原则,遵循"结好对子—摸清底子—出好点子—搭好台子—解开扣子"的工作逻辑,把脱贫攻坚作为头等大事,形成了专项扶贫、行业扶贫、社会扶贫"三位一体"的扶贫格局,全方位多领域推进扶贫协作工作(表2.1)。山海携手制定"路线图",区县结对"点对点""面对面",办实事、出实招、重实效,其真心实意、真抓实干主要体现在以下3个方面。

(一)山海牵手,精准施策

习近平总书记始终牵挂着怒江州各族人民的冷暖,先后8次对怒江州工作做出重要指示批示。他在2014年1月,致信贡山县独龙江乡的乡亲们,祝贺独龙江公路高黎贡山隧道贯通。2015年1月,他亲切接

表 2.1 珠海市和怒江州扶贫协作结对情况汇总

帮扶市	帮扶县（区）	帮扶镇（街）	帮扶村	结对市	结对县（区）	结对镇（街）	结对村
珠海市	斗门区	井岸镇	南门村	怒江州	福贡县	子里甲乡	架究村
珠海市	斗门区	白蕉镇		怒江州	福贡县	架科底乡	
珠海市	斗门区	乾务镇		怒江州	福贡县	石月亮乡	
珠海市	斗门区	白藤街道办		怒江州	福贡县	鹿马登乡	
珠海市	斗门区	斗门镇		怒江州	福贡县	匹河乡	
珠海市	高新区	唐家湾镇	会同村	怒江州	福贡县	马吉乡	双米底村
珠海市	高新区	唐家湾镇		怒江州	福贡县	上帕镇	
珠海市	香洲区	湾仔街道	正方控股有限公司	怒江州	泸水市	大兴地镇	双米地村
珠海市	香洲区	翠香街道		怒江州	泸水市	秤杆乡	
珠海市	香洲区	吉大街道		怒江州	泸水市	洛本卓乡	
珠海市	万山区	万山镇	外伶仃村	怒江州	泸水市	古登乡	苗干山村
珠海市	高栏港区	平沙镇	荷包村	怒江州	贡山县	茨开镇	迪政当村
珠海市	金湾区	红旗镇	鱼月村	怒江州	贡山县	丙中洛镇	永拉嘎村
珠海市	金湾区	三灶镇		怒江州	贡山县	普拉底乡	
珠海市	横琴新区	横琴镇	荷塘社区居委会、富祥湾社会居委会、小横琴社区居委会	怒江州	兰坪县	石登乡	金满村 拉古村 德胜村
珠海市	横琴新区	大横琴股份有限公司		怒江州	兰坪县	兔峨乡	
珠海市	横琴新区	大横琴口岸实业有限公司		怒江州	兰坪县	河西乡	
珠海市	横琴新区	横琴金融投资集团有限公司		怒江州	兰坪县	中排乡	
珠海市	保税区	珠海保盛控股有限公司		怒江州	兰坪县	啦井镇	

注：本表资料由珠海市和怒江州扶贫工作领导小组提供。

第二章 区县携手脱贫攻坚 勤力同心共奔小康
——以珠海、怒江实施区县结对携手奔小康行动为例

见怒江州少数民族干部群众代表,提出"全面实现小康,一个民族都不能少"。2019年4月,他回信祝贺独龙族实现整族脱贫,勉励乡亲们建设好家乡、守护好边疆,努力创造更加美好的明天。所谓贫有百样、困有千种,精准施策就是根据致贫原因有针对性地制订方案。[①] 怒江州的基本州情是"区位重要、地形特殊、民族众多、资源富集、生态良好、人民贫困"。山海牵手,精准施策,恰恰体现了以共建共享为核心的共享发展理念的鲜明特色,珠海市因人因户因村施策,对症下药、精准滴灌、靶向治疗,促使脱贫攻坚工作稳步推进。

习近平总书记在东西部扶贫协作座谈会上强调,确保扎扎实实"真扶贫、扶真贫、真脱贫",具体体现在"领导工作要实、任务责任要实、资金保障要实、督查验收要实"。[②] 在珠海市和怒江州两地的共同努力下,珠海市18个镇(街道、国企)与怒江州19个贫困乡(镇),珠海市8个村(居委会)、207家企业、70家社会组织分别与怒江州贫困村结对帮扶。对照贫困村退出10条标准和贫困户脱贫6条标准,逐项完成精准脱贫任务清单。截至2020年底,珠海市对口帮扶云南怒江州,投入帮扶资金14.343亿元;负责援建6个怒江州易地扶贫搬迁区和4个危房改造点,共解决2618户、8530名群众的住房问题;5年共转移怒江州贫困劳动力18904人到广东,其中,转移到珠海市就业的累计达7419人;向怒江州派出帮扶干部56人、"三同计划"干部166人、支医支教等专业技术人才405人次。

(二)山海合力,精准滴灌

"山海扶贫"协作真真切切、扎扎实实,举措落实落细落小,构建起专项扶贫、行业扶贫、社会扶贫互为补充的大扶贫格局。自2016年8月至2020年5月开展对口扶贫工作以来,"持续加大投入和动员力度,累计投入7.01亿元支持怒江州脱贫攻坚,2017—2019年,每年投入帮扶资金年均增长35.7%。2019年珠海大幅加大帮扶资金投入力度,累计向怒江投入省、市、区三级财政资金3.02亿元,较2018年增加

---

① 中共中央党史和文献研究院:《习近平扶贫论述摘编》,中央文献出版社2018年版,第75页。
② 习近平:《认清形势聚焦精准深化帮扶确保实效 切实做好新形势下东西部扶贫协作工作》,载《人民日报》2016年7月22日第1版。

8366万元，增幅为38.3%，援助资金县均数已达到7555万元，援助金额排名全省第一，大幅超过省提出的县均5000万元的要求，县均投入居全国前列。"① 珠海市已选派近500名优秀干部和专业技术人员奔赴怒江州，实施帮扶项目400多个，带动建档立卡贫困群众2.1万人脱贫。从人才支援、资金支持到产业合作、劳务协作，珠海市与怒江州携手勾画出"山海情深、携手共赢"的最大同心圆。②

2020年是脱贫攻坚收官之年，怒江州采用乡村振兴战略来谋划脱贫攻坚，把实现怒江州农村美、农业强、农民富作为发展目标，以发展峡谷高原特色农业和旅游业为核心，以激发和增强贫困人口内生动力、提高自我发展能力为抓手，强化农村的自治、德治和法治，实施具有怒江州特色的乡村振兴。在珠海市的帮扶下，怒江州明确发展定位，选择"宜工则工、宜农则农、宜菜则菜、宜果则果、宜草则草、宜牧则牧、宜林则林"的精准化脱贫攻坚实践路径。与此同时，致力于提高人口素质这个关键点，通过教育发展和职业技术培训等手段有效衔接，努力将普通劳动力转化为人力资本。中共广东省委还专门下派专家赴怒江州，带领群众开展脱贫攻坚工作，在泸水市老窝镇推广晚熟柑橘示范基地300亩，构建起"党建+合作社+农户（建档立卡户）+科技"的扶贫模式，为怒江州特色产业发展提供了可借鉴、可复制的模式。

（三）山海情深，精准帮扶

建立长效帮扶机制，是让怒江州人民享受越来越多的改革发展红利，增强内生发展动力在制度层面的有效设计。两地协作机制健全高效，走出一条"山海情深"的东西部扶贫协作特色之路。珠海市成立扶贫工作领导小组，建立联席会议、定期报告、信息交流等工作制度，历任党政主要领导和分管领导均到怒江州开展调研。制定三年工作规划及7个具体方案，形成"1+7"的长效帮扶工作格局，珠海市3个行政区和5个经济功能区与怒江州4个县（市）采取"二帮一"的方式进行结对。珠海市共有235个考察团2700多人次到怒江州考察对接帮

---

① 宋雪梅:《珠海财政靶向发力坚决打赢脱贫攻坚战》，载《珠海特区报》，2020年4月8日第1版。

② 李寿华:《珠海携手怒江 跨越山海协力攻坚》，2020年7月26日，见https://baijiahao.baidu.com/s?id=1671453736371286975&wfr=spider&for=pc。

扶工作，通过双方沟通对接，有力有序有效地推动帮扶项目在怒江州落地生根、开花结果。据悉，截至2020年7月，珠海市18个乡（镇）、8个村、207家企业、70家社会组织与怒江州贫困乡（镇）村开展结对帮扶，实施帮扶项目400多个，带动建档立卡贫困群众2.1万人脱贫，在教育发展、易地搬迁、就业转移、技能培训、社会保障等方面做出了多方帮扶。①

珠海市携手怒江州将政策落细落小落实，投入大量的人力物力财力，尽心竭力帮扶怒江州，在提高脱贫帮扶实效上下功夫。数据显示，截至2020年底，珠海累计投入各类帮扶资金超过14亿元。同时，珠海市16个乡镇（街道）和部分国企与怒江州16个贫困乡（镇）对接，珠海市多个村（居委会）和部分国企与怒江州贫困村实现对接。② 尤其是在经济拉动上，针对怒江州的资源优势，加大人力、技术、设施、资金等方面的投入，帮助怒江州发挥比较优势，走特色发展之路，不断提升扶贫开发水平和成效。通过帮扶，怒江州每年的国民经济和社会发展收入得到显著提升，各产业的发展均有明显改善，百姓的获得感和幸福感切实增强。见图2.1至图2.5。

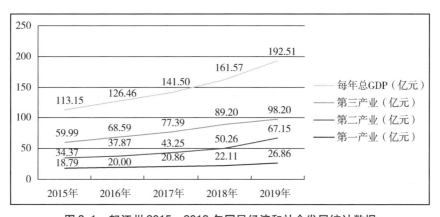

图2.1　怒江州2015—2019年国民经济和社会发展统计数据

---

① 云南发布：《帮扶昭通、携手怒江！滇粤合力攻坚克难》，2020年7月7日，见 https://www.wxnmh.com/thread-7322436.htm。

② 仲夏：《争分夺秒，攻克脱贫攻坚"最后的堡垒"》，载《珠海特区报》2020年7月1日第6版。

图 2.2 珠海代表团实地调研帮扶协作项目建设

图 2.3 珠海市领导实地调研对口帮扶工作

图 2.4 珠海、怒江扶贫协作 2020 年度第一次联席会

图 2.5 珠海市干部到怒江挂职帮扶

四、蝶变焕新,携手并肩奔小康

珠海市与怒江州通力协作,创新扶贫开发思路和产业发展模式,不断优化帮扶举措,深化支援力度。两地扎实推进区县结对帮扶,坚持因人因地施策,因贫困原因施策,因贫困类型施策,"携手奔小康"行动取得显著成效,充分展现出精准扶贫和精准脱贫工作打得准、干得实、扶到位。这为打造"怒江样板"、传播珠海经验、讲好扶贫故事,提供了有力支持。

(一)产业振翅,铸强产业"造血主轴"

1. 探索产业帮扶模式

珠海市携手怒江州积极探索"新型经营主体 + 贫困户"的产业帮扶模式,截至 2020 年 4 月,已投入产业帮扶资金 2.645 亿元,在全州开展包括羊肚菌、天麻、刺龙苞、中华蜂和高黎贡山猪等特色种养业在内的项目共计166个,8万多建档立卡的贫困户因此受益。金湾区与高栏港区落实对口帮扶,共划拨财政帮扶资金1.53亿元,因地制宜地引导群众搭建起以"政府+企业+基地+合作社+农户"的模式,除建立羊肚菌种植基地外,还发展了一批具有当地特色产业的项目,实施了草莓种植、土鸡养殖、绵羊养殖、旅游服务点等项目。2020年,香洲区和万山区对口帮扶泸水市东西部扶贫协作工作投入资金共计2909万多元,基本沿用"公司+基地+建档立卡户"的模式运营,开展药材种植和稻田养鱼项目,带动农户增收。珠海市还为怒江州引入电商扶贫的新模式,在横琴新区建设怒江州兰坪O2O农特产品体验馆,推动兰坪县特色优质农副产品"走出去",发挥资源优势,实现脱贫增收。与此同时,探索农产品"短视频+网红"的营销模式,通过"一村一号"、短视频大赛、农产品供应链保障等营销手段,助力农产品销路越来越广。在横琴新区、保税区投资产业基地建设并带动帮扶项目,建设花椒种植、天麻种植、生猪养殖等10多个帮扶项目,产业示范园遍地开花,支持通过土地流转、产业基地建设、吸收建档立卡贫困户就业等方式,切实增强贫困群众脱贫致富的内生动力和自我发展能力,2020年投入1400万元,切实让贫困群众生产生活条件得以明显改善。

2. 打造强特强优样板

产业是脱贫攻坚的基石,产业扶贫是具有造血功能的首选工程,加快"资源基础型农业向科学基础型农业"转变的过程,促进小农户和现代农业发展有机衔接,① 实现生产方式的转型升级,是珠三角对口帮扶和怒江州可持续发展的长远之举。习近平总书记指出,产业扶贫要做到宜农则农、宜林则林、宜牧则牧、宜开发生态旅游则搞生态旅游,真正把自身的比较优势发挥好,使贫困地区发展扎实建立在自身有利条件的基础之上。② 然而怒江州缺少平地,多的是山和树,一半以上的耕地坡度在25度以上,垦殖系数不足5%,对发展传统农业极为不利。基于这样的现状,草果、花椒等绿色香料产业和旅游文化产业就成为怒江州推进产业扶贫的重要突破口,各村的草果种植、中蜂养殖、羊肚菌培

---

① [日]速水佑次郎:《发展经济学——从贫困到富裕》,李周译,社会科学文献出版社2003年版,第86—91页。
② 中共中央党史和文献研究院:《习近平扶贫论述摘编》,中央文献出版社2018年版,第57页。

植等一个个特色产业种养殖技能培训样板纷纷办了起来,又增加了木瓜、柑橘种植、藤木竹编加工等14个特色产业项目,通过挖掘优势资源,提升了产业层次。除此之外,建筑、驾驶、烹饪、缝纫等实用技能培训样板风生水起,为群众创业致富提供了新技能,激发了群众脱贫的内生动力。① 珠海市和怒江州共同搭建线上与线下、批发与零售相结合的怒江州特色农产品销售体系,在珠海市星园专业扶贫市场、6个农贸市场和批发市场设立怒江州特优农产品专区,在京东商城珠海扶贫馆和珠海星园扶贫市场设立"怒江馆",拓宽怒江州农产品销售渠道。加快构建现代农业产业体系、生产体系、经营体系,不断提高农业创新力、综合生产能力、整体竞争力和全要素生产率。

3. 增创产业扶贫项目

珠海市坚持市场导向,把握好供需关系,以项目为抓手,积极推动珠海市产业向怒江州梯度转移,让珠海市在带动怒江州贫困地区发展的同时也拓展产业发展空间。怒江州发挥第一产业的先天发展优势,充分挖掘农业资源,因地制宜发展农、林、牧等特色优势产业,力争实现户均有一项种植业,每个乡(镇)培育一个主导产业。两地齐心协力,努力实现互利双赢、共同发展。2017—2020年,珠海市已实施对口帮扶怒江州产业项目166个,投入财政帮扶资金2.645亿元,涉及特色粮食、蔬菜水果、中药材种植和中华蜂、家禽水产等养殖产业,以及农产品、民族服装和手工艺品加工车间、乡村农家乐等服务产业,使8万多人受益。② 2020年,斗门区、高新区已向福贡县投入财政援助资金5223.91万元,较2019年增长39.56%,主要落实福贡县的赤松茸后续深加工、农副产品加工、蜂蜜标准化生产加工、脱温鸡苗养殖等项目。2019年,珠海市财政投入怒江州产业帮扶资金1.11亿元,帮扶实施62个特色农业种植、养殖、农产品加工、扶贫车间、旅游服务等产业项目,通过吸纳务工就业等形式,帮扶建档立卡贫困户8725户,共计32711人。以香洲区为例,截至2020年底,已拨付703.29万元用于泸水市13个扶贫项目。珠海市支持开展"消费扶贫"活动,动员企业与对口帮扶村合

---

① 怒江州委组织部:《怒江:驻村工作队"样板"助力脱贫攻坚》,2019年4月8日,见http://ylxf.1237125.cn/NewsView.aspx?NewsID=283266。
② 云南发布:《帮扶昭通、携手怒江!滇粤合力攻坚克难》,2020年7月7日,见https://www.wxnmh.com/thread-7322436.htm。

作社、帮扶村企业签订合作协议,保障贫困户增收。仅2019年,消费扶贫销售额达160万元,极大地激活和拓展了深度贫困地区的市场。见图2.6至图2.9。

图2.6　帮扶群众开展特色种植

图2.7　怒江州农产品销往珠海市

图2.8　实地考察指导农户种植药材

图2.9 增设藤木竹编加工特色产业

（二）教育先行，"智""志"双扶斩穷根

"人穷不能志短，没有比人更高的山，没有比脚更长的路。"① 教育扶贫是脱贫攻坚的治本之策，让贫困家庭孩子接受良好的教育，是阻断贫困代际传递的重要途径。珠海市联手怒江州，助推践行"教育优先发展"的理念，全面实施"科教兴州""人才强州"战略，精准发力斩穷根，教育短板渐补齐。

1. 应助尽助，学生"一个都不能少"

珠海市围绕学校、教师、学生开展立体式帮扶，通过开设"珠海班"提升普通高中教育质量，开办"普职融合班"破解控辍保学难题，开办"怒江班"拓宽职中毕业生就业渠道，捐建格力小学推动义务教育现代化，百校结对帮扶共谋教育发展。同时，发动社会力量关注怒江州教育问题，集结人力物力财力来支援教育发展。为解决失辍学青少年继续教育问题，创新设立普职融合班，不让一个学生因家庭贫困而失学辍学。金湾区和高栏港区携手贡山县开展扶贫协作，已划拨财政帮扶资金1.53亿元，2020年新建及改扩建学前教学点8个，实现26个村"一村一幼"学前教育全辐射，控辍保学全面"清零"，并完成"全面

---

① 中共中央文献研究室：《习近平关于社会主义经济建设论述摘编》，中央文献出版社2017年版，第229页。

"改薄"项目库建设。在精神文化生活满足上,引进专业足球教练,捐赠足球训练器材及服装,组建校园足球队,关爱青少年健康成长成才。珠海市还落实教育精准扶贫政策细则,投入671万元,在泸水市、兰坪县设立奖教奖学基金,推动优化教风学风,支持怒江州教育加快发展。同时,开设"珠海班""金湾班""斗门班",招收学生579人。截至2020年,共计接收1646名怒江籍应往届初高中毕业生到珠海中职技工学校就读,其中,珠海市技师学院两名怒江籍学生被选送到德国进修,开创了职业技术学院学生出国留学的先河。

2. 应强尽强,教师"一个都不能弱"

云南省本就是多民族的省份,少数民族人口比例高达93.6%,其中有40%以上的群众不识汉字,不会汉语。国家统计局第六次人口普查数据显示,学历为本科的人占6岁及以上人口比重为2.36%,其中,村镇占1.09%,文盲人口占15岁及以上人口比重7.60%。① 为补齐怒江州教育发展"短板",珠海、怒江加强教育合作,签定《珠海市对口怒江傈僳族自治州扶贫协作教育事业发展工作协议书》,将抓好基础教育作为重点,不断深化帮扶协作内容,同时,加强建立结对学校"珠海班"试点帮扶合作,建立普通教育人才队伍建设对口帮扶合作,建立职业教育中心专业建设对口帮扶合作,建立中等职业教育"1+2"分段培养方式合作办学,建立教育信息化对口帮扶合作等。珠海市累计选派支教教师206人次,已培训怒江州党政干部、专业技术骨干近3000人次。截至2020年7月,共安排两地107所学校进行结对帮扶,实现了对怒江州深度贫困村以及乡(镇)以上学校结对帮扶"全覆盖"。促进农村贫困人口文化素质和技术技能的提高,以满足怒江州农村脱贫的基本需要和多样化诉求。多管齐下,多年帮扶,怒江州教师队伍整体水平明显提高,教师的教学能力显著提升,为提高教学质量打下了坚实基础。

3. 应优尽优,学校"一个都不能差"

将脱贫的重点思维聚焦于满足下一代人力资本的开发上,特别是要注重山区贫困地区的新生代人力资本的开发,把贫困地区的孩子培养出

---

① 国务院人口普查办公室、国家统计局人口和就业统计司:《中国2010年人口普查资料》,2011年4月28日,见http://www.stats.gov.cn/tjsj/pcsj/6rp/indexce.htm。

来，这才是全面摆脱贫困的根本之道。教育模式的革新直接影响着教育的实施成效，针对怒江州农村知识和技能贫困的状况，珠海市投入教育帮扶资金270万元，切实强化教育扶贫、农村劳动力技能提升和转移就业扶贫的相关政策的有机结合，实施多种教育模式共同革新和调整，实现"普九"教育和高中教育的协调发展，普通教育和职业教育的协调发展，农民工职业培训和农业技术培训的协调发展。珠海市各区根据对口扶贫县的具体情况，在怒江开设"珠海班"，在珠海开设"怒江班"，在区县结对的形式下，还特设结对帮扶的试点班，重点招收少数民族学生和建档立卡贫困学生。同时，选派优秀教师开展特色办学，实施骨干教师培训工程等，邀请教师和管理层到珠海市进修和观摩，提升教育发展水平。[①]《珠海市西部地区教育振兴攻坚行动计划（2020—2024年）》更是在教师双向交流帮扶、教师队伍培训、教育信息化建设等方面做出了明确部署和规划，大力培育学校特色项目和特色学科，加强外引内联，着力提升怒江州的教育质量。见图2.10至图2.13。

图2.10 两地召开教育帮扶协作工作座谈会

图2.11 珠海帮扶怒江教育体育工作交流会

图2.12 学生获赠爱心物资

图2.13 怒江"珠海班"同学举办庆祝仪式

---

① 本报记者：《珠海结对怒江开展特色办学》，载《云南日报》2020年7月29日第6版。

第二章　区县携手脱贫攻坚　勠力同心共奔小康
——以珠海、怒江实施区县结对携手奔小康行动为例

（三）绿色发展，打好生态扶贫"组合拳"

1. 生态产业脱贫增效益

产业扶贫既要发挥规模效益，又要兼顾资源环境的多样性。珠海市扶持怒江州发展特色生态产业稳增收，突出生态保护和发展并重，因地制宜发展木本油料、林下经济、特色林果等特色林业产业。怒江州有省级涉林龙头企业18家，组建了扶贫攻坚造林专业合作社60个，省级示范合作社33家。引导农民通过林地入股、补助资金入股新型经营主体，完善新型经营主体与贫困户的利益联结机制，确保贫困户发展特色生态产业稳定增收。为挖掘福贡县野生茶树林资源，斗门区、高新区制定了老树茶开发计划，专门用于提升生产设备、组建研发团队、技术升级改造、村民技能培训等，并对福贡石月红茶叶有限责任公司投资284.9万元进行更新改造，使其一跃成为怒江州第一家标准化无烟环保茶叶加工厂。扎实推进种植业结构调整，大力发展草果、花椒、漆树等绿色香料产业，规划了泸水绿色香料产业园，全州绿色香料种植面积达134.5万亩，其中，草果111万亩，花椒15万亩。大力推进峡谷蜂蜜、特色生态畜禽产品等生态食品和品牌生产基地建设。依托大滇西旅游环线，正加快形成服务于全程自由行的旅游供给体系，打造生态怒江、风情怒江、畅通怒江、动感怒江和富民怒江，把怒江州建成世界上独一无二的具有生物多样、生态优美、文旅融合、路景一体、智慧、友好特点的生态旅游目的地。建设生态"怒江花谷"，创新"建管合一"模式，设立就业岗位解决就业问题，持续推进生态产业发展与贫困户增收有机结合，吸纳贫困人口参与生态恢复，增加收入。

2. 生态工程脱贫提质量

怒江州是全国罕见的"五无地州"，与此同时，全州山高坡陡，雨水天较多，泥石流、滑坡、崩塌、冰冻等灾害易发，全州地质灾害隐患点达858处，仅怒江流域六库至贡山县243千米长的范围内，就有148条泥石流冲沟，平均1.64千米就有一条冲沟。① 怒江州持续推进怒江、澜沧江"两江"流域生态修复和怒江花谷生态建设。完成58.52万亩

---

① 张文凌：《云南怒江实施生态补偿助百姓脱贫》，载《中青在线》，2017年9月29日，见 http://news.cyol.com/content/2017-09/29/content_16544271.htm。

退耕还林还草任务，带动建档立卡贫困户 2.64 万户，8.96 万人。实施天然林资源保护、退耕还林、陡坡地生态治理等重点生态工程，近 3 年来累计完成营造林 58.52 万亩，累计种植各类观赏苗木 2040.77 万株19.81 万亩。① 全州组建 43 个扶贫攻坚造林专业合作社。从建档立卡贫困人口中选聘生态护林员 30643 名，地质灾害监测员 2919 名，河道管理员 5981 名，护边员 2091 名。"一人护林，全家脱贫"，生态护林员在生态扶贫战略中正发挥着重要作用。少数民族生态护林员比例高达 97%，实现了山山有人管、箐箐有人护。全州 2020 年初开展"治伤疤、保生态、防返贫"生态建设巩固脱贫成果行动，注入绿色动能，突出返贫防控，力促群众增收。怒江州林地占国土面积的比例、林木绿化率、林分平均蓄积量三项指标均居全省第一，森林覆盖率居全省第二。

3. 生态补偿脱贫重精准

珠海市扶持怒江打好"生态牌"，在挖掘绿水青山经济价值的同时，协助怒江州协调并处理好生态补偿事宜。怒江州先后出台了《中共怒江州委关于在脱贫攻坚中保护好绿水青山的决定》《怒江州人民政府关于规范发展生态扶贫专业合作社的指导意见》《怒江州人民政府关于加强退耕还林地资源保护的通告》《关于加强护林员管理体系建设的实施意见》等生态扶贫系列政策措施，打出一系列"组合拳"。林特产业几乎是各村脱贫的主导产业，怒江州落实生态护林员、扩大公益林补偿等精准扶贫途径，全力实施三大脱贫攻坚行动和 7 项重点任务建设。现有生态补偿主要为重点生态功能区转移支付、节能环保专项转移支付、森林生态效益补偿、天然林保护工程补偿和退耕还林补偿等。全州自 2002 年全面启动退耕还林工程，先后投入国家级、省级、州级工程建设资金 9.29 亿元。2016—2020 年，获得重点生态功能区转移支付资金 263132 万元，"三保"支出 171829 万元，生态环境保护和其他领域支出 91303 万元，带动建档立卡贫困户 2.64 万户 8.96 万人，多措并举实现生态保护与脱贫攻坚"双赢"，筑牢经济社会可持续发展的基础。见图 2.14 至图 2.17。

---

① 蒋洪强等：《云南怒江州的绿水青山价值与生态脱贫之路》，载《中国环境报》2020 年 8 月 13 日第 3 版。

图 2.14 崇仁村农民生态养殖合作社

图 2.15 怒江州"生态护林员+"模式

图 2.16 依托山地资源发展绿色经济

图 2.17 落实生态红线评估调整工作

（四）强化社保，"兜底"增进民生福祉

1. 技能培训促就业

自珠海市对口帮扶怒江州以来，把群众素质提升、技能培训和劳务输出作为精准帮扶措施。珠海市人力资源和社会保障局、珠海市扶贫工作领导小组办公室出台了《关于印发珠海市对口怒江州劳务帮扶协作政策实施细则的通知》。珠海、怒江两地将劳务协作作为给建档立卡贫困户增收脱贫的重要措施，分别制定出台了涵盖职业中介补贴、免费技能培训、就业保障服务等方面的一系列优惠政策，鼓励怒江州劳动力尤其是贫困劳动力到珠海市就业，并设立怒江州劳务人员珠海服务工作站 15 个，对在珠海市就业的贫困劳动力实行"一人一档"服务。仅 2019 年一年，两地联合开展转移就业引导性培训和针对性、实用性较强技能培训就达 124 期 4699 人次；开展劳务经纪人和创业致富带头人培训 2 期 71 人，培训劳务协作干部 30 名；组织 80 多家珠海市企业深入怒江州开展劳动力转移，举办各类招聘活动 33 场次，提供工作岗位 2 万多个。2019 年，香洲区追加帮扶资金 200 万元用于劳务产业奖励稳岗补助；2020 年，划拨 1046.98 万元用于泸水劳动力转移就业补贴资金项目。一年内赴泸水市举办招聘活动共 11 场。2016—2019 年，全州累计转移到广东省的劳动力达 1.33 万人，其中，到珠海市 8144 人，稳岗率从 2016 年的不足 20% 提高到现在的 90% 以上。2020 年 1—7 月，全州转移到广东省务工的劳动力达 14216 人，超过 2016—2019 年的总和。①

  2. 社会保障大改善

针对怒江州农村因病致贫、因病返贫较为严重以及贫困人口自我防疫能力较低的状况，全面落实《怒江州贯彻落实云南省健康扶贫 30 条措施实施方案》，安排 18 家珠海医疗机构与怒江多家医院开展结对帮扶，珠海先后派出 168 名医疗人员常驻怒江，加快改善农村基本生活和医疗卫生条件，努力提升怒江州、县（市）、乡（镇）、村级四级医疗机构的服务能力和服务水平。怒江州已经实现了 100% 的建档立卡贫困人口参加新型农村合作医疗，100% 建档立卡贫困人口与家庭医生签约。② 全面落实基本医保、大病保险、医疗救助、兜底保障"四重保障措施"，对建档立卡贫困人口中符合转诊转院规范住院治疗费用、住院费采用"一站式"即时结算，民政医疗救助、居民基本医疗保险与大病保险实现无缝衔接，"四重保障"帮助贫困人口实际报销比例达到 92%。2020 年 7 月，珠海市社区干部首次带队驻村扶贫项目，按照"1+2+N"的模式进驻团结社区开展助残、护老、育幼等服务，完善当地公共服务体系。在顺利完成帮扶任务之外，珠海市还安排专项资金，落实好五保户和无劳动能力低保户应保尽保、贫困学生教育生活补助、贫困人口基本医疗卫生保障等政策措施，夯实贫困群众稳定脱贫基础。见表 2.2。

表2.2　珠海市和怒江州两地医院结对帮扶情况

序号	帮扶医院	受援医院	主要合作内容
1	广东省人民医院珠海医院	贡山县独龙江乡卫生院	医疗帮扶、公卫管理
2	广东省中医院珠海医院	兰坪县中医医院	医疗帮扶、重点学科建设

---

① 怒江州委统战部：《珠海市 & 怒江州：跨越千里，携手战贫》，2020 年 8 月 28 日，见 http：//www.swtzb.yn.gov.cn/ggbf/202008/t20200828_1022908.html。

② 李川南、段建琴：《坚决打赢打好怒江州深度贫困脱贫攻坚战》，载《中共云南省委党校学报》2019 年第 20 卷第 2 期，第 133 – 137 页。

（续表）

序号	帮扶医院	受援医院	主要合作内容
3	中山大学附属第五医院	贡山县人民医院	医疗帮扶、重点学科建设
4	珠海市白蕉镇卫生院	福贡县架科底乡卫生院	医疗帮扶、公卫管理
5	珠海市白藤街道办事处社区卫生服务中心	福贡县上帕卫生院	医疗帮扶、公卫管理
6	珠海市斗门区斗门镇卫生院	福贡县匹河乡卫生院	医疗帮扶、公卫管理
7	珠海市斗门区妇幼保健院	福贡县人民医院	医疗帮扶、公卫管理
8	珠海市斗门区井岸卫生院	福贡县上帕镇卫生院	医疗帮扶、公卫管理
9	珠海市斗门区莲洲镇卫生院	福贡县鹿马登乡卫生院	医疗帮扶、公卫管理
10	珠海市斗门区乾务镇卫生院	福贡县石月亮乡卫生院	医疗帮扶、公卫管理
11	珠海市斗门区侨立中医院	福贡县人民医院	医疗帮扶、公卫管理
12	珠海市妇幼保健院	怒江州妇幼保健院	医疗帮扶、重点学科建设
13	珠海市金湾区红旗镇卫生院	贡山县丙中洛卫生院	医疗帮扶、公卫管理
14	珠海市金湾区三灶卫生院	贡山县捧当乡卫生院	医疗帮扶、公卫管理
15	珠海市人民医院	怒江州人民医院	医疗帮扶、等级评审、重点学科建设
16	珠海市香洲区第二人民医院	泸水市人民医院	医疗帮扶、等级评审、重点学科建设
17	珠海市香洲区人民医院	泸水市人民医院	医疗帮扶、等级评审、重点学科建设
18	遵义医学院第五附属（珠海）医院	福贡县人民医院	医疗帮扶、重点学科建设

注：本表资料由珠海市和怒江州扶贫工作领导小组提供。

3. 基础设施渐夯实

珠海帮助怒江州构建"北上西藏，南下保山，东连迪庆、丽江、大理，西进缅甸"的网络式、互联互通式大交通格局，从根本上解决好怒江州交通落后的现状。至 2018 年 7 月，怒江州交通在建项目共 891 个，主要包括高速公路、路网建设、农村公路，以及安全生命防护工程和危桥改造。已完工 387 个，共完成固定资产投资 31.073 亿元，同比增长 11%。[①] 截至 2019 年，全州公路总里程突破 6000 千米，29 个乡（镇）通班车率达 100%，248 个建制村（包括 17 个社区）实现通客车目标，通客车率达 91%。怒江州美丽公路全线通车试运行，兰坪丰华机场通航，保泸高速公路、维通二级公路、六兰公路古盐都隧道等重点项目建设也正在加快施工，德钦县至贡山县公路全线通车，其他项目也在稳步推进。全州基本建成"通省达边"综合交通运输网络，群众出行难的问题进一步解决，农户通电率达 100%，所有行政村都通了光纤和 4G 信号，为打赢深度贫困脱贫攻坚战提供了有力支撑和坚强保障。见图 2.18 至图 2.21。

图 2.18 怒江州劳务人员珠海服务站成立

图 2.19 强化医院对口帮扶工作

图 2.20 补齐基本医疗卫生设施短板

图 2.21 怒江州人居环境大幅提升

---

① 新跃华：《交通基础设施建设加快》，载《云南日报》2019 年 8 月 27 日第 7 版。

第三章
易地搬迁"五步走" "一步千年"乐无忧

——以珠海助力怒江开展高山峡谷贫困户易地搬迁为例

深度贫困地区是脱贫攻坚最难啃的"硬骨头"。为实现2020年整体脱贫的目标,要动员全党全国全社会力量,坚持大扶贫格局,深入实施东西部扶贫协作,重点攻克深度贫困地区脱贫任务,做到脱真贫、真脱贫。易地扶贫搬迁是脱贫攻坚的"头号工程",是提升深度贫困地区民生福祉的重要举措。怒江州深处高山峡谷,生存条件恶劣,需要通过易地扶贫搬迁的方式来解决贫困问题。珠海怒江对口帮扶是落实东西部扶贫协作战略思想的重要体现,珠海市在帮扶怒江州易地扶贫搬迁的过程中实地开展调查摸清州情,同时,有组织有计划地开展搬迁工作和建设工作,在山海协作过程中投入财力、物力、人力支持,并取得一定成效,有必要对其具体举措和经验进行总结和归纳,并为珠海怒江对口协作作出进一步的探讨。这对落实脱贫攻坚政策、促进怒江州脱贫致富以及为我国"三区三州"易地扶贫搬迁提供借鉴,具有重要意义。怒江州易地搬迁扶贫颇具特色,可用"五步走"来概括,即达共识、搬得出、稳得住、能致富、出经验。

一、达共识:下山群居"断穷根"

易地扶贫搬迁是攻克深度贫困堡垒的重要举措,是"三区三州"治贫致富的根本之策。易地扶贫搬迁立足于"全面建成小康社会一个都不能少"的政策引导,直接以改善贫困人口生存条件为起点,着力突破"一方水土养活不了一方人"的窘境。通过东西部扶贫协作助力搬迁资金、搬迁技术、搬迁政策的投入和落实,实现贫困人口"挪穷窝""断穷根",充分体现了我党以人为本的科学发展观,坚持将人民群众对美好生活的向往作为目标，切实保障了最广大人民群众的根本利益，共享社会主义发展成果。

（一）易地搬迁是重塑贫困人口生存条件的关键步骤

国家通过易地扶贫搬迁的方式，将生活在不适宜人类居住区域的贫困群众迁移到条件较好的地方，这是在以高山峡谷为主的贫困地区实施扶贫的一项有效举措。深度贫困地区自然灾害频发，基础设施薄弱，市场经济发展不活跃，思想文化观念滞后，人们整体生存生活质量难以提升，是脱贫攻坚的重中之重、难中之难、坚中之坚。国家一直通过多种方式，投入大量资金，推进贫困地区的脱贫工作，《中华人民共和国国民经济和社会发展第十三个五年规划纲要》提出要把革命老区、民族地区、边疆地区、集中连片贫困地区作为脱贫攻坚重点，持续加大对集中连片特殊困难地区的扶贫力度，并将易地扶贫搬迁作为脱贫重点工作之一，明确了易地扶贫搬迁的重点地区，将更多关注焦点转移到生态环境脆弱、经济发展水平落后地区。党的十八大以来，为高质量完成脱贫攻坚任务，党中央进一步提出要加大力度实施易地扶贫搬迁工程，从根本上改善人民的生存和发展环境。党的十九大报告进一步提出要重点攻克深度贫困地区，实现贫困县全部摘帽。当前，在决战决胜脱贫攻坚的最后时刻，国家不仅从财政和税收上为易地扶贫搬迁提供优惠政策，并且在搬迁技术、搬迁政策、搬迁资金等上结合东西部扶贫协作提供大力支持。云南藏区和云南怒江州分别是"三区三州"的代表，为啃下深度贫困的"硬骨头"，仍然需要做好生态环境脆弱地区群众的思想工作，加大力度做好扶贫搬迁工作，引导其"挪穷窝""拔穷根"，这是深处自然环境恶劣地区的贫困农民求生存、谋发展的第一步。

（二）易地搬迁是落实"五个一批"工程的重要环节

"五个一批"工程即发展生产脱贫一批、易地搬迁脱贫一批、生态补偿脱贫一批、发展教育脱贫一批、社会保障兜底一批。"五个一批"因地制宜，精准对症"怎么扶"的问题，五个方面各有侧重，同时又相互关联、相互促进。"易地扶贫搬迁重点针对生存发展条件恶劣地区，是一个不得不为的措施，也是一项复杂的系统工程，政策性强、难

第三章 易地搬迁"五步走" "一步千年"乐无忧
——以珠海助力怒江开展高山峡谷贫困户易地搬迁为例

度大。"① 要按照中央要求,强化脱贫攻坚领导责任制,严格落实"五级书记抓扶贫",切实做到一级抓一级、层层抓落实。省(自治区、直辖市)党委政府对全省(自治区、直辖市)脱贫攻坚工作负总责,市县(区)级党委政府是脱贫攻坚的责任主体,贫困乡(镇)村两级负责做好基础性工作。对于需要易地扶贫搬迁的地区,要整合好资金、项目、补助、配套设施建设,要着力解决贫困户的搬迁资金不足问题,拓宽资金来源渠道。要做好规划,合理确定搬迁规模,区分轻重缓急,明确搬迁目标任务和建设时序,按规划、分年度、有计划组织实施。要根据当地资源条件和环境承载能力,科学确定安置点。在搬迁后形成的新生产生活区,要注重发展"造血"产业,给搬迁群众创造经营新生活的机会和希望,在保障其享有稳定收入的同时,还要完善文化教育设施,进一步恢复搬出地生态环境,同时做好搬入地生态环境治理,预防迁入地后续环境恶化问题,为完成扶贫搬迁的群众创造适宜长期生产生活的条件。

(三)易地搬迁是践行"全面建成小康社会"的切实举措

在脱贫攻坚的决胜阶段,少数民族地区尤其是"三区三州"是这场战役的重点和难点。在全面建成小康社会的道路上,少数民族地区的脱贫是助力全面小康社会建设的重要一环。"全面建成小康社会,最艰巨最繁重的任务在农村,特别是在贫困地区。没有农村的小康,特别是没有贫困地区的小康,就没有全面建成小康社会。"② 2015 年习近平总书记在会见怒江州贡山独龙族怒族自治县干部群众代表时强调:"全面实现小康,一个民族都不能少。"③ 党的十八大以来,习近平总书记多次深入民族地区看望少数民族群众,展现出脱贫攻坚不能使一个民族掉队的决心,只有全国各族人民都能共享改革发展成果,才符合全面建成小康社会的目标要求。易地扶贫搬迁是助力少数民族地区群众迈向小康社会的重要一步,搬出穷窝,才能获得更广阔的生存空间,习近平总书

---

① 中共中央文献研究室:《十八大以来重要文献选编》下,中央文献出版社 2018 年版,第 41 页。

② 习近平:《习近平谈治国理政》,外文出版社 2014 年版,第 189 页。

③ 李斌、李自良、张铎:《"全面实现小康,一个民族都不能少"——习近平总书记会见贡山独龙族怒族自治县干部群众代表侧记》,载《人民日报》2015 年 1 月 23 日第 2 版。

记强调,移民搬迁要充分征求农民群众意见,让他们共同参与新村规划。这充分体现出人民当家作主的本质。党中央充分考虑人民群众的实际需求,着力解决人民日益增长的美好生活需要和发展不平衡不充分之间的矛盾,使改革发展成果更多更公平惠及全体人民。全国各少数民族群众都是脱贫攻坚的见证者,都是全面建成小康社会的惠及者。习近平总书记鼓励独龙族群众坚定跟党走,努力奋斗,为改善生活而奋发图强,与全国各族人民一起早日实现全面小康。在深度贫困地区脱贫攻坚的过程中,尤其是易地扶贫搬迁过程中,少数民族群众对故土难离的情感,我们应充分理解。俗话说,"金窝银窝不如自己的狗窝",一寸乡土一份情,农民对家乡及土地的眷恋,合情合理,但死守穷窝难脱贫,固守高山难致富。扶贫干部、第一书记必须耐心细致地向农民做好思想引导和政策宣传工作,用通俗易懂的语言与群众交心谈心,帮助他们提高思想认识,转变观念,解开思想疙瘩,并向他们生动描述搬迁后的美好生活前景,真正做到搬迁助脱贫、奔小康,减少返贫,获得少数民族群众对党的扶贫政策的信赖和支持,从"要我搬"转变为"我要搬",尽快完成易地搬迁的第一步——"搬得出",且不是"强行搬",而是"乐意搬"。

二、搬得出:浴火涅槃"金凤凰"

搬得出是易地扶贫搬迁的重要步骤和基础环节。珠海市对口怒江州易地扶贫搬迁工作既是对中央东西部扶贫政策的落实,也是用心用情助推区域协调发展的体现,本身二者存在相互交流合作、共同发展的可能性。两地积极探索、制定和落实符合怒江州需要和珠海市条件的政策措施,加之珠海市经济发展实力雄厚和广大怒江州人民具有强烈的脱贫渴望,为怒江州易地扶贫搬迁"啃下硬骨头"提供了有利条件。

(一)高层互动把方向,精准搬迁出高招

党的十八大以来,随着"精准扶贫"概念的提出,党中央接连出台针对性扶贫政策,提出了针对脱贫攻坚的"六个精准""五个一批""五个坚持"等。党的十九大报告提出让贫困人口和贫困地区同全国人民一道进入全面小康社会是我们党的庄严承诺。要动员全党全国全社会

第三章 易地搬迁"五步走""一步千年"乐无忧
——以珠海助力怒江开展高山峡谷贫困户易地搬迁为例

力量,坚持精准扶贫、精准脱贫,坚持中央统筹、省负总责、市县抓落实的工作机制,强化党政一把手负总责的责任制,坚持大扶贫格局,注重扶贫同扶志、扶智相结合,重点攻克深度贫困地区脱贫任务,确保到2020年我国现行标准下农村贫困人口实现脱贫,贫困县全部摘帽,摆脱区域性整体贫困,做到脱真贫、真脱贫。在东西部扶贫协作座谈会上,习近平总书记特意对东西部扶贫协作和对口帮扶提出"四点要求",更是党中央对脱贫攻坚的成果期许与方向指引,为深度贫困地区脱贫攻坚提供了更明确的思路和更强劲的动力。

怒江州政府作为脱贫攻坚的主体责任人,在长期的脱贫攻坚过程中,从怒江州实际发展情况出发,精准施策。一是从大处着眼,从高处站位,科学谋划,采取"两创三抓":创新工作制度、创新项目建设模式,抓实群众就业、抓牢增收致富、抓好后续管理。为攻克10万人搬迁难题,"九箭齐发",通过强化组织指挥体系、压实政治责任、压实工作责任、利用媒体工具创新宣传方式、健全制度措施、优化配套公共基础设施、推进生态环境整治、深入开展基层党建和社区治理工作等,有效破解脱贫难题,提高脱贫成效。二是从小处着眼,提出"十大暖心事"等与搬迁群众密切相关的暖心举措,从细处着手,从群众所急所需做起,引导搬迁群众由"村民"向"市民"身份转变,提高搬迁群众对新社区、城镇生活的认同感和归属感。

按照党中央和广东省委、省政府关于东西部扶贫协作的部署,珠海市按照"中央要求、怒江所需、珠海所能"的原则,制定印发了《珠海市对口怒江州东西部扶贫协作工作实施意见》,全市各区、各有关部门、社会各界立即行动起来开展帮扶工作。针对怒江州缺资金、缺技术、缺人才的情况,珠海市多方筹措资金14亿元,选派450多名干部和技术人员赴怒江帮扶,共有235个考察团2700多人次考察相关对接工作。在易地扶贫搬迁方面,珠海市先后投入2.452亿元,援建6个易地扶贫搬迁区和4个危房改造点,共解决2618户8530名群众住房问题。在建设中,珠海市带资金也带队伍,重搬迁更重配套,真正做到"怒江所需、珠海所能"。珠海市和怒江州两地党委、政府对东西扶贫协作工作高度重视,成立了由书记市(州)长任组长的工作领导小组,建立了包括联席会议、定期报告、信息交流等工作制度,两地密切协作,合力共推怒江州脱贫攻坚工作。3年来,珠海市历任党政主要领导和分管领导均到怒江州开展调研，双方共召开了14次工作联席会，市委、市政府制定了3年工作规划及7个具体方案，形成了"1+7"的帮扶工作格局。怒江州政府与珠海市帮扶团队通力合作，为搬迁工作出点子、想方法，在泸水市易地扶贫搬迁安置点，产生了"1+3+N"的治理新路子：1个领导机构；3支群防群治队伍，包括治保员、调解员和网格员；N支领导力量。依托各安置点管委会或村（社区）居委会干部、驻点民警、辅警以及社会工作者、志愿者、党员、楼栋长等组建队伍，确保综治维稳工作有人抓、有人管。

（二）万名干部入万户，实招硬招显奇效

在脱贫攻坚过程中，引导贫困户走出大山是极为关键的一环，也是极为困难的一环。长期生活在高山深处的群众故土难离，同时又存在诸多无法适应新环境的担心，这给扶贫工作者带来很大困难。近几年，怒江州建设了67个集中安置点，完成了怒江州历史上最大规模的搬迁行动，全州10万贫困群众搬出了大山。搬迁群众住进崭新的住房，告别茅草为顶、透风漏雨的篾笆房和木板房是无数扶贫干部的愿望，搬迁过程凝结着扶贫干部努力付出的汗水。杨海春是云南省泸水市六库镇双米地村委会的驻村第一书记，2017年，他被派驻到双米地村委会驻村，双米地村的大多数贫困户生活在高山上，群众面临"行路难""住房没保障""增收途径少"的窘况。刚到双米地村时，为动员居住偏远的村民搬迁，杨海春和村干部走了3小时的山路来到亚洼玛村民小组，想尽办法召集村民开动员会，了解民情、民声、民愿。为了动员亚洼玛村民小组的村民搬迁，杨海春前后爬了7次大山，逐户了解群众的想法，解疑释惑。他帮助李小华的母亲联系医疗机构治病，做胡玉妹一家的思想工作……引导群众转变思想观念，学习社区基本生活常识，帮助群众学习一技之长，学习致富的本领，为搬迁户创造就业机会，努力帮助贫困户搬得出、稳得住、能致富。

怒江州的"背包队"也是易地扶贫搬迁队伍中的排头兵，组建易地搬迁先遣部队，此举为易地搬迁帮扶的一大创举，既有特色，又有成效。全州动员上万名机关干部上高山，入驻上万户农民家里，与农民同吃同住同劳动，动员农民搬迁。他们向群众宣传扶贫政策，解答群众困惑，解决群众担忧，与贫困户建立起了深厚的情谊，有效推进了搬迁进

第三章 易地搬迁"五步走" "一步千年"乐无忧
—— 以珠海助力怒江开展高山峡谷贫困户易地搬迁为例

程。兰坪县兔峨乡开创了"背包队"先河,创造了有效可行的多重方法。在政策指挥层面,坚持上下联动,统一指挥;在方法运用层面,坚持多管齐下,既较真碰硬,又动之以情,晓之以理;在具体实施层面,坚持灵活多变,聚焦精锐,集中攻坚,不留死角。"背包队员"深入大山深处、田间地头、农户家中,向贫困户宣传习近平总书记对深度贫困地区的关心和重视,向贫困户讲清楚党中央对怒江的扶贫政策,不断增强群众对脱贫致富的信心。"背包队"把访贫问苦、扶弱济困、牵手暖心放在首位,对困难户、特殊户、弱势群体等通过各种帮扶政策给予救助救济,真正做到了为搬迁出实招,为群众谋福利。

(三)自力更生为脱贫,志如高山劲冲天

怒江州人民本身的脱贫意愿是保障脱贫的重要因素。一方面,从奋斗在脱贫攻坚一线干部的思想变化来看,经过长时间深入贫困地区,与贫困群众交流,想方设法帮助贫困户改善生活,怒江州的领导干部们对国家的脱贫攻坚政策有了更深刻的理解,对带领老百姓脱贫致富有了更多的信心,尤其是在珠海市等地的帮扶下,怒江州的领导干部有了更强的动力支撑和经验借鉴,有了带领群众干出一番事业的勇气和志气。另一方面,从普通群众的变化来看,贫困户脱贫致富的积极性增强。党的十八大以来,中央针对脱贫攻坚出台了一系列举措,对少数民族聚居区、深度贫困地区等加大力气,帮助其实现精准脱贫,并取得了很大成效,这给深度贫困地区群众带来希望,他们逐步开始信任政府、支持政府,融入扶贫攻坚的队伍。习近平总书记强调:"地方贫困,观念不能贫困。"[①] 生存与生活环境的极大改善给长期受恶劣生存条件影响的少数民族群众带来希望,越来越多的人开始从最初的观望态度到搬下山的行动,从搬下山到艰苦奋斗、自力更生,创造出属于自己的美好生活。贫困地区人民群众的生活斗志和人生追求被一点点激起,生发出无限可能和希望。

"十三五"期间,怒江州被纳入国家易地扶贫搬迁规划的建档立卡贫困户有95859人,占全州建档立卡贫困人口的60%,加上同步搬迁人口6081人,全州易地扶贫搬迁总规模达10.2万人。这伟大的成绩背

---

① 习近平:《摆脱贫困》,福建人民出版社2014年版,第2页。

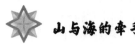

后，有一群"可爱的人"在无私奉献与艰苦奋斗。为将群众引导下山，怒江州上千名"背包队员"与搬迁群众开展院坝座谈、火塘夜话数千场次，他们怀揣赤诚，肩扛行囊，翻山越岭，穿行在高山密林间，过着打地铺、吃"大锅饭"的生活，用行动践行"初心使命"和"全心全意为人民服务"的铮铮誓言。52岁的"背包队员"杨桂宝因白天长途奔波大量出汗，夜晚受凉感冒，全身乏力，其他队员劝他下山就医，但他坚决不肯，他打开随身携带的"百宝箱"找出几颗感冒药，就着保温杯里早已冰冷的白开水咽下肚后，又匆匆收拾行囊跟上队伍前行的步伐。37岁的汪甘林因肠胃不适导致腹泻脱水，但一句"趁机减肥"的调侃让全组充满欢笑。他们风餐露宿，却没有一个人叫苦叫累，身上带的馒头变硬了，身体冻得僵硬了，袜子磨破了……这些困难都阻挡不住"背包队"的步伐，他们用实际行动诠释了"怒江缺条件，但不缺精神，不缺斗志"。

三、稳得住：配套治理"美家园"

稳得住是搬迁工程的检验环节，只有稳得住才能确保搬得出的成果。正如习近平总书记所强调的，易地扶贫搬迁工作要做深做细，仅仅实现就近安置或直接转移到城镇，并不能长久解决贫困问题，易地扶贫搬迁还要与发展生产、生态补偿、发展教育、社会保障相结合，确保搬得出、稳得住、能致富。在珠海市帮扶怒江州易地扶贫搬迁过程中，珠海市通过落实搬迁项目、完善配套设施、创新基层治理的"一条龙"式的帮扶举措，旨在打造满足搬迁户情感诉求的美丽宜居家园，确保搬得出、住得下，留住搬迁户的心，稳住搬迁成果。

（一）稳落地，世代山民喜乔迁

易地扶贫搬迁是"两不愁三保障"的基本要求，是怒江州脱贫攻坚最难最重的任务之一，也是珠海市对口怒江州扶贫协作工作的重点。维拉坝是怒江冲击形成的东低西高的一块39.28公顷的乱石滩，山民们无法在此耕种，也无法建房，只好望着"幸福"兴叹。维拉坝珠海小区于2016年6月开工，2019年11月建成，项目总用地面积约589亩（39.28公顷），总投资1.89亿元，分两期建成81栋共815套安置房，总建筑面积52266平方米，搬迁入住的群众以傈僳族和白族为主，大部分来自大兴地镇和称杆乡的52个自然村99个村民小组。易门箐易地扶贫搬迁示范点搬迁对象主要为来自弩弓、东明、箐头、河边等10个村的困难群众，这些地方地质灾害频发，资源承载能力严重不足，地方性疾病高发，而且公共服务严重滞后。搬迁工作2016年3月启动，一期由兰坪县通甸镇组织建设，安置51户207人，已于2017年12月底竣工并入住；二期工程由珠海市建筑设计院规划设计，2017年10月开工，于2018年6月底竣工验收并入住，共安置156户619人，全部为建档立卡贫困户。贡山县普拉底的地质条件十分复杂，2010年"8·18"特大泥石流灾害发生于此，上百人失去生命，因此，在这里帮助当地居民建房子也成了珠海人的重任。珠海市金湾、高栏港区对口帮扶贡山县，易地扶贫的普拉底项目共有两个安置点：一个是普拉底乡政府安置区——金湾小区，这里建设了6层单元楼7栋、2层单元楼2栋、篮球场1个、活动室1栋、公厕1座以及给排水系统等，安置的是贡山县普拉底乡鲁迁嘎、培朵、培哭三个村民小组的104户284人，其中，建档立卡户102户276人，非建档立卡户2户8人；另一个是贡山福利院安置区，安置了贡山县普拉底乡禾波村的佰当底小组，托朵一、二组，刷米底一、二组的村民共计40户95人，均为建档立卡贫困户。珠海市帮扶怒江州易地扶贫搬迁工作不仅出资为当地居民建设新住宅，而且对当地周围环境尚可但房屋年久失修的住所进行就地改造。见图3.1至图3.4。

图3.1　怒江州贫困村旧貌

图3.2　贡山县南大门安置区

图 3.3 怒江州易地扶贫搬迁安置区

图 3.4 兰坪县通甸镇易门箐安置区

（二）示范小区美如画，毗邻故土安新家

易地扶贫搬迁并不是房子建好了就万事大吉，相关配套设施的完善直接影响着百姓的居住条件。珠海市的援建者们以高度的责任感真心实意为搬迁地的住房质量谋划，为搬迁地人民生活环境的改善谋划。他们以"留下乡情、搬出希望"为出发点，重搬迁更重配套。随着轰鸣的机器震醒沉睡的山峦，建设的热潮卷入怒江奔腾的浪涛，人民的幸福家园从理想变为现实。在这里不仅建起了新的住房，还有配套的医院、学校、幼儿园，把散居在茫茫大山各个角落的缺医少药、上学困难的山民都搬了过来。另外，珠海市首创了"新合院"的建筑组合模式，打造了宜居宜业新家园。维拉坝珠海小区被誉为"云南省东西部扶贫协作的标杆"。除学校外，珠海市按照服务搬迁人口及满足周边群众的需求，给维拉坝珠海小区配套建设了卫生院、文化活动室及党员活动室、

第三章 易地搬迁"五步走" "一步千年"乐无忧
——以珠海助力怒江开展高山峡谷贫困户易地搬迁为例

群众文化广场。此外,社区图书馆、扶贫车间、自来水厂、污水处理站、文体广场和公共停车场等配套公共服务设施均在规划建设之列。2019年8月7日,为响应中共中央、国务院提出的开展垃圾分类的重要部署,维拉坝易地安置点垃圾分类工作正式启动,这是怒江州首个垃圾分类试点,旨在帮助当地居民开启新生活,共建美丽家园。为确保搬迁群众"搬得出、稳得住、有收入、能致富",在珠海驻怒江工作组的支持协助下,维拉坝珠海小区有序引导年轻劳动力外出务工,在小区设立了核桃加工的扶贫车间;引进深圳市德明联合电子科技有限公司,以合作方式组建数据线加工扶贫车间,为社区搬迁群众提供就业岗位;采取"党组织+合作社(公司)+市场经营主体+基地+农户(搬迁户)"的模式,推进乡村投资种植项目,在安置点周边木志坝、幸福桥头分别建设了100亩火龙果种植基地和300亩芒果种植基地,解决了搬迁群众零星就地就近务工的需求,使搬迁群众基本收入有了保障。

贡山县普拉底乡腊咱村易地扶贫搬迁安置区建筑面积13075平方米,共58栋,这里将安置普拉底乡腊咱村阿古都、阿建、达卜洛、打吾底、培建、万主保小组、腊咱组、禾波村路噶、吓噶斗小组,共166户504人。小区配套了幼儿园教学楼、党员活动室、门楼、生活水池、公厕、消防水泵房及篮球场等。另外,它结合贡山县旅游发展思路,顺山而建,前有美丽的怒江环绕,后有苍翠的青山依靠,像一颗明珠镶嵌在碧水青山的怀抱里,具有居住和旅游双重功能。它的建筑设计也遵循贡山县传统民居建筑风格,是独栋连排吊脚式院房和青瓦仿木墙挑檐房屋。该小区的主干道是9米宽的腊维公路,宽阔明亮,出行旅游皆便利,珠海市的建筑师们将贡山县的南大门入口处的易地扶贫搬迁小区打造成了一个居住旅游示范村景点,帮助搬迁到这里的群众通过旅游增加收入,帮助怒江州有效延展了通过旅游产业参与扶贫开发的广度与深度。

(三)不恋金山进深山,不求回报乐扶贫

就业增收是保障稳得住的关键举措。贫困群众之所以不愿下山,很大程度上是担忧山下无法获得生活来源。为贫困群众建新房是帮助其构建新环境的基础,要保持新家园的欢声笑语和幸福美好,需要经济基础做保障。这就需要政府主导,调动企业的积极性,培训困难群众在新生活环境中的生存技能。在助力稳得住的过程中，企业发挥了明显且重要的作用。2019年5月，珠海市我能商贸发展有限公司被引进到怒江州福贡县，在托坪、指挥田、知子罗、依路底、普尼底、依块比6个易地搬迁安置点组建体育用品（棒球）加工扶贫车间。珠海市投入120万元，用于扶贫车间装修、设备购置和以工代训补助、运营补助，企业先后投入1972万元购置棒球加工的原材料及设备。福贡县给予企业优惠政策，把扶贫车间建在安置区商铺上，减去企业建设厂房的负担，免去车间的房租及水电费用。企业通过培训体育用品加工技术工，与贫困户签订劳务合同，为其提供就业岗位，贫困就业人员可以通过领取计件费和劳务补贴获得一定收入。除棒球加工扶贫车间以外，2018年，珠海市投入100万元在鹿马登乡阿路底易地搬迁区建了民族服饰加工扶贫车间，投入300万元在匹河乡指挥田易地搬迁区建了民族饰品加工扶贫车间，使怒江州贫困群众实现了"家门口就业"，解决了贫困户缺乏生活来源的后顾之忧。在珠海市企业的援助下，怒江州也积极培养，引进管理经验，开发本土化产业，激发贫困群众的建设热情、致富激情，共同提升易地搬迁成效。见图3.5、图3.6。

图3.5　泸水市维拉坝易地扶贫搬迁安置区

图3.6　易地扶贫搬迁安置区夜景

四、能致富：能工巧匠"农家乐"

易地搬迁三步棋：搬得出、稳得住关键在于能致富。珠海市在帮扶怒江州易地扶贫搬迁过程中，注重从搬得出到稳得住再到能致富的长远建设规划。珠海市主要通过帮扶怒江州做好当地产业开发，来提升当地居民的就地就近就业率，通过帮扶怒江州开展技能培训，使得贫困户有一技之长，通过细化落实结对帮扶，为怒江州发展提供财力、物力、人力支持，促进怒江州脱贫攻坚的全面推进。

（一）就地取材办产业，就近就业天伦乐

易地扶贫搬迁，不仅仅是造房子、搬家那么简单，为确保搬迁群众搬得来、稳得住、能发展，在抓好安置房建设的同时高度重视对搬迁农户的后续扶持和发展。产业脱贫是增强贫困地区内生动力、实现持续发展的重要抓手。在对口帮扶怒江州的过程中，珠海市依托怒江州的自然条件和资源禀赋，探索了"分散组织生产，集中规模经营"的产业帮扶模式，开创了怒江州农业产业化发展的先河，首次将怒江州农产品与粤港澳大湾区乃至全国市场有效对接，使居民增收，脱贫效果凸显。中华蜂养殖、高原和冬早特色蔬菜种植等项目走进千家万户，惠及 6 万多名建档立卡贫困人口，占全州贫困人口的 40% 以上。珠海市帮扶搬迁地农户就近在通甸村、福登村和黄松村的蔬菜、花卉和药材等种植基地务工，还帮助已完成搬迁的农户凭借自家庭院发展"庭院经济"，并建设养殖小区进行统一养殖。易门箐易地扶贫搬迁区全部完工后，对口帮扶兰坪县的珠海横琴新区帮助搬迁地农户洽谈服装厂业务，让从大山深处搬出来的农户能够在家门口就业，是珠海市扶贫工作的又一重要内容。珠海市的干部们还与当地政府一道，引导和帮助已完成搬迁的农户流转原居住地土地、草场、林地等资源，以入股或租地等方式，引进有实力的企业进行集中规模化经营，发展种养殖业。此外，横琴新区的帮扶资金以脱贫攻坚产业扶持资金入股形式，注入实力强的涉农企业或前景较好的专业合作社，按资本金收益增加收入，还制定了搬迁户后期扶持计划，把全部搬迁户 826 人都纳入原居住村的产业或其他帮扶计划，规划资金 660.8 万元，为的就是让农户不仅搬得出来，还住得下来。就

地取材办产业,发挥自身优势,将资源优势转化为发展优势。这些产业主要吸纳易地搬迁的贫困人口就业,使他们在家门口上班,减少了背井离乡,外出打工的烦恼,一家老小天天团聚,安享幸福欢乐。

(二)技能在手兴家乡,劳务输出闯天下

要调动起搬迁地群众的积极性,使贫困群众有一技之长,满足自我生产生活所需才能实现长远的脱贫,提高脱贫效果。珠海市与怒江州积极配合,帮助怒江州搬迁群众谋求发展。技能培训方面,两地联合开展转移就业引导性培训和针对性、实用性较强的技能培训;组织80多家珠海企业深入怒江州各县市、乡镇、易地扶贫搬迁安置区开展劳动力转移对接;不断完善"怒江员工之家"平台的就业服务工作;加大转移就业组织动员、带队打工奖励和稳岗奖补力度,积极帮助建档立卡贫困劳动力实现就业。劳务协作方面,5年转移到广东的怒江州贫困劳动力共18904人,其中,转移到珠海市就业累计达到7419人,稳岗率从2016年的不足20%提高到现在的90%以上。珠海市还协助当地政府与农户签订了就业和劳务输出协议,可以到珠海市打工,也可以在当地资助企业就业,珠海市通过完善政策激励和服务措施创新,使得怒江州劳动力转移珠海市就业人数不断攀升,不但进得来,而且留得住,不断取得转移人数和稳岗率"双突破"。人才支持方面,珠海市坚持把转移就业作为增收脱贫和扶智扶志的重点措施,通过强化政策激励、互设工作站、创建"怒江员工之家"、实施"双百工程"、扶持劳务经纪人、培育致富带头人等措施,提高贫困群众的自我造血能力。此外,珠海市持续加大干部人才派驻队伍和培训力度,使珠海市到怒江州支医、支教、支农人次,怒江州到珠海市跟岗学习人次,怒江州各级各类干部人才培训人次均逐年增长。

(三)同心拓宽帮扶路,协力改写致富经

在对口帮扶怒江州加快东西部扶贫协作进程中,珠海市启动"携手奔小康"行动,采用"二帮一"模式开展区县结对帮扶,积极落实如香洲区、万山区结对帮扶泸水县,斗门区、高新区结对帮扶福贡县,金湾区、高栏港区结对帮扶贡山县,横琴新区、保税区结对帮扶怒江州兰坪县。在对口怒江州东西扶贫协作工作中,珠海市财政也加大扶持力度，2019年在"携手奔小康"行动中，珠海市各区积极投入财政资金进行帮扶，区级财政共投入资金1.32亿元，较上年增长30.7%。同时，珠海市委组织部、市住房和城乡规划建设局、市人力资源和社会保障局、市教育局、市卫健委、市海洋农业和水务局、市文化体育旅游局等部门也与怒江州相关部门结对协作，陆续出台了城乡规划发展、劳动力转移就业和培训、教育事业发展、医疗卫生事业发展、特色农业产业发展、旅游文化产业发展、干部培训等7个工作方案，扶贫协作全面开展。珠海市扶贫办还积极发动全社会力量共同支持参与帮扶工作，形成合力，推动帮扶进程。珠海市先后组织企业、社会组织、慈善机构、社会爱心人士等为怒江州募捐，鼓励社会组织与怒江州贫困村开展对口项目帮扶，珠海市慈善总会与布腊村签订结对帮扶协议，成为珠海市首个社会组织与怒江州贫困村签订的社村结对帮扶协议，实现了珠海市社会组织与贫困村结对帮扶零的突破，珠海市慈善总会将在基础设施建设、产业项目资助、教育帮扶等方面发挥作用。珠海市社会组织与怒江州贫困村的结对帮扶，是深入贯彻落实中央、中共广东省委、中共珠海市委打赢脱贫攻坚战的决策部署和推进乡村振兴战略的有力体现，是社会组织助力珠海市对口怒江州开展东西部扶贫协作的创新举措，充分展示了珠海市社会组织在扶贫攻坚中的重要社会责任和担当。

五、出经验：干群一心"鱼水情"

珠海市对口帮扶怒江州易地扶贫搬迁过程中，经过长期的探索和实践，积累了可供参考的特色经验。搬迁只是手段，扶贫才是目的，只有强化后续扶持，全力活跃各生产要素，激发群众发展的内生动力，才能真正实现安民、乐民。珠海市和怒江州携手抓班子、带队伍、建阵地、强保障，多方统筹、共施良策，形成了可供推广和借鉴的经验。

（一）精准对口规划，顶层设计指引

自2016年珠海市承接对口帮扶怒江州脱贫攻坚的任务开始，两地领导举行多次座谈，珠海市领导深入怒江州实地调研，获得第一手材料，提出了能满足怒江州需求和展现珠海能力的帮扶政策。针对易地扶贫搬迁工作，按照"搬得出、稳得住、能致富"的原则，实施了全方

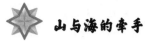

位的扶贫措施。珠海市重点承接了搬入地居民区建设,为吸引贫困群众搬得出,在住房建设过程中,严把住房及其配套设施建设的质量,吸引贫困群众由"要我搬"到"我要搬"。在整个帮扶建设搬迁地的过程中,珠海市根据实际搬迁情况,先后出台区县帮扶政策、社区帮扶政策、企业帮扶政策以及社会公益帮扶政策,推行"携手奔小康行动",将易地扶贫搬迁地未来发展纳入其帮扶总体规划,将乡村振兴战略和易地扶贫搬迁相结合,为搬迁地的长远发展谋篇布局,并付诸实际行动。

深度贫困地区的易地扶贫搬迁工程是实施乡村振兴的重要前奏,为了做好二者的有机衔接,珠海市聚焦搬迁地长远发展政策研究,"将易地扶贫搬迁集中安置区的建设发展列为美丽乡村建设项目的一种特殊类型,实施特殊扶持政策"[1]。一是在帮扶过程中融入城乡融合发展的理念,通过城乡之间资金、技术、人力资源的优化配置,促进城乡要素流动,推动新乡村建设。"乡村振兴是一个系统工程,务必要协调全社会的力量,动员企业、社会组织、科研院所等社会主体从资本、人力和技术等方面加大对乡村的投入,为乡村振兴提供有力支持。"[2] 二是针对怒江州发展特色,对搬迁地建设遵循因地制宜原则,帮助怒江州各搬迁地找出其差异性,发现不同地域的特色、个性,宜山则山,宜水则水,帮助其进行环境规划,与怒江州合力打造独具怒江州特色的新乡村、新时代东西部扶贫协作的新样板。三是继续帮扶怒江州开展教育事业、文化事业,旨在改善搬迁地的民风、乡风,提高贫困群众的精神境界,助力思想脱贫,激发搬迁地民众的长远追求,避免回迁和因懒惰返贫现象。

(二)"背包队"上山谈心,手牵手下山致富

"背包队"是行走于深山密林的一道耀眼的流动风景线。怒江州组织州、县机关干部"背包队"上山入户,用真情和耐心来打动高山村民易地搬迁,是我国深度贫困山区打赢扶贫攻坚战的一大创举。扶贫为彻底打赢脱贫攻坚战,怒江州委、州政府及时启动深度贫困"百日歼

---

[1] 檀学文、白描:《论高质量脱贫的内涵、实施难点及进路》,载《新疆师范大学学报(哲学社会科学版)》2021年第2期,第29-40页。

[2] 蓝红星、庄天慧:《中国深度贫困地区跨越贫困陷阱研究》,经济管理出版社2019年版,第248页。

灭战"行动,组建近千名"背包队员"奔赴基层一线,开展"背包上山、牵手进城"行动,为全面完成易地扶贫搬迁入住工作,"背包队"全力动员贫困群众搬迁入住新居,并帮助群众搬入新家园,过上新生活,共谋新发展,确保贫困群众"搬得出、融得进、能致富"。截至2020年3月,全州1600多名干部和"背包队",与搬迁群众开展院坝座谈、火塘夜话共3000多场次,安排专车接送群众2300多辆次,共帮助2615户9380人入住新居。"背包队"如同一池活水,唤醒了尘封的大山,带出了落后的贫困户,也提升了扶贫干部的素养。干部背包上山,与群众面对面、心连心的沟通形式,使党员真正走进群众中,了解群众的诉求,真正帮助贫困户解决困难,既是对党员干部的锻炼,也是密切党群关系的生动实践,更是助推易地搬迁的有效举措,群众在与"背包队"的交流中加深对党的政策的理解,"背包队"在处理群众问题中锻炼自身本领,党群阵地建设在谈心牵手中得到巩固和加强,这也是怒江脱贫攻坚工作的一个鲜明特征。

扶贫干部还应在帮助改善搬迁户的生活条件上用心出力,帮助刚下山的贫困户办手续、认家门、迁新居,带领他们打扫卫生、整理内务、装点新家,教会他们购买生活物资、使用家用电器等,让搬迁群众能够安心入住。通过"思想帮"与群众交心谈心,通过"动手帮"开展环境卫生大整治,改变生活陋习,实现从"村民"变"市民"。能致富是防止返贫、巩固易地扶贫搬迁成果的重要途径。要致富,最重要的是有创造财富的产业,怒江州政府为怒江人民长远发展谋划,不仅要靠自身力量,也要充分借助外力帮扶,及时组织怒江州群众去珠海市等地务工。怒江州与珠海市携手合作,开发特色产业,以"企业+扶贫车间+贫困户"模式,在安置区建设民族服饰制作、草果编织、手工艺品加工等,带动搬迁群众实现家门口就业。

(三)人出山情留山,守青山建金山

珠海市帮扶怒江州易地扶贫搬迁过程中,不仅注重对搬迁地的人性化设计,也注重对搬迁人口的人性化关怀。在搬迁地建设方面,以维拉坝珠海小区易地扶贫搬迁安置区为例,这里的新房子被命名为"新合院"。这种"新合院"能够满足村民之间互相照应的需求,而且集体管理也十分方便,受到社会管理部门的肯定。它的设计源于工程师们的付出,在一种社会责任感的驱使下,珠海的建筑师靠经验、见识、能力和情怀,设计出一种既能还原村落式生活状态,又能保证搬迁者生活习惯、社会关系的新合院模式。新合院采用的随机灵活的布局方式,塑造出自然生动、层次丰富的整体形态,在这江水奔腾涌流、大山巍峨挺立的自然环境中,既合乎人文情理,又符合自然法则,还带给搬迁居民深厚的人性化关怀。珠海市的工程师也被赞誉"脑中想着百姓,心中带着情怀"。在对搬迁人口的人性化关怀上,可以通过对搬入地社区居民的日常生活关注来体现,例如开展垃圾分类等,帮助其熟悉现代化的社区生活,还对贫困人口进行健康体检,在搬迁地建设图书馆,帮助搬迁户了解外面的世界,丰富其日常生活,帮助其观念转变,以更好地适应新的生活。

除了住房的人性化设计,搬迁地的文化建设也以满足群众需求、留住乡愁为重要标准。有年长的贫困户因离不开火塘不愿下山,扶贫干部们巧思妙想,在山下模拟出旧居、火塘,引导贫困户下山。在云南福贡县匹河乡沙瓦村建起了村史馆,已经住进小区的群众会到村史馆回忆村子曾经的历史,"忆苦思甜"。在泸水市大兴地镇维拉坝珠海社区建好村史馆后,工作队组织开展讲村史、传村风、"听党话、跟党走、感党恩"等活动,引导搬迁群众转变思想观念,激发搬迁群众内生动力。除了建好村史馆,怒江傈僳族自治州各安置点还组建了感恩宣讲团,通过举办夜校、"院坝会"、"入户讲"等方式,开展宣讲活动,用身边的发展变化教育引导搬迁群众,凝心聚力建设更美好的家园。

(四) 社区结对帮扶,推进常态治理

社区结对帮扶是独具珠海市特色的帮扶政策。珠海市在与怒江县(市)、乡(镇)、村形成全面立体的结对帮扶关系的基础上,动员三个东部成熟社区与西部易地扶贫搬迁区结对帮扶,开展社区建设管理及社区党建工作,珠海市此举属全国首创,为做好深度贫困地区搬迁的后续工作提供了珠海借鉴。在帮扶前期,珠海市与怒江县(市)、乡(镇)、村开展全面立体的结对帮扶并取得很大成效,成功帮扶贫困人口入住崭新小区。在帮扶后期,珠海市开拓创新,以帮助搬迁户适应新生活为信念,以打造幸福社区为追求,动员珠海市成熟社区与怒江州搬迁区对接。这种社区帮扶理念的提出,一方面,可以完善搬迁地社区管理。由于珠海市成熟社区已具备比较先进的管理经验，通过与搬迁地社区的对口帮扶，将社区管理经验尤其是社区党建管理办法介绍过来，党建的不断加强对促进搬迁地社区的思想建设、管理建设、长远发展规划都具有重要意义。另一方面，可以推进搬迁地社区加快乡村振兴进程。珠海市成熟社区对乡村振兴的理念已经能够很好地理解和践行，在搬迁地社区进行新时代新乡村生产生活方式的宣传和推广，有利于促进贫困地区新农村建设进程，加快与城乡一体化建设的接轨。

基层建设是根基。习近平总书记强调："要加强和改进党对农村基层工作的全面领导，提高农村基层组织建设质量，为乡村全面振兴提供坚强政治和组织保证。要把广大基层群众组织起来、动员起来、凝聚起来，充分激发人民群众的积极性、主动性、创造性。"[1] 将搬迁群众稳定住、巩固好不是一件容易的事情，因为新家园不能只有新房子，还应有完善的社区配套管理，才能留住人，让搬迁户住得踏实。珠海市在后续帮扶中，还注重对怒江州社区建设方面的帮扶。一是继续帮扶其完善社区党建，调动党员干部的积极性，提高社区党员干部的脱贫攻坚意识和建设美丽家园意识，发扬其党性原则和为人民服务的意识，带动社区居民更好地适应社区生活，尽快使社区治理走向常态化。二是帮扶其做好搬迁地外部环境改善以及配套设施建设，"全要素"抓好现代社区的建设与配套，建设邻里中心，开展社区结对，同步解决搬迁群众的住房、就业和发展问题，了解其医疗、教育、文化等实际诉求，切实为搬迁户创建一个美丽、宜居、方便，可长久居住的家园。三是帮扶怒江州完善公共服务体系建设，推进安置小区规范化社会治理，宣传社区文化，关注社区内搬迁户的身心健康发展，帮助他们形成现代化社区发展理念，增强社区综合管理能力，加快贫困群众的社区融入。深入调研已搬迁群众需求，真正以珠海之能满足怒江所需，使贫困群众真正共享到改革发展成果，感受到生活水平的改善，感受到党对深度贫困地区、深度贫困群众的深切关怀。

（五）"百企帮百村"，穷村变富村

珠海市在承接对口帮扶怒江州任务以来，不只是从政府层面安排对

---

[1] 习近平：《在基层代表座谈会上的讲话》，载《人民日报》2020年9月20日第2版。

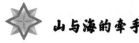

口帮扶任务，还充分调动国企、私企的力量，对接帮扶点，在"百企帮百村"的方针引导下，207家珠海企业自觉履行社会担当，主动对接开展帮扶。帮扶资金共到位3900万元，在怒江州贫困村实施了照明、厕所、垃圾处理等一大批民生项目。以建安集团为例，该公司作为珠海市国有一级施工企业，在东西部扶贫协作的大背景下，积极响应中央脱贫攻坚的号召，参与到对口帮扶易地扶贫搬迁项目中，履行国企担当。在出色完成了泸水市格力小学、格力幼儿园的建设任务后，应珠海市和格力集团要求，建安集团承接了珠海市对口帮扶怒江州建设泸水市维拉坝、贡山县腊咱、兰坪县易门箐3个易地扶贫搬迁安置示范区建设施工工作。2017—2019年，建安集团共参与承建了怒江州三个易地扶贫搬迁安置区建设，分别是泸水市珠海小区（维拉坝）安置区、兰坪县珠海小区（易门箐）安置区、贡山县珠海小区（腊咱）安置区，做到了建筑质量过关，群众放心。从项目开工至群众入住，建安集团始终以"群众放心工程、群众满意工程"为目标，严格把控质量关，不仅创造了"留得住乡愁"的"维拉坝模式"，还将学校、卫生室、蔬菜基地、养殖小区、扶贫车间等配套到家门口，打造出让搬迁群众满意的宜居宜业新家园，切实解决搬迁群众"稳得住、可发展"的问题。通过企业力量帮扶示范区建设，对企业来说，不仅可以发挥企业的建设热情，培养其社会公德，也有利于其社会形象的树立、群众口碑的打造，从而促进其长远发展；对搬迁地群众来说，企业的拼搏意识、创新意识刺激着人们的神经，为贫困户封闭落后的思想中注入了创新创造的力量。示范点带来的不仅是耳目一新的新生活，更带来了敢于实现梦想的进取精神。

（六）激活造血功能，留住长富希望

珠海市帮扶怒江州易地扶贫搬迁，始终秉持负责任、谋长远的态度。搬出来并不能解决根本问题，关键是要保障其最终能致富，不再返贫。为真正保障搬迁效果，珠海市政府的帮扶规划中包含了帮扶怒江州产业开发、企业建设、旅游资源打造、劳动力资源培训、劳务输出对接等。珠海市结合怒江州的自然条件和资源禀赋，帮扶怒江州大力发展高原峡谷特色的农业和中药材种植、家禽牲畜养殖，以及农产品加工、旅游服务和扶贫车间建设，引导怒江州企业、合作社与州外企业和市场开展产销对接，推进消费扶贫，带动怒江州贫困群众增收脱贫。珠海市认为怒江州的未来发展在旅游业，根据滇西旅游大环线规划，围绕让游客"进得来、留得住、能消费"，帮扶怒江州建设一批旅游服务配套设施，增加沿线群众收入。除了发挥其自然资源优势，珠海市还注重帮扶怒江州发挥人的主观能动性，帮扶怒江州开展人才培训，培养脱贫攻坚带头人，加大劳务输出技能培训，吸引贫困群众在珠海市就业、稳岗，保障其进得来，留得住。这种双向的对接帮扶，使搬迁地贫困户既可以选择留家乡，也可以选择外出务工，利用多种方式帮扶贫困户奔小康。

如期啃下"硬骨头"，打赢"收官战"。根据国务院扶贫办任务要求和珠海怒江扶贫协作会议部署，两地立足长远发展，建立长效扶贫机制。进一步提高思想认识，深刻认识怒江州深度贫困脱贫攻坚的艰巨性，健全扶贫协作长效机制，坚守扶贫协作工作责任，充分调动贫困群众的积极性、主动性，提高他们战胜贫困的信心和激发内生动力。2020年，珠海市突出国家挂牌督战村脱贫出列这一重点，聚焦劳务协作、产业合作、消费扶贫和社会力量帮扶等方面，统筹谋划抓实"十项推进"举措，推动各项工作取得新进展。帮扶怒江州三年来，一方面，珠海市已投入大量资金扶持，推动产业帮扶项目166个，在最后的决胜关头，珠海市加大产业帮扶，包括项目投资、资源开发、扶贫车间援建等等，给当地贫困户提供更多就业机会，帮助其拓宽致富渠道；另一方面，继续加强贫困户技能培训，帮助其尽快就地就近就业，同时针对珠海市场需求，培训相关专业性人才，保障其转移到珠海市就业的稳定性，增强其致富技能。

第四章
生产要素增活力 东西协作促振兴
——以珠海、怒江开展劳务协作为例

党的十九大报告提出实施乡村振兴战略的重大决策部署。实施乡村振兴战略关系国计民生，是新时代做好"三农"工作的总抓手。脱贫攻坚是实现乡村振兴的重要前提，东西部生产要素扶贫协作恰恰是脱贫攻坚的重要推动力。对于深度贫困地区来说，脱贫致富是链接乡村振兴的重要举措。东部发达地区既有先进的乡村振兴经验，又具备丰富的生产要素资源，可以为深度贫困地区脱贫致富奔小康提供充分的支持。珠海市充分调动一切生产要素，根据怒江州所需，助力怒江州深度贫困地区脱贫攻坚和后续发展建设，尤其聚焦劳务协作，将其成功经验运用到怒江州的新农村建设中，对怒江州的脱贫攻坚和乡村振兴工作起了很大推动作用。同时，对怒江州开展劳务协作的具体措施和典型经验进行归纳和总结，有利于明确乡村振兴战略实施的长远路径。

一、理论引领：勤劳巧劳稳致富

生产要素是经济学的基本范畴，按照常规划分，生产要素包括劳动、资本、技术、信息四种。生产要素既包括人的要素，也包括物的要素，劳动作为生产要素中最为活跃的人的要素，区别于其他要素，是创造价值的唯一源泉。马克思从资本主义社会的发展现实出发，揭示了劳动创造价值的本质。在社会主义现代化建设过程中，劳动始终发挥着最为活跃的创造作用，习近平总书记进一步丰富了马克思主义劳动价值观的内涵，在脱贫攻坚过程中注重激发人的内生动力，为扶贫过程中开展劳务协作提供了理论依据。

（一）劳务协作符合马克思主义劳动观的追求

马克思主义劳动观认为劳动是体现人本质的活动。劳动反映人的主观能动性，是人区别于动物的鲜明特征。在资本主义社会劳动被异化，劳动者本身被自己生产的商品异化，在剥削与奴役下本该体现劳动者自由意志的劳动反过来成为奴役自身的异己者，此时劳动对工人来说成为外在的东西，工人需要先接受劳动的奴役才能维持肉体的生存。马克思指出，工人"在自己的劳动中不是肯定自己，而是否定自己，不是感到幸福，而是感到不幸，不是自由地发挥自己的体力和智力，而是使自己的肉体受折磨、精神遭摧残"①。因此，在资本主义社会，工人的劳动本质得不到体现。劳动自由是马克思主义的追求，在当前的社会主义公有制条件下，广大人民群众是国家的主人，劳动人民是社会财富的创造者，人们渐渐体会到劳动作为自身属性的意义。此外，马克思主义认为劳动创造价值，劳动是创造价值的唯一源泉，正是在不断的劳动实践过程中，世界得以被认识和改造，劳动创造了历史，也创造了人本身。在脱贫攻坚过程中开展劳务协作，正是通过对劳动力的技术、才能的激发和培训，调动起贫困群众的主观能动性，正确认识自身所处的生存发展环境，在国家政策的引导下，提升自身的劳动技能，努力通过劳动脱贫致富。

（二）劳务协作是对劳动创造幸福的切实践行

习近平总书记强调："人世间的一切幸福都需要靠辛勤的劳动来创造。"② 勤劳勇敢始终是中华民族的传统美德，中华民族厚重的历史文化凝聚着劳动人民的智慧和汗水。在新时代社会主义现代化建设过程中，习近平总书记继承和发展了马克思主义劳动观的重要思想，尊重劳动人民的地位，注重发挥劳动人民的创造力，在全国范围内弘扬劳动模范精神，使劳动创造幸福的思想深入人心。劳务协作正是对劳动创造幸福的有力体现。首先，劳务协作助力困难群众懂得劳动改变命运。习近

---

① 中共中央马克思恩格斯列宁斯大林著作编译局：《马克思恩格斯选集》第1卷，人民出版社2012年版，第53页。

② 谢环驰：《习近平在十八届中共中央政治局常委同中外记者见面时强调 人民对美好生活的向往就是我们的奋斗目标》，载《人民日报》2012年11月16日第4版。

平总书记强调:"我们要在全社会大力弘扬劳动精神,提倡通过诚实劳动来实现人生的梦想、改变自己的命运,反对一切不劳而获、投机取巧、贪图享乐的思想。"① 劳务协作致力于帮扶困难群众获得一技之长,这是立业之本,更是贫困户脱贫致富的良方。其次,劳务协作激发贫困户的创新创造能力。通过技能培训、创业教育、管理理念学习等,贫困地区的劳动力从思想到技术水平都得到新的提升,能够为实现脱贫致富贡献更多的智慧。最后,劳务协作有利于劳模精神在贫困地区的弘扬。在劳务协作过程中,高技术人才以其人格魅力和技术水平感染贫困群众,同时通过东西部劳务协作,贫困户能体会到鲜明的经济发展差距,从中激发自身的劳动潜能,向劳模学习,向时代楷模学习,努力为家乡和人民脱贫致富贡献力量。

(三)劳务协作体现区域协调发展的战略要求

区域协调发展是维护国家稳定的重要因素。2016年,习近平总书记在东西部扶贫协作座谈会上强调,东西部扶贫协作和对口支援,是推动区域协调发展、协同发展、共同发展的大战略。从短期目标来看,东西部扶贫协作和对口帮扶重点以扶贫攻坚为主要任务,尤其是针对深度贫困地区,借助发达地区力量提高对口帮扶实效性,改善人民生活水平。从长期来看,扶贫协作的目的在于缩小东西部贫富差距,减少贫困人口数量,最终使得改革发展成果惠及更多人群,生产生活环境得以改善,使得贫困地区收入水平、基础设施建设、经济发展综合实力都得到一定提升,从而为贫困地区注入持续动力,使之跟上社会主义现代化建设的步伐。根据东西部扶贫发展规划,东部地区要在国家政策组织引领下,探索出全方位、多层次的扶贫协作和对口支援模式,聚焦脱贫攻坚"硬骨头",努力发挥自身优势,通过长期精准合作帮扶,缩小差距,共同发展。习近平总书记十分肯定东西部扶贫协作对区域协调发展所带来的巨大成效,他指出:"这在世界上只有我们党和国家能够做到,充分彰显了我们的政治优势和制度优势。东西部扶贫协作和对口支援必须

---

① 习近平:《在知识分子、劳动模范、青年代表座谈会上的讲话》,载《人民日报》2016年4月30日第2版。

长期坚持下去。"① 劳务协作是东西部扶贫协作的代表性举措，通过人员交流、技术帮扶、异地就业等加快了东西部区域的交流合作，通过劳务协作的开展不断深入，助力贫困地区提高劳动力的总体素质，提高区域经济发展水平，尽快实现全面小康，这对促进各区域的共同发展具有重要意义。

二、供需适配："需""能"结合两相宜

珠海市对口帮扶怒江州开展生产要素协作，既有其必要性，也有开展的可能性。怒江有自然的生态环境优势，在推进乡村振兴建设方面具备可能性，但也存在精神和物质上的双重困难，尤其是生产要素的缺乏造成"巧妇难为无米之炊"。珠海市在技术投资、创新创造方面优势明显，在开展脱贫攻坚和对口帮扶方面也具备相对成熟的经验，再加上中央政策的支持，可以为怒江州提供必要的要素帮扶。

（一）怒江急需"产、技、文、旅"的投入与开发

乡村振兴是一个全面的系统工程，包括产业、人才、文化、生态、组织等各方面的振兴，国家在推进全面振兴的过程中，提出要补短板、抓重点、强弱项，并加大对深度贫困地区各项生产要素的帮扶。要从贫困地区生存发展条件出发，"坚持因地制宜、分类指导的原则，从实际出发，以市场为导向，充分利用各自的自然资源和社会资源"②。怒江州在产业上有很大的可开发空间，缺乏的是项目投资。在资源上，怒江州花椒、草果、中药、茶叶、漆树、羊肚菌等作物种类丰富，且经济价值高，需要形成产业化、规模化、品牌化经营；在人才上，怒江州文盲率高，既缺乏高素质人才，也缺乏专业技工，需要的是素质培育与技能培训；在文化上，怒江州少数民族众多，有可探索和发展的少数民族文化空间，需要给予挖掘与引导，通过创新形式和内容，融入中国特色社会主义文化，并打出独有的文化品牌；在生态上，怒江

---

① 李涛：《习近平在东西部扶贫协作座谈会上强调　认清形势聚焦精准深化帮扶确保实效　切实做好新形势下东西部扶贫协作工作》，载《人民日报》2016年7月22日第1版。
② 习近平：《摆脱贫困》，福建人民出版社2014年版，第195页。

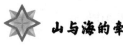

州天然的高山大川，山青水绿，气候宜人，是神奇瑰丽的"养心天堂"，这已经为其发展提供了先天的条件，需要的是科学地开发旅游产业，生产出优质的生态产品，打出自己的生态品牌；在组织上，经过脱贫攻坚的锤炼，怒江州党员干部更具拼搏精神和为人民服务的精神，重要的是尽快带领贫困户融入新家园，建立起全新的、稳固的、符合新农村建设要求的基层党组织，不仅是巩固脱贫攻坚成果，也为下一步对接乡村振兴做足准备。

在领导脱贫攻坚的过程中，怒江州政府先后制定了《怒江州草果产业发展总体规划（2014—2020）》等一系列政策，积极引进中交集团、能投集团、珠海企业的帮扶资金、技术和管理建基地，带领农户，确保开发一片、建成一片、成效一片，实现"山海相依"共发展，鼓励能人与有林地的群众采取合作、租赁、承包等多种形式共同发展，让贫困户有盼头、尝甜头、暖心头。新的开始意味着新的攀升，对于怒江州人民来说还有新的困难要克服，脱贫攻坚进入最后关头，需要对接乡村振兴建设，逐步与新乡村、新城镇接轨，刚刚翻越过深度贫困这座大山的人们又要开始解决乡村生产落后的难题。对于怒江州来说，脱贫与发展的双重任务是连在一起的，是紧迫的，也是需要一鼓作气的，这不仅要靠怒江州人民自己的努力，需要国家政策的支持，还需要发达地区的帮助，提供经验和要素支持，以加快深度贫困地区乡村振兴的步伐。

（二）珠海具备活跃的生产要素与丰富的发展经验

东西部扶贫协作是实现乡村振兴的重要步骤。习近平总书记强调："要继续推进新农村建设，使之与新型城镇化协调发展、互惠一体，形成双轮驱动。要坚持以改革为动力，不断破解城乡二元结构。"① 深化东西部扶贫协作需要做好与乡村振兴的有效衔接，推进新农村建设就要破解城乡发展的不平衡，首先就是解决贫困问题，拉动西部地区经济社会发展。"处在改革发展前沿的珠海，在发展历程中积累了许多宝贵的经验和思路，只要珠海的发展资源、发展经验与怒江的发展资源、发展

---

① 《习近平在中共中央政治局第二十二次集体学习时强调　健全城乡发展一体化体制机制　让广大农民共享改革发展成果》，载《人民日报》2015 年 5 月 2 日第 1 版。

渴求精准对接,一定会产生明显的效果。"① 改革开放以来,珠海市经济社会发展快速,实体经济发展态势较好,在促进工业投资、技术改造、装备制造、智能制造等方面出台系列政策,实施"十百千企业腾飞行动";以创新驱动战略深入实施,落实科技创新计划,扎实推进创新平台建设;外商投资活跃,人才队伍充实,加快形成全面开放格局;公共服务体系不断完善,社会治理能力显著增强,城市建设日益精美,市民生活水平逐步提升,总体实力愈加雄厚。

当前在攻坚拔寨的关键时刻,国家为乡村振兴战略做出长远谋划,针对东西部扶贫协作提出全面、科学、系统的要求,尤其是"三区三州"地区,帮扶层次从党政干部到人民团体,帮扶项目从科技研发、人才培训到基础设施,强调要勇于探索,勇于改革,大胆创新东西部扶贫协作的路径,为深度贫困地区的发展建设真正带来改变与实惠。在推进乡村振兴和脱贫攻坚的进程中,珠海市不遗余力,在做好自身工作的同时,加大对东西部扶贫政策的支持力度,提供各种要素支援,珠海市本身在新农村建设方面已具备一定的发展经验,国家级示范合作社、省级特色小镇、省级农业龙头企业、省品牌农产品等在数量和质量上不断升级。这都为珠海市多方面驰援怒江建设、促进两地生产要素协作、加快脱贫攻坚和乡村振兴奠定了基础。

三、精准施策:培训广开就业路

珠海市对口怒江州开展劳务协作、就业培训是东西协作的有力抓手,是提升村域经济造血功能的主要环节,也是盘活人力资源、提高人民收入的重要策略。通过培训技能人才、开展劳动力转移就业、给予政策和资金援助等保障贫困群众有一技之长,唤起贫困户奋斗的勇气和对美好生活的渴望。

---

① 珠海特区报评论员:《鱼渔并授推进精准扶贫——再论全面对接做实珠海与怒江东西扶贫协作工作》,载《珠海特区报》2016 年 10 月 10 日第 2 版。

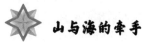

（一）转移就业输动力，技能培训斩穷根

1. 开展转移就业引导性培训

自实施东西部扶贫劳务协作以来，两地联合开展转移就业的引导性培训和针对性、实用性较强的技能培训。一是珠海市统筹培训资源，科学分类培训对象，制订培训计划，努力帮扶建档立卡贫困户掌握谋生技能；二是精准培训，根据用工市场需求和劳动力培训意愿，增强培训的针对性、实用性；三是发动优质培训机构的力量，投入资金和技术，深入怒江州贫困地区一线开展教学培训，做到上接"天线"，下接"地气"。

2. 引导跨省劳动力转移对接

怒江州和珠海市协同合作，在引导怒江州贫困群众扎根珠海就业，以及鼓励怒江州贫困群众转移到其他地方就业上，都取得了一定成效。一是转移到珠海市的群众就业稳定率不断提升。2019年，80多家珠海企业深入怒江州各县市、乡镇、易地扶贫搬迁安置点开展劳动力转移对接，转移到广东省就业劳动力7397人（含职校实习就业666人），贫困劳动力占56.77%（含实习就业324人），较2018年增长19.19%。其中，转移到珠海就业劳动力3239人，贫困劳动力2178人，较上年增长114.15%。在珠海市务工的稳岗率从原来的20%提高到90%。二是转移到其他省份就业人数有明显突破。珠海市鼓励怒江州劳动力尤其是建档立卡贫困劳动力外出务工，无论转移至什么地方均给予奖励。2019年，帮助转移到广东以外地区就业326人。

3. 帮助贫困人口省内就近就业

珠海市积极协助怒江州发展本地区特色产业，开发特色项目，并投入资金、技术、人力资源等帮助怒江州开发建厂，培训管理人员、技工人员，努力帮扶当地贫困户实现就地就近就业。2019年，珠海市通过产业帮扶项目带动贫困人口就地务工906人，通过扶贫车间等措施吸纳建档立卡贫困人口就业267人，合计帮助贫困人口就近就业1173人，较上年增长73%。见表4.1。

第四章　生产要素增活力　东西协作促振兴
——以珠海、怒江开展劳务协作为例

表 4.1　2017 年珠海怒江劳务协作开展情况

2017 年珠海怒江开展贫困人口就业培训情况			2017 年怒江建档立卡贫困人口转移至珠海实现就业情况	
区县结对	培训人口数	建档立卡贫困人数	转出地	转移至珠海就业人数
香洲区对口帮扶泸水市转移就业引导动员培训	590	254	泸水市	590
金湾区对口帮扶贡山县技能人才培养与就业培训	212	138	贡山县	101
斗门区对口帮扶福贡县旅游服务培训	152	—	福贡县	321
横琴新区对口帮扶兰坪县就业培训	278	173	兰坪县	418（含 35 名实习学生）

注：本表资料由珠海市和怒江州扶贫工作领导小组提供。

（二）稳岗就是稳希望，获得归属干劲足

1. 政策激励强定力

珠海市委、市政府高度重视对口扶贫协作怒江州工作，始终坚持把转移就业作为增收脱贫和扶智扶志的重点措施。怒江州劳动力约 20 万人，待转移劳动力约 10 万人。基于怒江州的这种劳动力情况，珠海市与怒江州方面共同协商制定了《珠海市对口怒江州东西部扶贫协作工作实施意见》、《珠海市怒江州对口扶贫协作工作总体计划》及 7 个专项领域对口协作方案，积极开展职业培训帮扶、师资培训帮扶、学校结对帮扶，帮助怒江州劳动者提高劳动技能，增强其转移就业、创业能力。具体来看，一是强化政策激励，互设工作站，实施"双百工程"，针对有意愿到珠海市接受技工教育且具备基本文化素质等条件的"两后生"（初中毕业以后或高中毕业以后的学生），实行"百分之百接收学习、百分之百推荐就业"。推出"订单班""冠名班"，实施定向就业培养。落实企业对接贫困村的帮扶政策，调动企业和社会组织的积极性，承担社会责任，拓宽贫困户共享发展成果的空间。二是加大资金扶持，制订对务工人员、用工企业、村组干部、劳务经纪人、劳务中介机构奖励机制，对怒江州劳动力外出务工进行全方位保障和优待，激发内生动力和多方合力，帮助怒江州贫困劳动力实现"有尊严"的脱贫。三是实施奖励制度，针对到广东省就业的怒江州建档立卡贫困劳动力，加大转移就业组织动员、带队打工奖励力度和稳岗奖补力度，就业满1个月、3个月、6个月、12个月，分别给予1000元、5000元、8000元、1万元的一次性奖补，组织动员1名贫困劳动力转移就业奖励800元，带队打工奖励1200元。劳务中介机构参与组织输送的，给予一半交通补贴，同时每转移1人给予200元工作经费和800元奖励。2019年，怒江劳动力转移工作取得转移人数和稳岗率"双突破"，两地劳务协作远景美好。

2. 干部带队稳人心

面对怒江州贫困群众文化水平较低，不敢走出去也不想走出去等问题，珠海市喊出"干部带队稳人心"的口号。一是鼓励干部带队到珠海市开展技能培训和劳务协作工作，通过干部引领和与珠海市企业培训机构沟通使转移劳动力得以安心就业；二是鼓励乡村能人及有劳务经验者带队外出务工，用自己成熟的务工经验带动更多想致富的务工"小白"尽快找到适合自己的岗位。"农村要发展，农民要致富，关键靠支部。"① 一方面，党员干部发挥自身的模范带头作用；另一方面，实践活动能够收获贫困户的更多信赖。珠海市通过鼓励干部和老乡协同带动，高效引导，帮助不敢出、不想出的贫困群众开始走出深山峡谷，走向多姿多彩的城市，为改善自己的生活寻找出路。杨世强是怒江州人力资源和社会保障局农民工工作科副科长、怒江州驻珠海市劳务服务工作站站长。在任职期间，他每天早出晚归，奔走在各个企业之间，与员工谈心，为员工争取利益，帮助员工营造舒心安心的工作环境，赢得了员工的赞许，杨站长也成为务工人员信任的标识。就这样，一大批优秀的务工人员在珠海成长起来，山海劳务协作取得了明显成效。

3. 多方关怀获归属

珠海市和怒江州双方开展全方位、多层次的劳务合作，珠海市对怒江州转移员工的关怀上不遗余力，努力使怒江来珠海的劳务工作者感受

---

① 习近平：《习近平谈治国理政》第1卷，外文出版社2018年版，第190页。

到温暖，安得下心。一是完善就业服务平台，落实怒江州员工就业服务工作，创建"怒江员工之家"，组织高铁专列等暖心服务，使怒江州员工"进得来，留得住"。二是两地互设劳务工作站，建立起实体性运作的服务项目。为稳定怒江籍来珠务工人员，珠海驻怒江工作组总结经验、改进措施，提出要先"理解怒江"，再"帮助怒江"，积极协同两地组织、人社部门设立怒江驻珠海劳务服务工作站。为配合工作站开展工作，珠海还同步在怒江建立珠海驻怒江转移就业工作机制，构建"州县市人社部门、就业中介服务、乡村就业服务队伍"的就业服务体系，协助当地开展劳动力统一组织和输送工作，方便珠海的工作站进行劳动力接收。工作站扎实有效的措施和贴心的服务，有力地保障了怒江劳动力转移和就业稳岗，取得了显著成效。据统计，自2020年2月20日开通怒江到珠海首趟返岗专列以来，采用专列接送共计3趟，包车返岗共计253趟，累计转移怒江籍农村劳动力到珠海就业5809人，相当于2019年全年转移就业总数的1.8倍；转移到广东就业13897人，超过2017—2019年3年的累计数。三是人社、扶贫和工青妇等多部门对怒江州务工人员多角度关心关爱，给予全方位保障和优待，对到广东省就业的建档立卡贫困户最高年补助达1万元。见图4.1至图4.2。

图4.1　怒江州务工人员培训暨员工交接仪式

图 4.2　国务院扶贫办调研"怒江扶贫班"

（三）扶贫先扶领头羊，双手开创美生活

1. 扶持贫困村企带头人

习近平总书记指出："扶贫不是慈善救济，而是要引导和支持所有有劳动能力的人，依靠自己的双手开创美好明天。"① 结对帮扶开展以来，珠海市金湾区针对部分贫困群众发展能力弱的问题，制定了《贡山县东西部扶贫协作扶持贫困村"创业致富带头人"发展产业带动就业实施方案》，从选、培、扶、联四方面入手开展工作。将 2019 年参加国扶办的"贫困村创业致富带头人"的人作为重点对象，扶持具有带动 5～10 户以上建档立卡户能力的专业村企合作社、新型生产经营组织和个体经营实体。村企在地域上可以帮助贫困户就地就近就业，专业合作社可以给贫困户提供更多保障，新型生产经营组织和个体经营实体都是带动贫困地区经济发展的重要力量，加大对它们的技术、资金以及管理经验的帮扶不仅可以活跃贫困地区的市场经济，为贫困户提供更多就业机会，还能为乡村振兴建设积累产业支撑。通过选准培强当地创业致富带头人，强化他们与贫困户的利益联结，让他们成为带动群众脱贫奔小康的"领头羊"。

2. 培训服务行业管理者

在实施乡村振兴战略的过程中，企业经营管理者也应当改变思路并

---

① 刘永富：《切实把精准扶贫精准脱贫落到实处　学习贯彻习近平总书记扶贫开发战略思想研讨会发言摘编　坚决打赢脱贫攻坚战》，载《人民日报》2016 年 10 月 20 日第 16 版。

积极创新，尤其是在脱贫攻坚并全面建成小康的关键时刻，更要注重管理素质和服务水平的提升。珠海市对怒江州旅游服务行业的经营管理者开展有计划有步骤的培训，挑选了酒店、客栈、农家乐等有培训需求和应当进行培训的经营管理者，将他们安排到希尔顿花园酒店旅游服务行业实训基地，参加能力素质提升培训。目的在于培训他们先进的服务管理经营理念，使之具有一定的社会责任感和带动帮扶贫困户产生共同致富的意识。从实际技能上，培养其现代化管理理念、法治治理理念、科学发展理念，强化企业经营管理者对国家扶贫政策、先富帮后富理论、企业社会参与意识等的认识和理解。同时，政府与企业经营管理者共同研讨对贫困户的服务技能培训和整体素质提升策略，帮助企业经营管理者接收、培训和管理贫困户就业者，帮扶更多贫困群众改善生活条件，助力脱贫攻坚和乡村振兴建设。

3. 扶持特色用工企业

特色用工企业是立足于怒江州发展起来的，它以本地资源为依托，对本地区贫困人口的带动和扶持作用更为明显和重要，因此必须对其予以鼓励和帮扶。珠海市十分关注怒江州特色用工企业的发展，针对相关特色企业制定了一系列帮扶措施。一是在创业补贴方面，珠海市立足于本地发展新增创业企业。每一个创业企业的产生、发展和壮大都能带动一定量的贫困户就业和促进地区经济发展，不能使其因缺少资金而难以运转。因此，珠海市对符合条件的创业扶持重点对象给予一次性2万元的创业扶持补助，给创业者带去关怀和动力。二是在土地流转方面，珠海市鼓励企业加大当地土地流转，做大做强当地特色农产品产业，对租用建档立卡户土地的企业给予地租补助。三是在原有企业扶持政策方面，对招收建档立卡贫困户就业的企业给予用工企业及务工人员补助，增强企业带动贫困户就业的积极性。珠海市通过扶持特色用工企业发展，不仅带动了贫困地区特色产业的开发壮大，增加了当地贫困户的收入，也为深度贫困地区的后续发展打下了实体经济的坚实基础。

（四）校企合作增实效，"授人以渔"增本领

1. 对接企业需求，强化短期技能培训效果

珠海市工贸技工学校在助力怒江州脱贫攻坚过程中，不断探索深受怒江州人民喜爱的短期技能培训。从2017年至2019年，每年开设2个

班，每班100人。依据珠海、怒江两地产业发展需求设置专业，采取"1+2"的模式，统一制订人才培养方案。第一年在怒江州技工学校学习文化知识，第二、三年在珠海市技师学院学习职业素养与职业技能，毕业后被优先推荐到珠海市优质企业就业。同时，结合珠海市企业用工需求及怒江州产业发展特点，双方联合开展专项技能培训。开设以较为前沿的学科专业（如电子商务、会计、汽车维修等）为主、学时为三个月的短期培训班，开展了两期共18人。后又在珠海市人社局的指导下，结合广东省推出的"弘扬粤菜文化，助推乡村振兴"的重要项目，设计了主打"烹饪+酒店服务"的"粤菜师傅"培训班，培训内容包含各种场合的礼仪知识、酒店服务、广式茶点制作、粤菜烹饪实操等，通过培训可掌握基本的粤菜烹饪技术，培训采用理论讲解和实际操作相结合的方式，让学员不但在技能上达到要求，更在思想上紧跟社会的需求。珠海市开设技能培训教学方法等专项课程，提升怒江州师资教学水平，并提供培训资料及相应的技术支持。2018年11月至2019年4月，"粤菜师傅"培训班开展了8期共培训115人，其中，第一期培训班学员7人，第二期培训班学员13人，第三期培训班学员35人，第四期培训班学员3人，第五期培训班学员8人，第六期培训班学员13人，第七期培训班学员14人，第八期培训班学员22人。"粤菜师傅"短训班学时为一个月，学时短、见效快，一经推出，受到学员欢迎，得到快速发展。见图4.3、图4.4。

图4.3 "粤菜师傅"开班仪式

图4.4 "粤菜师傅"短训班学员练习炒菜

另外，珠海市工贸技工学校为保证怒江州学生能做到学以致用，确保顺利就业，还积极组织怒江州学生参与各种实践。学校还根据学生意向，积极与企业联系安排学员就业，为怒江州劳务人员输出做贡献，也有不少短训班学员选择回家乡就业或者创业，把在珠海市工贸技工学校学到的技能带回家乡，为家乡的发展做出自己的贡献。正所谓"授人以鱼，不如授人以渔"，这也从一个侧面反映出珠海市工贸技工学校在扶贫中发挥的重要作用，体现出短期培训注重实效，以技能提升为主，真正为怒江州学员训练就业创业技能，最终实现自主脱贫的目的，当然，这也只是诸多能力就业培训案例中的一个代表。

2. 校企社三方合力，助推培训项目稳落地

自珠海市对口帮扶怒江州以来，通过人社系统的不懈努力，怒江、珠海两地人社部门的合作不断深化拓展，两地通过实行"1+2""0+3""2+1"三种模式培养，扶贫取得显著成效。怒江州人社系统积极动员州内的州民族中专、泸水市职业高中、兰坪县职业高中主动与珠海市境内优质企业合作，采用"企业需要什么人就培养什么人"的方法，签订培养协议，在怒江州内学校设立企业冠名班，解决怒江州职业学校学生学习积极性不够和毕业后岗位不稳定、收入不高的问题，充分发挥怒江州职业学校在脱贫攻坚中的基础性作用。如珠海市丝域连锁企业管理有限公司经过实地考察与泸水职中达成协议，实行"2+1"冠名班培养模式，开启了珠海市优质企业与怒江州职业学校合作办学的新模式，为怒江州实现发展技工教育来脱贫，积极培养就业型、创业型人才，为斩断怒江州贫困人口的代际传递打下坚实的基础。

珠海市企业通过与学校联合，并借助社会力量共同助力怒江州人才培训。珠海市工贸技工学校利用集团化办学优势，聚集旗下所有院校的校友和社会各界人士，于2018年2月1日举办"校友联谊，情暖怒江"慈善之夜活动，本着"企业赞助一点，社会募捐一点，集团资助一点"的原则，共筹集善款100多万元，定向用于怒江州劳动力短期技能培训。为积极响应落实广东省和珠海市精准扶贫工作的总体部署，创新扶贫模式，珠海市理工职业技术学校与纳思达股份有限公司开展校企合作，该校"怒江班"已招收怒江州学生108人，其中，27人采用"1+2"模式教学（1年在怒江、2年在珠海就读），81人采用"0+3"模式教学（3年全部在珠海就读），还将继续惠及更多的怒江学子。珠海市部分技术学校在珠海市政府和怒江州政府的支持下，将继续健全完善教育帮扶体系，确保惠民政策落到实处，使学生在接受资助的同时，懂得感恩，以自己的才干努力回报社会，为扶贫工作、为粤港澳大湾区及怒江州当地的经济建设贡献自身力量。见表4.2。

表4.2 2018年、2019年怒江转移珠海就业情况

转出地	2018年怒江州转移至珠海就业劳动力人数		2019年怒江州转移至珠海就业劳动力人数	
	总人数	建档立卡贫困劳动力数	总人数	建档立卡贫困劳动力数
泸水市	569	267	808	441
福贡县	504	343	618	440
贡山县	140	118	194	154
兰坪县	319	179	1619	1143

注：本表资料由珠海市和怒江州扶贫工作领导小组提供。

四、典型经验：精诚所至金石开

珠海市充分发挥自身优势，以满足怒江州需求为着力点，探索出一系列契合怒江州发展所需，并极具珠海特色的帮扶举措。通过向怒江州提供资金、技术、人才支持，为其输血盘活；通过为怒江州人民传授技能、培训人才，为其造血发展；通过安排就业、贴心安置服务，为转移就业人员解决后顾之忧。山海携手生动诠释了扶真贫、动真情、出真招，其宝贵经验值得推广。

（一）"鱼渔并授"扶真贫

我国扶贫开发的过程经历了由"输血式"扶贫向"造血式"扶贫的转变，在当前脱贫攻坚、实现乡村振兴的关键时期，需要"输血式"帮扶，更要发挥"造血式"扶贫的效用，以免返贫。珠海市在对口帮扶怒江州的过程中，针对怒江州"直过"群众多，整体经济实力、文化水平不高的现象，珠海市双管齐下。在"输血"措施上，珠海市根据怒江州所需，投入大量资金，帮助建设厂房、发展基建、改善教育和医疗等。在"造血"措施上，珠海市既帮助怒江州本土企业进行经营管理培训，对怒江州致富带头人进行资金支持和技术指导，对怒江州贫

困户进行就地就近就业培训。同时,根据珠海市企业所需和职工技能所需,有针对性地调动珠海市职业培训学校的积极性,增设"珠海怒江班"等,将怒江州贫困户培训为符合城市建设需要的有专业技能的建设者,通过教育技能培训在青年学子心中播撒下感恩祖国、努力奋斗的种子。所谓"积财万千,不如薄技在身",珠海市真正做到了财技并扶,使怒江州贫困户增强自发"造血"功能和持续发展动力。

(二)"宾至如归"动真情

珠海市为使怒江州转移务工人员真正感受到家的温暖,保障他们"进得来,留得住",采取了一系列温情留人的措施。一是有序开展暖心服务。具体服务举措通过项目化、制度化严格落实,包括"怒江员工之家""暖心高铁专列"等,珠海市为怒江州转移就业员工提供了周到、热心的服务。二是通过社会帮扶进行关爱。珠海市扶贫部门、慈善机构、人社、妇联等各种社会组织、社会团体以及政府部门等通力合作,及时解决怒江州转移员工遇到的困难,及时增设所能想到的服务项目,使怒江州转移珠海市就业员工感受到珠海市政府的真心,感受到珠海市人民的热情,真正实现"留得住",使其成为珠海市或怒江州的有力建设者,实现自身的价值。见图4.5、图4.6。

图4.5 珠海市总工会欢迎怒江州务工人员

图4.6 "暖心高铁专列"

(三)"造血致富"出真招

珠海市对口帮扶怒江州劳务协作过程中,注重发挥全要素,从多个层面解决贫困问题。一是帮扶贫困地区开发特色产业。"产业扶贫因具有经济效率和社会效益的双重优越性,被各类型贫困地区广泛采纳。"①珠海市针对怒江州环境特点、农业发展特点、种植特点,帮助其开发特色种植加工业,对种植加工户进行技术和经营管理培训,为其实现就地就近就业带来生机。二是培训本地企业经营主、本土贫困户等。重点在于使其能了解本地生产方式和发展潜能,探索本地新产业发展方向,保障"造血式"扶贫的科学性、长期性。三是培训转移就业务工人员。珠海市不仅根据自身发展建设需要,有针对性地培训怒江州转移就业人员,还培训和鼓励怒江州贫困户到其他发达省市转移就业。珠海市在培训怒江州转移劳动力方面,大力投入教育,提供免费培训,真正展现了山海协作共致富。

五、未来展望:携手浇灌幸福花

贫困常常是缺乏包括经济资源在内的人力资源、社会网络、基础设施和自然环境等多种资源而导致的结果。"对于贫困者来说,人力、社会、物质及自然等多种资源的缺失是其陷入生存困境的主要原因。"②在后续的对口帮扶过程中,珠海市要落实政策保障,进一步对接怒江州发展需求;在找差距、补短板、强帮扶、重精准的基础上,强化与乡村振兴的有机衔接。两地要认真贯彻落实习近平总书记的重要指示,齐心协力,全力以赴,以更大决心、更强举措巩固和提升扶贫成效。

(一)政策保障,供需对接稳就业

政策始终是引导和保障东西部扶贫协作顺利进行的重要指南。在全面建成小康社会、对接乡村振兴发展的关键时刻,更要制定好精准脱贫的发展政策。珠海市政府应与怒江州政府通力合作,在政策制定上进行探索创新。一是大力推进劳动力转移就业。扎实推进1万人转移到广东就业工作,持续深入推进精准对接和稳定就业,抓好信息对接、宣传发动、人员组织、跟踪服务等工作,进一步提高劳务输出的组织化程度。

---

① 蓝红星、庄天慧:《中国深度贫困地区跨越贫困陷阱研究》,经济管理出版社2019年版,第198页。
② 黄承伟:《中国共产党怎样解决贫困问题》,江西人民出版社2020年版,第256页。

二是扎实推进"携手奔小康"和"百企帮百村"。结对的区县市、乡镇进一步加强沟通对接,共同研究合作的具体项目和帮扶举措,扎实做好产业、劳务、教育、社会帮扶等工作,在此基础上扩大结对覆盖面,力争实现企业、村(社区)、社会组织与怒江州贫困村结对"全覆盖"。三是及时收集和发布就业信息。密切关注企业用工动向,及时采集缺工信息,鼓励缺工企业多吸纳深度贫困地区的劳动力,并结合贫困劳动力的特点和就业意愿,发布就业岗位信息,促进两地供需有效对接。四是落实好补贴奖励政策。积极发挥政策效应,精准落实好稳岗返还、一次性吸纳就业补贴、用人单位社保补贴、企业招聘奖励等一系列政策措施,帮助企业有效稳岗,鼓励致富带头人高效发挥作用。

(二)资源整合,精准培训强技能

东西部扶贫协作需要调动起东部地区各类生产要素精准助力深度贫困地区发展,珠海市在劳务协作方面要进行一番新探索。一是精准培训。要根据贫困地区人力资源的实际情况和培训需求及企业用工的技能需求,制订培训计划,实施精准培训;整合培训资源,依托各类职业教育资源,开展"订单式""预备式"培训;分期、分类组织实施贫困人力资源转移培训、技能提升培训,开展免费职业技能鉴定;对有创业意愿的贫困人力资源开展免费创业培训,并提供创业项目推介、创业指导、企业孵化、后期跟进等"一条龙"服务。二是创新培训模式。以市场需求为导向,针对不同人群,采取灵活多样的培训方式,最大限度缩短培训与就业之间的距离。职业院校、技工院校主要实行"先培训,后就业"模式,重点对农村贫困家庭中的应届初、高中毕业生开展中长期劳动预备制培训;用人单位要实行"先就业,后培训"模式,重点对新招用的农村贫困人力资源开展短中期岗前提升素质技能培训;人力资源服务机构要实行"边培训,边就业"模式,重点对通过职业介绍达成就业意向的农村贫困人力资源开展短期"订单式"培训;其他各类培训机构还可实行"需求储备式培训"模式,针对热门、紧缺和市场潜力大、前景好的职业(工种),重点对有转移就业意愿的农村中青年贫困人力资源开展"短平快"定向培训。三是提供有针对性的就业帮扶。要大力促进无业贫困人力资源就业,有针对性地为他们提供职业指导、职业介绍、技能培训和权益维护等服务,帮助符合条件的人群

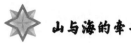

落实相关扶持政策。依托扶贫基地、产业园区企业、农民专业合作社、电商平台,由乡镇梳理就业需求,县级公共就业服务机构提供岗位和推介服务,对贫困人力资源开展一对一帮扶、点对点服务。四是探索生态保护运用培训方案。珠海市可以帮扶怒江州做好生态资源的保护和利用,探索资源转移方式,在保护好绿水青山的前提下,能够为怒江州人民创造出经济效益。珠海市要与怒江州政府共同合作,对护林员进行培训,对生态观光旅游业经营者、服务者进行培训,对绿色产业开发者进行培训,既为怒江州创造生态效益,又帮扶其提升生存技能,真正建好美丽家园。

(三)以人为本,德法共治促振兴

乡村振兴建设注重整体人居环境的建设,对深度贫困地区的脱贫建设要抓住以人为本的理念。在脱贫攻坚的最后阶段,要为贫困地区的后续和谐稳定发展做好相关规划,珠海市可以在提升转移就业劳务人员素质和保障劳务人员权利上做出一定贡献。一是加大教育培训投入。乡村振兴肩负着提高人的道德素质的任务,因此,珠海市在驰援怒江州培养技术人才过程中,也要加强对怒江州输出劳动力的思想道德教育,例如对社会的责任感、对家园的归属感、对帮扶者的感恩意识以及对脱贫攻坚的正确理解等教育,通过思想上的扶贫,引导其珍惜扶贫成果,激发其主动就业的积极性。二是强化跟踪维权服务。珠海市政府要积极为怒江州的输出人力资源排忧解难,加强对已就业的扶贫对象的跟踪服务,保障珠海市转移就业贫困人力资源安心就业。三是支持劳务输出机构的服务功能向输出、输入地拓展延伸。珠海市可以依托怒江州乡(镇)、村基层组织,采取邻里结对、互助联盟、志愿帮扶、有偿服务等方式,协调解决留守老人儿童农忙缺工和家庭应急等实际困难。珠海市要加强与怒江州人社部门的对接和联系,可以依托珠海市的各类协会,选聘信息联络员,有条件的县区可以建立服务站,建立片区联络、维权、应急服务站,开展对贫困劳动者的工作环境、生活环境、安全环境的维权活动,为劳务输出人员提供政策咨询、争议调处、权益保障、应急救助等跟踪服务,帮助他们安心工作。四是做好来珠海务工人员的组织保障工作。实施统一面试、体检、护送的劳务协作机制。加强企业用工监测和指导,监测企业批量退工减员情况,组织开展对怒江州务工人员较集中企业的走访工作，掌握留珠在岗人数及人员培训、参保、工资待遇等情况，引导、劝导企业尽可能不裁减怒江州来珠转移就业务工人员，协助处理好劳动关系方面的矛盾、纠纷。

第五章
山海携手兴产业　东西合奏致富歌
—— 以珠海、怒江产业扶贫协作为例

党的第十九届五中全会明确指出，要推进产业基础高级化、产业链现代化，加快发展现代产业体系，推动经济体系优化升级。突出强调产业在助推经济高质量发展中的重要作用。"志合者，不以山海为远。"珠海市结对帮扶怒江州以来，两地党委和政府高度重视对口扶贫协作工作，深入学习贯彻习近平总书记关于精准扶贫、经济发展的系列重要论述及相关重要指示，积极开展相关工作，统筹部署，全力推进，不断创新工作机制，完善政策措施，在承接、转化、精准上下功夫、求实效，在人才交流、资金使用、产业合作、劳务协作、携手奔小康行动上，提水平、求创新，全面开启了产业扶贫协作的新征程。怒江州和珠海市共同积极发力，探索适合怒江产业发展的模式，因地制宜，因势利导，共同推进怒江州的产业发展，切实带动贫困群众积极参与、共享收益、脱贫致富。

一、出政策，国之大计催生减贫力量

党和国家组织动员东部经济较发达县结对帮扶西部贫困县，开展"携手奔小康"行动和民营企业"万企帮万村"行动，为贫困地区产业扶贫发力，精准谋划强带动，惠及群众解难题，促进西部地区脱贫攻坚和区域协调发展。珠海市与怒江州积极响应党和国家的号召，积极出台有关政策，稳扎稳打，鼎力落实中央关于东西部扶贫的战略部署。

（一）顶层设计总关切，谋篇布局兴产业

习近平总书记高度重视扶贫开发工作，在重要会议、重要场合、关

第五章 山海携手兴产业 东西合奏致富歌
——以珠海、怒江产业扶贫协作为例

键时点,就扶贫开发提出一系列新思想新观点,做出一系列新决策新部署,切实可行的脱贫攻坚"四梁八柱"现实路径擘画而出,为打赢脱贫攻坚战提供行动指南和根本遵循,也展现出中央为打赢脱贫攻坚战的智慧与决心。中共中央办公厅、国务院办公厅联合印发《脱贫攻坚责任制实施办法》和《关于进一步加强东西部扶贫协作工作的指导意见》,对扶贫工作做了更为深入的规定和指导,明确指出要开展产业合作,帮扶双方把东西部产业合作、优势互补作为深化供给侧结构性改革的新课题,研究出台相关政策,并且大力推动落实。建议立足资源禀赋和产业基础,激发企业到贫困地区投资的积极性,支持建设一批贫困人口参与度高的特色产业基地,培育一批带动贫困户发展产业的合作组织和龙头企业,引进一批能够提供更多就业岗位的劳动密集型企业、文化旅游企业等,以产业发展带动脱贫。同时,加大产业合作科技的支持,充分发挥科技创新在增强西部地区自我发展能力中的重要作用。东西部协作是一项事关深度贫困地区能否脱贫摘帽的大事。2019年4月,习近平总书记在重庆主持召开解决"两不愁三保障"突出问题座谈会,集中研究破解深度贫困之策。2020年3月,习近平总书记出席决战决胜脱贫攻坚座谈会并发表重要讲话。脱贫攻坚工作艰苦卓绝,收官之年又遭遇疫情影响,各项工作任务更重、要求更高。这次会议在特别的时间,以特别的形式、特别的规模,对如何确保高质量完成脱贫攻坚目标任务进行全方位部署。随后,习近平总书记在陕西考察时提出:"发展扶贫产业,重在群众受益,难在持续稳定。要延伸产业链条,提高抗风险能力,建立更加稳定的利益联结机制,确保贫困群众持续稳定增收。脱贫摘帽不是终点,而是新生活、新奋斗的起点。接下来要做好乡村振兴这篇大文章,推动乡村产业、人才、文化、生态等全面振兴。"

(二)山海联动定方案,多元融合谋协作

中共广东省委办公厅下发的《关于进一步加强东西部扶贫协作工作的实施意见》指出,在产业协作方面,帮扶双方要把东西部产业合作、优势互补作为深化供给侧结构性改革的新课题,研究出台相关政策,大力推动落实。具体来看,要发挥被帮扶地区的资源禀赋和优势产业,支持建设一批贫困人口参与度高的特色产业基地,培育一批带动贫困户发展的合作组织和龙头企业,引进一批劳动力密集型企业、文化旅

游企业等,帮助贫困人口通过发展生产、转移就业等实现稳定脱贫。加强制造业合作,发挥好广东制造业优势和被帮扶地区的资源优势,推动企业有效对接、共赢发展。坚持市场导向,鼓励广东省有实力的企业到被帮扶地区投资兴业,共同打造具有东西部扶贫协作和对口帮扶特色的产业示范园区。积极推进生态旅游合作,支持旅游基础设施建设、特色旅游商品开发和相关服务业发展,打造和推广一批精品旅游线路。同时,加大科技创新合作,增强被帮扶地区的产业创新能力。

云南省政府用实际行动回馈来滇投资产业的经营主体,专门出台了《云南省东西部扶贫协作投资项目优惠政策措施的实施方案》。云南省给予来滇投资的扶贫项目很多支持,诸如企业所得税的减免、固定资产投资的补助、产业扶贫用地支持政策等一系列利好政策。近年来,虽然云南省脱贫攻坚工作取得巨大进展,贫困人口已由 2014 年的 700.2 万人降至 2018 年的 330 万人,但仍有 68 个国家级贫困县、71 个集中连片特困地区县,贫困人口覆盖全省 15 个州、市。面对 2020 年贫困人口全部脱贫、贫困县全部摘帽、实现全面建设小康社会的"三全目标",还是存在诸多困难。比如如何拓展思路、创新方法、因地制宜地发展特色经济,加快科技成果转化效率,推进贫困程度深、脱贫难度大、产业发展慢的脱贫攻坚主战场的贫困人口脱贫,均成为云南省脱贫攻坚工作的重要目标。云南省在推动产业优化升级上下功夫。推进烟草、旅游、能源、生物、有色金属等传统支柱产业转型升级,培育壮大生物医药和大健康、旅游文化、电子信息、现代物流、高原特色现代农业、新材料、先进装备制造、食品与消费品制造八大重点产业,打好绿色能源、绿色食品、健康生活目的地这"三张牌"。

珠海市按照"中央要求,怒江所需,珠海所能"的原则,坚持党的领导、社会参与,坚持精准扶贫、务实协作,坚持优势互补、合作共赢,坚持群众主体,激发内生动力,广泛开展全方位、多层次的扶贫协作,着力帮扶怒江州贫困区域和贫困人口提高自我发展能力,加快发展步伐,打赢脱贫攻坚战。为此,专门成立了珠海市对口怒江州扶贫协作工作组。根据中央、省、市工作部署,在市扶贫工作领导小组统筹协调下,开展对口怒江州扶贫协作工作,动员协调和指导帮助珠海市各企事业单位、社会团体和个人积极参与怒江州脱贫攻坚工作。充分发挥政府的主导作用,积极联合党政机关、企事业单位和社会组织力量广泛参与

第五章 山海携手兴产业 东西合奏致富歌
——以珠海、怒江产业扶贫协作为例

扶贫协作工作机制。加大宣传力度，充分发挥社会组织和企业的作用，组织企业家、慈善组织等赴怒江州考察，开展经贸合作和各种慈善捐赠活动，引导社会力量参与东西部扶贫协作工作。见图5.1、图5.2。

图5.1 珠海市驻怒江工作组会议

图5.2 珠海市工作组会议在福贡召开

二、配供需，扬长补短促进山海协作

珠海市和怒江州积极参与，认真贯彻中央脱贫攻坚战略部署和银川会议、粤滇工作会议精神，坚持"怒江所需，珠海所能"的原则，实事求是，精准对接，结合两地的现实条件和各自优势，做实珠海市与怒江州扶贫协作工作，让两地协作的心贴得更近、产业合作更为密切，让助力怒江的扶贫"树"，结出更丰硕的果实。

（一）珠海产业实力强，蓄势待发辐射广

1. 产业发展后劲十足

珠海市具有较强的产业基础，在对口帮扶上具有优势。2019年，珠海市的第二产业增加值1528.73亿元，增长4.6%，对GDP增长的贡献率为33.06%；第三产业增加值1849.79亿元，增长9.2%，对GDP增长的贡献率为66.46%。电子信息、家用电器、石油化工、精密机械制造、电力能源和生物医药六大行业是珠海的支柱工业，增加值比上年增长5.1%；全市规模以上企业实现工业总产值4627.76亿元，比上年增长3.3%。在第三产业中，批发和零售业增长4.9%，住宿和餐饮业增长4.3%，金融行业增长15.8%，房地产业增长17.8%。现代服务业增加值1242.54亿元，增长16.7%，占GDP的36.2%。生产性服务业增加值993.16亿元，增长7.6%，占GDP的28.9%。珠海市的产业以第二、第三产业为主，工业和服务业协同发展支撑起珠海市的经济发展

的大梁,发展势头很好,增速极快。

2. 经营主体多元聚集

截至 2020 年 6 月底,珠海市有商事主体共 364743 户,其中包括国企、外资企业、上市公司、私营企业等各种大中小型企业。到目前为止,珠海市的市属国企就有 16 家,还有很多国企的总部设在珠海市。有 52 个国家和地区的客商投资珠海,外商直接投资项目 7303 项。日本的三菱、三井、伊藤忠、松下、东芝、佳能、日通,美国的埃克森美孚、塞拉尼斯、伟创力,英国的 BP 公司,德国的戴姆勒克莱斯勒、西门子,法国的家乐福,荷兰的飞利浦等 30 多家著名跨国公司已落户珠海。珠海市拥有 A 股上市公司接近 30 家,数量居中国城市排名第 30 位。由此可见,珠海市的经营主体多元,众多企业可投入"万企帮万村"计划中。

3. 技术支撑强大有力

科学技术方面,珠海市仅在 2019 年就取得科技成果 39 项,且均为应用技术类成果。全年有 4 个项目获国家科学技术奖,13 个项目获广东省科学技术奖;申请专利 33137 件,同比增长 6%;发明专利申请量 14251 件,增长 8%;专利授权量 18967 件,同比增长 11%。全年共有 2322 家企业申请专利 31209 件,有 1258 家企业申请发明专利 13671 件,有 2063 家企业获得专利授权 18064 件,有 443 家企业获得发明专利授权 3233 件,每万人口发明专利拥有量 78.58 件。珠海市在科学技术方面取得如此非凡的成绩,可谓是"技术强市",这为帮扶怒江州的产业发展奠定了良好的技术基础。

4. 市场辐射广阔深远

珠海市作为粤港澳大湾区的重要节点城市,自港珠澳大桥通车后成为全国唯一与港澳陆地相连的湾区城市,在粤港澳大湾区交通先行的前提下,特殊的区位优势使珠海历史性地站在粤港澳大湾区的连接点。如今,珠海市担当粤港澳大湾区交通枢纽的服务载体,将辐射珠江口西岸及泛珠三角地区西部,使珠江口西岸融入大湾区"一小时"经济圈,助力人流、物流、资金流和信息流互联互通,并探索粤港澳合作新模式。因此,在现代化综合交通运输体系的支持下,珠海市的市场辐射范围相当广阔,为内联外拓提供了机遇和动力。

（二）怒江发展困境多，潜在优势待转化

1. 怒江州以农业为主体的产业发展困境

农业基础设施薄弱。怒江州山高坡陡，沟壑纵横，落差大，农业基础设施十分薄弱，地块细碎，陡坡地多，耕地面积少，产业发展受水利设施不足、交通条件等因素限制的情况突出，科技增收措施受自然灾害影响大，持续增产的能力弱。

经营主体"散、小、弱"。怒江州龙头企业、农民专业合作社等新型经营主体普遍存在"散、小、弱"的情况，发展艰难，带贫能力不强，产业发展组织化、产业化程度低，产业链短，抗市场风险能力弱。农产品开发在品牌建设、规模化经营和营销体系建设三个方面还有较大困难，产业发展优势还没有转变成效益优势。

技术力量支撑不足。怒江州有一半以上农业科技人员抽调驻村或其他岗位，农业科技技术力量严重不足，造成留守岗位的技术人员工作任务繁重，农业科技试验示范推广及科研项目明显减少，有的技术骨干一个人负责多个农业产业扶贫项目的实施，农业技术力量严重不足。怒江有丰富的特种动植物资源，为开发特色生态农业提供了有利的条件，但由于科研力量不足，种质资源利用开发的科研工作十分滞后。

市场化程度有限。农产品品牌建设滞后，冷链物流等营销体系不健全，导致好的农业产品没有卖出好的价钱，品牌效益和质量效益都没有得到体现，农民群众丰产不丰收的情况普遍存在，导致一部分农民群众对规模化发展产业心怀畏惧，不敢放手去搏，跟风而上的情况较突出。

2. 怒江州产业的发展优势

农业结构具有调优潜力。怒江州海拔高差达到4368米，具有河谷亚热带、温带、中温带、高山草原地带4种气候带，立体气候特征明显，其独特的多类型小气候环境对农业立体开发利用提供了有利的资源条件。怒江州农业内部结构具有调优的潜力和需求，农业产业结构的调整要整合农、林、牧资源，挖掘牧业、林业发展空间，积极培育特色牧业、林业产业，实现资源共享、优势互补、综合利用协调发展的立体复合生产经营模式，构建怒江州农、林、牧业协调发展的立体生态农业格局，有利于生态环境和农民增收、发挥山区优势和实现可持续发展的低

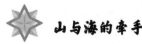

碳经济道路。①

自然资源产业禀赋优良。怒江州地处低纬度与高差相结合的高山峡谷地区，山地海拔高度一般在 2000 米以上，从而使州内气候、生物等自然环境和资源呈现出明显的垂直分布规律。在季风、地势、地形等因素影响下，全州跨越南亚热带、中亚热带、北亚热带、暖温带、中温带、寒温带、高山苔原带 7 个气候带，造就了复杂多样的自然环境。怒江州的特殊地形、地貌特征，使怒江州的水资源、矿产资源、动植物资源等都极为丰富。

旅游资源产业丰富多元。怒江州有林地面积 64.9 万公顷，森林覆盖率达到 70%，囊括了我国从亚热带至高山苔原带多种气候地带的植被，全州已知的高等植物有 200 多科 600 多属 3000 多种，列入国家级保护植物 42 种。此外，已知脊椎动物有 488 种，是天然的物种基因库。怒江大峡谷是一座天然的生态公园，是理想的探险、科考、观光旅游胜地。怒江州是"三江并流"世界自然遗产和"中国大香格里拉生态旅游区"的重要组成部分之一。怒江州的民族文化资源丰富，主要包括民间歌舞、服饰、工艺、民居建筑、木器、刺绣和金属制品工艺等，绚丽多彩的民族文化为怒江州发展旅游业提供了深厚的文化底蕴。其中，"上刀山，下火海""沙滩埋人""摆时"等文化品牌，深深吸引着海内外游客。

三、兴产业，因势利导汇聚山海合力

珠海市精准对接怒江州产业发展需求与自身拥有的产业资源供给，结合怒江已有的资源禀赋，积极探索创新适合怒江地区产业发展的模式，以全产业链模式带动怒江州的种植业和养殖业等具备发展潜力的项目，并且扩大规模生产。加大力度对怒江州的扶贫车间的建设，多措并举，依策建制，丰富怒江州的产业体系，助其形成能有效带动群众增收致富的支柱性产业。

---

① 李益敏、和春庭、包雪梅：《基于比较优势理论的怒江州农业产业结构调整研究》，载《安徽农业科学》2014 年第 42 卷第 16 期，第 5264 - 5267 页。

第五章　山海携手兴产业　东西合奏致富歌
——以珠海、怒江产业扶贫协作为例

（一）探索多元化模式，激发产业发展潜能

产业扶贫是增强贫困地区内生动力、实现持续发展的重要抓手。《中国农村扶贫开发纲要（2011—2020）》在产业扶贫方面的要求有：充分发挥贫困地区生态环境和自然资源优势，推广先进实用技术，培植壮大特色支柱产业，大力推进旅游扶贫。促进产业结构调整，通过扶贫龙头企业、农民专业合作社和互助资金组织，带动和帮助贫困农户发展生产。引导和支持企业到贫困地区投资兴业，带动贫困农户增收。在珠海市与怒江州携手之前，怒江州几乎没有现代化的产业，"散、小、弱"是怒江州的产业发展特征。自珠海市与怒江州携手以来，依托怒江州的自然条件和资源禀赋，共同探索出"分散组织生产、集中规模经营"的模式，帮扶怒江发展特色产业，在部分领域实现了零的突破。在有条件的地方开展规模化种养殖，例如中华蜂养殖、高原和冬早特色蔬菜种植是怒江开发的创新产业项目。针对怒江州的产业组织化程度低、产品难以跟市场对接等制约因素，两地出台相关的产业扶贫政策，提升扶贫产品组织化程度；充分发挥珠海农控集团在农业产业帮扶方面的主力军作用，在帮扶地区打造一批扶贫产业项目；对流通销售贫困村、贫困户农产品，充分发挥带贫益贫作用的企业给予一定的奖励扶持，鼓励企业继续带动贫困户脱贫致富；积极引导社会力量参与产业扶贫，到贫困村投资创业，逐步增强产业发展基础。

珠海市发挥人才、技术、资金、管理等优势，帮助怒江州探索出具有怒江特色的"优势产业+龙头企业+合作社+基地+农户"发展模式，支持各类新型经营主体通过土地流转、土地托管、牲畜托养、土地经营权股份合作等方式，与贫困村、贫困户建立稳定的利益联结机制和资产合作关系。以建立特色农业产业基地、开展订单农业农产品深加工等方式帮扶协作怒江特色生态农业。组织珠海市的一些龙头企业与怒江州泸水市新型农业经营主体沟通交流，加强农产品经贸和深加工合作，帮助怒江州搭建农副产品推介展销平台，引导怒江州的特色农产品进入珠海、珠三角乃至港澳市场。

怒江州以创新产业扶贫的模式，取得了显著的成绩。在加工储运服务项目方面，农林产品加工建设项目3个，建设了生产运输索道24.2千米，农产品冷链物流体项目有5个。建设生产运输索道5千米，其

中，福贡县完成2千米，贡山县3千米，福贡县完成机耕路建设102.92千米。发展贫困村集体经济63个，其中，2019年实施35个，投资1750万元；2020年实施28个，总投资达1400万元。全州完成6个联村光伏扶贫电站总装机3.1405万千瓦，总投资1.84亿元，项目涉及133个贫困村，惠及建档立卡贫困户6303人。电子商务扶贫完成投资4500万元，建成泸水、福贡、贡山三个县级电子商务公共服务中心、电子物流分拨中心21个乡镇电子商务站、81个村级电子商务服务点。2018—2020年，怒江州核实确定政策性兜底资产收益扶贫对象12739户，统筹整合涉农资金18478万元，已全面完成确定政策性兜底资产收益目标任务。完成农产品交易市场建设项目9项，完成投资1641.8万元。

（二）因地制宜显特色，农牧争春六业旺

怒江州自然资源丰富，是全球25个重要生物多样性热点地区之一，是"三江并流"世界自然遗产地，是我国原生态系统保留最完好的地区之一。怒江州有草果、云黄连、重楼等优质中药材，核桃、漆树等生态木本油料，竹叶菜、贡山白山药、老姆登茶等生态优质产品，黑松露、羊肚菌等优质野生菌类。通过产业促进减贫脱贫取得明显成效，2019年，农牧渔业总产值40.73亿元，农牧渔业增加值27.69亿元，分别较2015年增长33.45%、62.78%；草果种植面积达111万亩，产量3.4万吨，分别较2015年增加45.2万亩、1.74万吨；水果种植面积6.8万亩，产量4.83万吨，分别较2015年增加0.9万亩、2.96万吨；中药材种植面积达25万亩，较2015年增加11.6万亩；中蜂养殖达8.05万箱，较2015年增加4.91万箱；茶叶种植面积达4.13万亩，较2015年增加2.07万亩；禽蛋产量达5.32万吨，较2015年增加3.88万吨。2019年实现农民人均可支配收入7165元，较2015年增长49.36%。值得一提的是，怒江州的草果产业已成为我国草果的核心产区和云南省最大的草果种植区，2019年产值达3.4亿元，带动怒江沿边3个县市21个乡镇116个村4.31万农户增收，覆盖人口16.5万人，其中，建档立卡贫困人口1.08万户3.78万人，占全州贫困人口的23.05%。

怒江州兰坪县按照"一村一品""一乡一业"的发展原则，积极引导群众发展生物药材、特色粮经、高原特殊蔬菜等具有地方特色的产业体系，实现了农民收入的较快增长。通甸镇的一处占地2000多亩的珠海对口帮扶兰坪蔬菜基地，总投入超过3100万元，采用先进的喷淋系统滋养着葱、油麦菜等农作物，同时，基地引入山泉水进行灌溉，土壤和空气几乎没有被污染。此外，基地内还建有20亩温控大棚种植区以及11.4亩基地配套冷库物流集散地。基地依托珠海农控和运营方的销售渠道，当季的蔬菜采摘后，会立刻装上冷藏车，"点对点"销往珠海、广州和澳门等城市。怒江州利用贡山冬无严寒、夏无酷暑，雨量充沛，日照少，野生羊肚菌多、质量好的优势，将羊肚菌种植作为山区贫困群众"造血"产业帮扶项目，分片、分批逐年推广。怒江州润雨农业科技有限公司借助县里和珠海市的产业发展资金，在丙中洛、捧当等地发动群众，种了1080亩羊肚菌，从种植、管理、采收等各个环节对种植户进行全方位的技术指导培训，发展前景较好。见图5.3至图5.6。

图5.3 怒江州的羊肚菌项目

图5.4 怒江州的中蜂养殖产业

图5.5 生猪养殖项目

图5.6 珠海·怒江蔬菜种植项目

珠海市对怒江州的畜牧业基础设施建设尤其是资金方面加强帮扶力度，促使养殖户饲养设备和饲养环境得以根本改善。结合怒江州山区比重大等自然条件，加大畜类和禽类品种的引进，选择和推广适宜山区养殖、出栏周期短、市场效益好的优良畜禽类品种进行推广。生猪养殖项目总投资260万元，在六库镇大密扣村采用"村党支部＋专业合作社＋建档立卡贫困户"的模式，建设猪舍并采购能繁种猪100头，覆盖并带动96户298人增收。中蜂养殖项目申请东西部扶贫协作帮扶资金60万元，在片马镇片四河村投资60万元养殖300箱中蜂。稻田养鱼项目申请东西部扶贫协作帮扶资金100万元，在泸水市上江镇、六库镇、老窝镇、鲁掌镇、称杆乡、洛本卓乡、片马镇实施。怒江州在2018年开发1000亩成果的基础上，2019年又新开发优质稻田2000亩，实施稻田养鱼、稻田养虾、稻田养泥鳅等稻田养殖水产项目。纵观2019年取得的成效，怒江州的中蜂养殖8.05万箱，年产蜂蜜350吨，产值0.12亿元，带动建档立卡贫困户0.75万户；生猪存栏43.94万头，年出栏48.58万头，产值10.96亿元，带动建档立卡贫困户3.7万户；家禽存栏166.86万羽，年出栏141.97万羽，产值1.83亿元，带动建档立卡贫困户4.05万户；牛存栏11.69万头，出栏2.36万头，产值1.44亿元，带动建档立卡贫困户1.37万户；羊存栏37.34万只，出栏29.27万只，产值2.38亿元，带动建档立卡贫困户1.58万户；全州肉类总产量4.06万吨，禽蛋产量5328吨，目前，怒江州已实现禽蛋自给有余。

（三）健全利益联结机制，提升组织化经营水平

2019年印发《怒江州人民政府办公室关于促进农民专业合作社发展的实施意见》和《怒江州农民专业合作社带贫标杆社认定扶持办法（试行）的通知》，争取省级财政资金1000万元，珠海扶持资金500万元，对30个带贫成效较好的农民专业合作社各给予50万元奖励扶持。现全州有省级龙头企业9个，州级龙头企业59个，农产品加工企业（包含个体户）910户，家庭农场44个。全州已有运行良好的专业合作社1412家，其中，获得国家级示范社称号的有4家，获得省级示范社称号的有27家，获得州级示范社称号的有47家。参与产业扶贫的各类新型农业经营主体1086个，新型经营主体带动全州建档立卡贫困户6.56万户25.69万人，带贫率达到100%。

在扶贫车间项目上，珠海市共援建扶贫车间21个，主要涉及农副产品、民族服装、制鞋、手工艺品、棒球加工、电子元配件加工等行

业,不用出远门,"在家门口实现就业",这让工人们感到很安心。在兰坪县易地扶贫搬迁集中安置点永兴社区的扶贫车间里,缝纫机的运转声转个不停,即使是周末,仍有几十名员工在两条生产线上辛勤地工作。永兴社区扶贫车间已吸纳119名建档立卡贫困户人员就业,这些员工均来自旁边的易地扶贫搬迁集中安置点,车间员工按件计薪,每月平均收入近3000元,最高者可达4000多元。在永兴社区扶贫车间建设过程中,来自珠海市的援助让该车间的创办者李青艳十分感动。2018年,珠海市驻兰坪县工作小组主动找到她,为该车间提供了第一笔扶持资金,"我用珠海援助的50万元完成首批职工技能培训、设备采购,为后续服装产业的发展打下坚实基础"。目前,李青艳已开设两个服饰扶贫车间,解决约150名建档立卡贫困户人员就业,同时安置15名残疾人士就业,继续传递着扶贫接力棒。见图5.7、图5.8。

图5.7 棒球加工扶贫车间

图5.8 怒江州的扶贫车间

(四)培育怒江品牌,拓展农产品销售市场

从怒江州实际情况来看,怒江州的产业发展确实面临着诸多现实挑战,需要借助珠海之力。怒江州的财政基础薄弱,对龙头企业、合作社、种养大户等新型经营主体扶持能力不足,新型经营主体量少质弱的情况突出,带动贫困户覆盖率低,带动力不强。龙头企业技术力量薄弱,品牌化程度低,产品质量参差不齐,没有形成区域性公共品牌,产品外销难度大等。基于此,需要进一步加大品牌开发和培育力度,增强龙头企业的培育扶持和对特色农产品外销对接的扶持力度,进一步拓展怒江州的农产品销售市场。具有代表性的是,珠海农控集团怒江公司和怒江州供销社联手打造了怒江州扶贫产品展销馆这一怒江农特产品展销平台,是珠海怒江东西部扶贫协作的又一新成果。展销馆的设立和开业，对集中展示珠海帮扶怒江成效、推广怒江特色产业、打造怒江特色品牌具有积极意义。

珠海市通过在产地和消费市场之间建立起便捷的销售渠道，有效支持解决怒江州农特产品"好却无人识，好却难卖出"的问题，推动怒江州帮扶产业可持续发展。截至2020年10月，珠海市各界已累计采购和销售果蔬、火腿、茶叶、食用菌等各类怒江农特产品达7721万元。在2020年9月开展的消费扶贫月活动中，通过线上线下共同发力，实现销售扶贫产品781.93万元。为解决农产品销售难的问题，积极响应珠海市、怒江州两地政府倡议，珠海市的涉农国企龙头企业，珠海市农控集团及其菜篮子公司主动作为，勇挑重担，挑起了对口帮扶怒江产业基地生产的农副产品销售的重担，组织怒江州的农产品运往珠海市销售。农控集团利用自身资源优势，打通农产品销售渠道，促进产业基地持续发展，使贫困人口稳定增收。珠海社会各界及市民朋友纷纷伸出援手，献出大爱，踊跃开展消费扶贫，帮助贫困群众保销保收，携手同心帮助怒江等对口帮扶地贫困群众渡过难关。其中第一批运抵珠海市上市销售的农副产品包括18吨西红柿、1000多斤羊肚菌以及10吨上江优质大米。

四、再发力，携手成就怒江产业未来

通过珠海市的鼎力支持和协助，怒江州乘势在产业方面得到了长足发展，力争使怒江州深度贫困地区摘帽脱贫。两地以此次结对帮扶为基点，深化认识，精准聚焦，助力产业扶贫和乡村治理相衔接。在2020全面建成小康社会之际，推动产业深度协作、力促山海协作再上新台阶，为东西部的产业扶贫协作提供借鉴和参考。

（一）创新产业扶贫长效机制，业旺村兴点亮发展路

珠海市针对怒江的产业探索出多元的有效扶贫模式，实现了常态贫困人口的脱贫增收，乡村振兴战略中产业兴旺将在产业扶贫攻坚成效的基础上，推动农业产业现代化发展，完善产业反贫长效机制，最终实现

第五章 山海携手兴产业 东西合奏致富歌
——以珠海、怒江产业扶贫协作为例

脱贫攻坚中产业扶贫和乡村振兴中产业兴旺的有效衔接。①

一方面，怒江州产业扶贫的是政府、企业、合作组织和贫困户等参与主体的多元互动，与乡村治理相结合，有利于各主体间实现合理的分权分工，建立有效的沟通机制，推动乡村治理模式的创新，从而保证产业扶贫的可持续发展。另一方面，应适时搭建机制，保障协作的可持续和高质量。创新珠海、怒江产业互动的利益联结机制，提高怒江州贫困人口参与分配社会财富的能力。接下来，对怒江州的产业扶贫既应遵循国家产业结构发展规律，又要兼顾怒江州贫困人口的发展需求。产业扶贫继续实行精准识别机制，建立机会平等的要素市场，既要发展现代化农业，为有能力从事技术性农业生产的劳动力提供社会化服务，又要将低碳、共享经济等新模式与实体产业相融合，使城乡从事简单化劳动的劳动力有机会向第三产业转移。因此，产业扶贫要协调农业、农民融入现代经济体系，引导人口靠近市场，不只是利用县城的扶贫车间对劳动力的吸纳，还要在具体实践中探索出行之有效的、更贴合两地特色的利益联结机制。

（二）深化认识精准聚焦，推动产业深度协作

两地协作的工作模式和经验是较为成熟的，既可以满足本地区产业发展的需求，也有着较强的示范导向和辐射带动作用，力争推动产业协作"更上一层楼"。

第一，深化认识，旨在提高产业扶贫的自觉主动性。东西部扶贫协作抓得实不实、成效好不好，关系到脱贫攻坚的整体进展，关系到我们党对全体人民的庄严承诺能否兑现，也是对东西部各省份牢固树立"四个意识"的重要检验。珠海市和怒江州在这关键期更要提高政治站位，把思想统一到党中央的决策部署上来，切实增强责任感和紧迫感，提高扎实做好各项工作的自觉性、主动性。② 产业扶贫将怒江州的城市贫困人口纳入反贫困体系，建立城乡融合的产业扶贫机制，实现产业扶贫与乡村振兴深度融合。乡村振兴的制度是建立健全城乡融合发展体制

---

① 左停、刘文婧、李博：《梯度推进与优化升级：脱贫攻坚与乡村振兴有效衔接研究》，载《华中农业大学学报（社会科学版）》2019年第5期，第21－28、165页。

② 黄承伟：《东西部扶贫协作的实践与成效》，载《改革》2017年第8期，第54－57页。

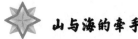

机制和政策体系的保障,怒江州的产业扶贫可借助乡村振兴实施过程中小城镇对城市和乡村的过渡作用,搭建城乡扶贫产业联系网络,为贫困人口提供就近就业机会,降低贫困人口远距离、异地转移造成的当地老龄化致贫风险。因此,面向"十四五"的产业扶贫要迭代升级,向科技化、信息化、高质化发展。另外,在产业扶贫中促进乡村旅游、电商等产业的发展,保持产业的益贫能力,或发展针对现代化农业生产的服务业,使贫困地区参与到国家产业结构调整中。同时,要提升贫困人口职业培训的实用性和精准性,根据怒江州的产业发展需求,提升贫困人口相应的就业服务水平,使之参与到乡村旅游、电商和现代化农机代理服务等产业发展环节中,防止贫困人口的能力与经济社会发展的需求脱节。

第二,精准聚焦,旨在保证帮扶的精准性和有效性。在完善珠海市与怒江州结对关系的基础上,着力推动县与县精准对接、结对帮扶,尽量推动乡镇、行政村之间结对帮扶。在工作实践中,按照精准的理念要求,制定个性化的精准帮扶行动,实施方案细化到每个村镇、每个项目,确保帮扶方案接地气、能执行、出效果。在帮扶过程中,建立结对帮扶、精准扶贫工作流程和机制,做到精准识别、精准帮扶、精准管理、精准考核等各环节相互衔接,不断提高帮扶效果。积极拓展销售渠道,广搭市场平台,既要发展现代化农业,为有能力从事技术性农业生产的劳动力提供社会化服务,又要将低碳、共享经济等新模式与实体产业相融合,使怒江州从事简单化劳动的劳动力有机会向第三产业转移,以期实现协调农业、农民融入现代经济部门,引导人口靠近市场,通过怒江州的扶贫车间对劳动力进行吸纳。应在具体实践中探索出行之有效的产业利益联结机制,强化产业精准对接,促进优势互补。要充分挖掘和利用好怒江州的特色资源,以珠海市的先进发展经验来协助怒江州的特色资源优势转化为市场竞争优势,从而培育产业的核心竞争力,这样才能真正发挥出产业扶贫的带动作用。

(三)创新绩效考核管理,追求脱贫致富实效

东西部扶贫协作是一项极为严肃、极其重大的政治任务。怒江州和珠海市的扶贫协作要严格考核监督制度,使扶贫协作更为规范。开展较真碰硬的考核,目的是树立求真务实的导向,激励先进,鞭策后进,促

第五章　山海携手兴产业　东西合奏致富歌
——以珠海、怒江产业扶贫协作为例

进帮扶工作的水平和实效的不断提高。珠海市和怒江州按照《东西部扶贫协作考核办法》，从 2017 年开始，脱贫攻坚期内每年对协作双方工作情况进行考核，该办法明确了考核内容、考核程序、考核标准和考核结果运用等方面。珠海市和怒江州用自己的实际行动，不断优化东西部扶贫协作考核评估制度和指标。近年来，我国对东西部扶贫协作的相关考核规定在不断调整，以重"实"轻"虚"为重要导向，对一些已经落后的考评模式要坚决取缔，考评方式也要适应精准产业扶贫的发展趋势。总之，需要充分认清东西部扶贫协作方各自的特点，在此基础上建立以精准扶贫、精准脱贫为导向的考核评估制度，不断优化东西部扶贫协作考核指标和方法，切实发挥好考核的指挥棒和晴雨表功能。

建议对怒江州的扶贫产业项目和资金的使用情况构建阶段性审核机制。积极推进以政府主导、社会组织为主体的整合性扶贫主体建设。针对主要致贫因素，采取相应扶贫措施，以提升扶贫对象自身抗逆力，发挥其自身优势为立足点，推动社区能力建设和资源整合。尤其要发挥企业、医院等市场主体的技术和信息优势，实现资源联通和互补。增加专项工作的经费支持，使差异化扶持措施更加精细。将满足短期温饱型需求和长期发展性需求有机结合，针对扶贫对象的个性需求采取个别化、差异化的精准扶贫措施，通过医疗保障、教育提升、社区建设自组织化等方式构建其脱贫发展的长效机制和路径。从资源依赖以及制度配置的角度来看，精准扶贫工作涉及的动力源主体多元，在项目落地执行环节难免出现多头管理的现象。为减少交易损耗和成本，应抓紧构建由扶贫专门机构领衔，以扶贫产业自身能力建设为中心的整合性机制，进而打破条块分割，摒除扶贫项目碎片化现象，实现"多个渠道进水、一个池子蓄水、一个龙头放水"。

第六章
教育扶贫"治穷根" "五扶"并举育新人
——以珠海、怒江教育帮扶工作为例

党的十八大以来,以习近平同志为核心的党中央高度重视教育扶贫工作,习近平总书记多次强调"扶贫必扶智,让贫困地区的孩子们接受良好教育,是扶贫开发的重要任务,也是阻断贫困代际传递的重要途径"[1]。自2016年教育部制定首个《教育脱贫攻坚"十三五"规划》,明确提出要实现贫困地区"人人有学上、个个有技能、家家有希望、县县有帮扶"的目标以来,2018年又制定了《深度贫困地区教育脱贫攻坚实施方案(2018—2020年)》,明确提出以"三区三州"为重点,以补齐教育短板为突破口,以解决瓶颈制约为方向,多渠道加大教育投入,深度贫困地区教育扶贫被提到了前所未有的高度。教育扶贫与民族地区贫困人口脱贫对可持续生计能力的需求和对文化变革的需求内在契合。教育扶贫是打赢决胜全面建成小康三大攻坚战之一的精准脱贫的重要战场和打赢"战役"的重要手段。[2] 珠海市对口帮扶怒江州,坚持"教育优先发展"的理念,构建起集"扶志""扶智""扶技""扶能""扶弱"于一体的"五扶"并举的教育帮扶模式。聚焦怒江州所需所盼,扭住弱项短板发力,为探索教育扶贫与乡村振兴战略有效衔接谋新路,为打赢脱贫攻坚战集聚教育向心力。

---

[1] 《习近平总书记给"国培计划(二〇一四)"北师大贵州研修班参训教师的回信》,载《人民日报》2015年9月10日第1版。

[2] 钟慧笑:《教育扶贫是最有效、最直接的精准扶贫——访中国教育学会会长钟秉林》,载《中国民族教育》2016年第5期,第22-24页。

第六章 教育扶贫"治穷根" "五扶"并举育新人
——以珠海、怒江教育帮扶工作为例

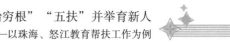

一、坚定教育治本策,打开脱贫希望门

习近平总书记在 2016 年东西部扶贫协作座谈会上指出:"摆脱贫困首要并不是摆脱物质的贫困,而是摆脱意识和思路的贫困。"扶贫必扶智,治贫先治愚。贫穷并不可怕,怕的是智力不足、头脑空空,怕的是知识匮乏、精神颓废。东西部扶贫协作和对口支援要在发展经济的基础上,把东部地区理念、人才、技术、经验等要素传播到西部地区,促进观念互通、思路互动、技术互学、作风互鉴。西部地区若要彻底拔掉穷根,必须把教育作为长远的事业抓好。教育扶贫对西部贫困地区有着重要意义,除要素、资源和环境稀缺等一般贫困成因之外,这些地区还有特殊的致贫原因,即部分群体内生动力不足,不主动采取措施改变现状。教育扶贫就是针对贫困地区的贫困人口进行教育投入和教育资助,使贫困人口掌握脱贫致富的知识和技能,通过提高当地人口的科学文化素质以促进当地的经济和文化发展,并最终摆脱贫困的一种扶贫方式。[①] 怒江州作为全国深度贫困地区之一,其贫困覆盖面大、程度深,并且少数民族人口多,一直是习近平总书记最牵挂、最关心的地方,对怒江州进行教育精准扶贫是脱贫攻坚工作的重中之重。

(一)促进教育公平的有力推手

贫困不仅在经济层面处于弱势地位,更深层次的是对人的选择权利的剥夺和人格发展上的伤害。所以扶贫不是简单地从经济方面直接帮助贫困对象摆脱困境,而是从根本上解决产生贫困的问题及贫困延续的机制。美国学者科尔曼经过调查研究后提出,子女在教育上存在差距的主要原因之一是家庭背景。我国的研究也表明,家庭背景是影响子女获取优质教育资源的重要变量。[②] 同样,接受教育的不同又反过来影响家庭的经济状况,这样就形成一种互塑机制。教育与家庭经济水平的关系问

[①] 谢君君:《教育扶贫研究述评》,载《复旦教育论坛》2012 年第 3 期,第 66-71 页。
[②] 肖日葵:《家庭背景、文化资本与教育获得》,载《教育学术月刊》2016 第 2 期,第 12-20、41 页。

题，决定了教育在精准扶贫工作中的重要角色。① 习近平总书记指出，教育公平是社会公平的重要基础。应大力推进教育精准脱贫，重点帮助贫困人口子女接受教育，不断促进教育发展成果更多更公平地惠及全体人民，以教育公平促进社会公平正义。②

（二）消除贫困传递的根本路径

授人以鱼还是授人以渔是关系教育精准扶贫工作成功与否的关键。虽然经济的贫困可以采用资金帮扶在短期内得到缓解，教育资源的匮乏也可以通过提高教育投入得到最快的完善，但这些救急式的帮助无论是在教育规模还是其他方面，都存在"根治不彻底""旧病复发"的危险情况，尤其是一些非物质资源性因素造成的问题更是难以获得长远效果。③ 从教育的功能看，教育具有整合、优化资源的社会作用，它可以帮助不同社会阶层的人获得相同的价值和理念，进而让不同家庭环境的人通过教育来增加个人资本，进一步实现代际的维持与跨越，所以，教育在社会和个体发展中具有"造血"功能。当然，这也是教育在精准扶贫过程中的关键所在，不仅仅是因为乡村教育与城市教育有着巨大差距，更重要的是，教育扶贫是根除、遏制贫困传递的根本策略。如习近平总书记所言："教育作为脱贫致富的根本之策，在扶贫开发中要紧抓它。"教育在扶贫工作中就是"渔"的映射，将教育作为"授人以渔"的直接尝试是精准脱贫最有效的途径。

（三）实施扶贫战略的必然选择

深度贫困地区人均收入低的原因主要包括经济发展落后、教育发展不均衡、劳动者教育水平低等，要顺利实现精准扶贫的目标就应将教育精准扶贫与经济优化升级协同运作。④ 在扶贫的过程中，教育扶贫是精

---

① 金久仁：《精准扶贫视域下推进城乡教育公平的行动逻辑与路径研究》，载《教育与经济》2018年第4期，第30－36、45页。
② 习近平：《全面贯彻落实党的教育方针 努力把我国基础教育越办越好》，载《人民日报》2016年9月10日第1版。
③ 杨扬、韩潇霏：《教育精准扶贫的现实困境及应对策略》，载《教学与管理》2020年第9期，第17－20页。
④ 陈惠敏：《深度贫困地区经济结构优化与教育扶贫协同发展的对策》，载《广西社会科学》2018年第10期，第94－96页。

准扶贫的必然选择。教育价值在于提升人的知识含量，促使人力资本增值。习近平总书记指出，如果扶贫不扶智，扶贫的目的就难以达到，即使一度脱贫，也可能会再度返贫。① 教育扶贫不仅为地方经济发展提供紧需人才，还可以普遍性提高劳动者教育水平，进而推动剩余劳动力的价值转换。从全局看，经济机构优化与教育精准扶贫是相互影响的关系。一方面，经济结构的优化是促进地域经济发展的直接动力，能够有效地提高具有一定人力资本价值的劳动者的收入。同时，经济结构的优化发展有利于增加地区人口就业率，推进贫困人口流动，提高个人收入。另一方面，通过开展教育精准扶贫的政策有利于帮助贫困家庭脱离窘迫困境，隔断代际式贫困传递，提高贫困人群的劳动技能，进而促进区域解决的快速发展。②

二、突破落后旧藩篱，发展还需砥砺行

怒江是全国深度贫困地区"三区三州"之一，集边疆、民族、贫困于一体，地理上位于我国云南西北部，毗邻缅甸联邦。全州境内居住着傈僳、怒、普米、独龙族等22个少数民族，少数民族占总人口的93.6%，其中，55万人口是"一步跨千年"的"直过民族"。由于受自然、生态、历史、宗教、文化等多重因素的影响，怒江州经济社会发展缓慢，教育资源短缺，教育基础设施落后，学生入学率低，人力资源贫瘠，存在"人口素质低—导致收入低—经济发展缓慢—低教育投入—低人口素质"的恶性循环。

（一）教育整体发展待夯实提高

怒江州教育基础薄弱，各级各类教育整体发展水平偏低。由于教育经费投入不足，所以均衡发展的保障能力弱，办学条件落后。学校标准化程度低，教育指标如生师比、生均建筑面积、生均仪器设备、学生文化活动场所等都低于全国平均水平，部分地区还存在教育基础设施陈

---

① 《习近平扶贫新论断：扶贫先扶志、扶贫必扶智和精准扶贫》，2016年1月3日，见央广网 http://news.cnr.cn/native/gd/20160103/t20160103_521009771.shtml。
② 魏丹：《教育精准扶贫的价值逻辑、实践问题及对策》，载《教学与管理》2019年第33期，第4-7页。

旧、老化，办学条件有待改善和提高的问题。教育信息化水平低，农村学校仍然以传统方式教学，优质教育资源紧缺。基本教育公共服务水平与全国平均水平还存在较大的差距，基础教育薄弱直接导致人才培养艰难。九年义务教育巩固率只有65.82%，从小学一年级到初中三年级的九年义务教育阶段，全州有近35%的孩子辍学，只有不到50%的孩子能接受高中阶段（含中职）教育。① 2013年，怒江州高中阶段毛入学率只有46.2%，大大低于全国平均水平（86.0%）。职业教育发展整体较滞后，怒江州共办有中等职业技术学校1所、职业高中2所、教师进修学校2所，学校发展存在诸多问题，如专业设置不合理，专业设置单一且明显与地方民族特色产业不匹配，实习实训投入少，"双师型"教师不足，学生动手能力和实践能力不强。

(二) 群众思想观念待更新解放

怒江州险恶的自然条件形成了一个天然的屏障，使当地不少居民长期处于与世隔绝的状态，落后的生活方式必然使人们对物质及精神生活的期望值偏低，对现代教育的热情不高。"直过民族"是怒江州地区特殊的贫困群体，"直过民族"生活方式落后，社会发育程度低，缺乏市场竞争意识，可持续生计能力差。攻克"直过民族"深度贫困的难题，成为当前脱贫攻坚的重中之重。现行"升学教育"的种种弊端及大中专学生就业难等因素的影响，使部分群众误认为"读书无用"，接受教育的愿望较弱。加上子女教育的机会成本较高，更使人们主动接受教育的意识减弱，甚至躲避教育。怒江州文盲人口比例大、失学辍学严重等问题仍然突出。怒江州人均受教育年限仅为7.6年，低于全国平均水平。科技人才紧缺，各类人才仅占人口总数的7%。由于受教育年限较少，群众的文化素质偏低，有40%以上的农村群众不识汉字，听不懂也不会讲普通话。在2010年五普数据资料中，云南省人口文盲率占6.03%，怒江州文盲在总人口中有8.6万人，占人口文盲率的16.14%，文盲率远高于云南省平均水平。怒江州由于实用技术培训少，人们获取知识、信息的机会不多，也增大了科技推广难度，生产技能无

---

① 陈怡希：《我省对标对表控辍保学目标任务——义务教育"一个都不能少"》，载《云南日报》2020年8月8日第8版。

法获得拓宽和提高，导致人员交往、物资交流、商品输出和劳动力转移更加困难，严重缺乏增收就业的素质和能力。

（三）教师队伍建设待重视加强

由于受到地理因素的影响，怒江州大多山高坡陡谷深，村落分散，所以许多教师不愿去当地教学，师资力量不足的问题十分突出。一些地方如县以下乡镇农村多年没有补充新教师，教师老龄化问题严重，结构不合理，普遍缺少音乐、体育、美术、英语及信息技术教师，双语型教师和双师型教师尤其缺乏。此外，去往当地支教的教师大多为应届毕业生，相对缺乏教学经验，再加上当地教师的流动性偏大，使怒江州师资水平参差不齐。许多教师学历虽然达标，但是教学能力不强，甚至无法胜任学科教学任务，制约了教育质量的提高。教师不愿到边疆民族地区任教，不仅仅因为当地生存条件艰苦、待遇低，还因为地理、语言、习俗等，使他们很难融入当地环境，导致教师资源大量流失。另外，教师的职业激励机制不健全，培训机会少，职业发展空间小，政府的特殊扶持不够，也导致许多教师不愿从教。教师流失严重和不愿来是怒江州教师队伍发展缓慢的重要制约因素。

三、山海携手抓"五扶"，育人下足"绣花功"

为贯彻落实党中央打赢脱贫攻坚战的战略部署和东西部扶贫协作指示精神，珠海市按照"中央要求、怒江所需、珠海所能"的原则，坚持优势互补、精准帮扶。以助力素质性脱贫为根本点，帮助怒江州解决发展内生动力不足的问题，坚持物质脱贫与精神脱贫并重，把科学文化技术、现代文明知识的普及推广作为斩断穷根的治本之策。珠海市根据怒江州教育实际情况，积极统筹全市教育系统的优质资源，促使怒江州补齐教育发展短板。怒江州教育扶贫不仅"扶州教育之贫"，而且"依靠教育扶州之贫"。发挥教育从"输血"功能向教育"造血"功能转变，推动怒江州整体发展。

（一）教育扶志富脑袋

"扶志"是催生教育精准脱贫的内生动力。扶贫既要富口袋，更要富脑袋,要从思想观念上树立脱贫信心,从贫困文化根源上斩断"穷根"。教育扶贫本质上是文化理想扶贫,在脱贫攻坚中加强贫困地区文化事业建设,丰富文化活动,振奋群众精神面貌,同样是教育的使命和责任。教育扶贫要使贫困地区人民抛弃"穷自在""等靠要""读书无用"等消极思想,进而激发脱贫致富的内生动力。

1. 构建现代公共文化服务体系

公共文化服务体系建设是脱贫攻坚工作的重心之一。珠海市对怒江文化发展项目设置了专项援助基金,支持怒江州加快构建现代公共文化服务体系。怒江州历来重视宣传思想文化和精神文明建设,在 2017 年率先成立新时代农民讲习所,成为培养新时代农民的重要平台,也为推进新时代文明实践中心建设奠定了坚实基础。2020 年 7 月,怒江州新时代文明实践中心建成,重点打造理论宣讲、教育服务、文化服务、科技与科普服务、健身体育服务、劳务技能服务六大平台。该中心将成为学习和传播科学理论的大众平台、加强基层思想政治工作的坚强阵地、培养时代新人和弘扬时代新风的精神家园、开展文化志愿服务的广阔舞台、巩固脱贫成果实施乡村振兴的"新引擎",为决战脱贫攻坚、决胜全面小康提供强大的思想保障。

图书馆是现代公共文化服务体系的重要组成部分,在开展社会教育、传承人类文明、提高学生文化素质等方面,有着不可替代的作用。怒江州积极构建"互联网＋文化"的公共文化惠民模式,怒江州图书馆发挥公共图书馆数字文化传播的服务职能,丰富了怒江人民群众的精神文化生活。珠海市引进社会资源,共同参与怒江州文化共享工程建设,如怒江州维拉坝小学图书馆——粤财携手图书馆,是由广东粤财投资控股有限公司全资捐建,总建筑面积约 186 平方米,总藏书量达 4 万册。对外可服务社区搬迁群众,对内可服务当地的格力小学和格力幼儿园师生。图书馆的建成使用,为当地易地搬迁户提供现代公共文化服务,使其掌握新的生存技能,快速适应从村民变市民的现代生活方式,对当地扶智、扶志工作具有重要意义。

2. 将"扶志"教育融入日常教学

怒江州中小学全面实施素质教育,将"扶志"渗透到教学文化与校园文化中,帮助学生树立面对困难的自信和吃苦耐劳的精神,并引导他们努力学习,奋发进取,靠自己奋斗走出困境。珠海市积极推动怒江州学校开展素质教育,如格力小学在珠海支教教师何顺伟的带领下成立了童声合唱团,既能提高学生的音乐素养,又能培养学生的集体意识和协作精神。2019年6月,怒江州第一场童声合唱专场音乐会在泸水市大兴地镇格力小学举行,这是格力小学童声合唱团第一次登台演出。"足球运动进校园",是珠海市助力怒江州素质教育发展的又一创新之举。珠海、怒江、"华南虎"足球俱乐部三方签订了《足球支教训练计划》,"华南虎"派出专业的青训教练常驻学校,帮助格力小学开展足球日常教学、运动队建设、联赛组织、足球嘉年华等工作。同时,俱乐部联合珠海湾仔小学、相关体育用品公司,定期向格力小学提供足球教学、训练装备及技术支持。通过这种特色的体育教育,强健学生体魄,锻炼学生意志,培养学生团队合作意识和顽强拼搏精神,有助于提升学校体育工作水平,促进怒江州体育教育教学改革,全面提升怒江州的素质教育水平。

3. 举办研学活动开阔学生视野

教育扶贫的目的就是要让怒江州物质脱贫同精神脱贫并重,因受限于自然和交通条件,大部分怒江学生在上大学前几乎没有走出过怒江,他们的眼前即是他们的世界。为让怒江州的学生走出大山,去看看外面的世界,珠海市和怒江州携手开展儿童公益夏令营,为"珠海班"的学子们开展公益夏令营、冬令营活动。2020年8月,以"你我牵手山海情,共圆壮志青春梦"为主题的"2020'山海情·青春梦'怒江'珠海班'"夏令营在北京师范大学珠海校区开营。来自怒江州的100多位"珠海班"师生在珠海开启为期7天的夏令营生活。通过参观珠海大剧院、珠海渔女等珠海地标建筑,在珠海市实验中学、北京师范大学(珠海)附属高级中学、珠海市第二中学进行随堂学习,前往桂山岛感受海岛生活,到港珠澳大桥沉管建设基地、珠海长隆海洋王国八大主题园区参观,在阅潮书店参加读书分享会等活动,师生们度过了精彩纷呈的夏令营生活。这样的活动让怒江州的学生们有机会接触山外世界,丰富人生阅历,拓宽视野,增长见识,激发学习斗志。见图6.1至图6.4。

图6.1　粤财携手图书馆揭牌仪式

图6.2　怒江州合唱音乐会

图6.3　斗门区关爱怒江州福贡儿童公益夏令营

图6.4　怒江学子珠海冬令营

（二）教育扶智提素质

"扶智"在教育精准扶贫中占有基础性地位。扶贫先扶智，教育扶贫是习近平总书记提出的"五个一批"扶贫工作分类施策的内容之一。较之于发展生产、易地搬迁、生态补偿、社会保障兜底等形式，教育通过改变人的素质、提高人的能力而实现根本脱贫，既阻断贫困代际传递，又带动家庭发展，因而意义更加重大，作用更加长远，是扶贫的根本，体现着教育的社会功能本质。① 保障义务教育，是"两不愁三保障"的底线目标之一，是阻断贫困代际传递治本之策的基础。珠海市通过帮扶怒江州的义务教育，不断增强当地学校的学位、教学、资助保障能力，大力协助怒江州补齐义务教育短板。

1. 加强控辍保学力度

2015年，云南省召开的怒江州脱贫攻坚工作汇报会决定：在怒江州全面推行12年义务免费教育和2年学前免费教育，怒江州各县积极

---

① 马陆亭：《扶智、扶业、扶志，是教育扶贫之根本》，载《光明日报》2020年6月30日第13版。

第六章　教育扶贫"治穷根""五扶"并举育新人
——以珠海、怒江教育帮扶工作为例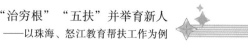

推动"14年免费教育"工程，各县把义务教育均衡发展纳入脱贫摘帽考核的重要指标；建立控辍保学"双线四级"工作机制；建立资助贫困学生的长效机制，保证建档立卡贫困家庭学生不因贫辍学。充分运用广播、电视、报纸、网站等媒介全方位宣传14年免费教育政策，提高家长送子女入学接受教育的自觉性和主动性。珠海市大力支持怒江州"控辍保学"工作，组织支教教师开展巡讲活动，为控辍保学劝返学生和留守儿童开展心理辅导。来自珠海市的支教教师越来越深入参与学校管理、教师培训、科研建设、德育机制、学生社团等工作，着力纠正家长、失辍学学生"读书无用，趁早务工"等错误观念。

2. 提高教育教学质量

珠海市与怒江州开展学校结对帮扶，按照"百校千人"的目标要求，推动两地学校结对，积极打造学校交流平台。在怒江普通高中开设"珠海班"是珠海市对口怒江州教育帮扶最大的亮点之一，是"一堂两班"的重要组成部分。第一批"珠海班"于2017年4月在怒江兰坪一中、泸水一中开设，继而分别于2018年3月、2018年9月、2019年9月在怒江州民族中学增设"珠海班"，重点招收少数民族学生和建档立卡贫困学生。珠海市已在怒江5所学校开设11个普通高中"珠海班"，已培养优秀学生651名；在珠海9所中职、技工学校开设37个"怒江班"。班内配备有先进的录播教学系统、移动平板系统，以实现怒江与珠海以及怒江州内的网上平台教学交流活动。

师资是影响教育质量的关键因素，珠海市为怒江州教师队伍建设输入支教力量。珠海市从优质高中、初中、小学和职业学校选派一批学导、骨干教师前往怒江州挂职、支教。珠海市从各中学选派数名教师，分别在怒江州高中阶段的"珠海班"任教。2020年在怒江州脱贫攻坚表彰大会上被评为社会扶贫模范的支教教师王丹，辗转跋涉来到距离珠海特区2000多千米的怒江州进行支教，在生活艰辛、条件艰苦的环境中一待就是3年。像王丹这样用专业与责任、爱心与真情，全身心投入支教事业的教师还有很多。怒江州的每个"珠海班"选配3名怒江州的优秀中学教师和3名珠海支教优秀教师共同承担教学任务，并实施"双班主任"制，由一名怒江教师和一名珠海支教教师共同担任"珠海班"班主任。"珠海班"这样的教育帮扶模式，不仅能够克服珠海与怒江远隔千里、大规模人员往来成本过高的现实困难，还能够避免传统教育帮扶模式分散派出支教教师、优质教育资源难以集中发挥示范、辐射和带动作用的局限性。

珠海教育帮扶怒江,不仅派出支教教师,更带去珠海先进的教学理念。通过"传帮带授",改变了怒江传统的灌输型教学理念,让教学真正"活"了起来。珠海教师到怒江高中"珠海班"开班教学之后,一方面"打开门",即全面开放课堂教学过程,让当地学校教师可随时、随堂走进"珠海班"观摩学习,同时面向全校教师上公开示范课,引领当地教师转变教学理念、改进教学方法、提高教学能力。另一方面"走出去",即全面融入当地学校的各项教育教学活动:一是积极投身学科组建设,参与并指导所在学科组集体备课,开设学科组建设讲座;二是大力支援学校高三年级备考教学;三是为学校管理献言建策,优化学校教育教学管理制度。通过支教,珠海教师给怒江州学校发展和教师队伍建设提供了新思路。

3. 保障教育经费投入

截至2020年,珠海市累计投入教育帮扶资金0.978亿元,围绕学校、教师、学生对怒江州开展立体式全方位的教育帮扶工作。经费主要用于教育部门协助推动学校结对、珠海班、怒江班、教学教研、课程设置、专业建设、教师培训、协同课堂、名师工作室、中职学生招生送学等各项工作的落地实施。见图6.5、图6.6。

图6.5 怒江州支教教师王丹和她的学生们

图6.6 杨彦文老师激励怒江学生长大到珠海发展

(三)教育扶技添本领

"扶技"是发挥教育精准扶贫的现实性作用。授人以鱼,不如授人以渔。给贫困人群物质救济,是授人以"鱼";而教会贫困人群致富技能，则是授人以"渔"。这样可使贫困人群获得生存技能，找到脱贫的路子，提升自主发展的能力，为"拔穷根""摘穷帽"提供保证。只有"鱼"和"渔"兼授，才能使贫困人群真正脱贫致富。

1. 推进职教中心建设

职业教育是怒江州年轻人联通社会、获得实际本领的通行道。职业教育有保障，为贫困学生提供更多的接受高层次优质教育的机会，提高了贫困家庭全面脱贫的能力，扩展了贫困地区发展的空间，是促进社会公平的重要举措。

2018年，珠海市三所中职学校帮助怒江州职教中心完成实训基地建设方案，指导学校专业规划建设、校内外实训基地规划建设。由珠海市三所中职学校向怒江州职教中心提供师资培训，采取"请进来""走出去"等方式，加强校校、校企人员多向交流，打造怒江职教中心"双师素质"和"双师结构"的教学团队，培养了一批骨干学科带头人。

加快骨干专业建设，珠海市三所中职学校帮扶怒江州职教中心进行专业建设，其中，珠海市第一中等职业学校帮扶旅游管理、酒店管理、民族音乐与舞蹈等专业；珠海市理工职业技术学校帮扶汽车维修、汽车营销、计算机网络技术等专业；珠海市卫生学校帮扶护理、助产、康复医疗等专业，适时适度扩张延伸到其他专业，努力打造2～3个骨干专业。

2. 异地培养"怒江班"

实施"怒江班"帮扶合作。一是技校"怒江班"，珠海市的技工学校，以"0＋3""1＋2"等培养方式，接收怒江学生；二是中职"怒江班"，珠海市中职学校按照"1＋2"培养方式。另省中职兜底招生计划——"双百工程"，即对怒江州建档立卡贫困家庭的初、高中毕业"两后生"，有意愿入读珠海市职业技工院校且符合基本条件的，实行百分之百接收和百分之百推荐就业。珠海市着力把技术技能培训作为助推教育精准扶贫的重要举措，以培养有科技素质、有职业技能、有经营意识与能力的新型技术人才。

"双百工程"不仅保障"两后生"有学上、有工作，还通过政策给予学生学杂费上的支持。根据珠海市政策，对就读珠海市中职技工院校的怒江州建档立卡贫困"两后生"，学习期间免除学费、住宿费、军训费、校服费、体检费、床上用品费、杂费等。此外，每年还会发放一定的生活补贴。这一政策给未能继续升学的学子提供了除辍学外的另一种选择。珠海企业在怒江建立珠海企业培训生产线，开展订单培训和定向输送，引导怒江农村劳动力到珠海市务工就业、学技术，转变生活理念，激发内生动力，提升能力素质，实现就业增收脱贫。

3. 办农民学校授技能

怒江州属于深度贫困地区，百姓缺乏劳动技能。怒江州讲习所（以下简称"讲习所"）以提升农村群众特别是建档立卡贫困户技能为使命和初衷。讲习所的主要目标是"培训农民、提高农民、帮助农民、富裕农民"，通过培训会、院坝会、板凳会、群众会、火塘会等形式对农民进行培训，先后开设了农产品种植技术、家政服务技术、扶贫攻坚"尖刀班"等12种技能培训班。除了培训，讲习所还积极与各用人单位联动，结业时便召开现场招聘会，达到"培训一人、签约一人、就业一人、脱贫一人"的目的，现已成为培养新时代农民的主要平台和提升农民综合素质的主要渠道。

为了提高贫困群众的生存技能，珠海市会同泸水市，在鲁掌镇办起了"农民军校"试点，采取"半军事化训练＋技能实践操作＋转变观念"的教学方式以及"一集中、三结合、一穿插、一交流"的教学模式。"农民军校"扶志培训班除了设置半军事化体能训练和技能培训，还设置了进军营学习、观看珠海务工短片、扶贫政策解读和感恩思想教育等内容。同时把"农民军校"与转移就业和"两后生"送学相结合，经过7天培训后，参训人员可加入珠海务工者的行列或进入职业学校继续学习技能。"农民军校"增强了农民的技能技术，强化了农民的感恩意识。通过打开视野，把扶贫与思想解放、扶志、扶智相结合，使农民的脱贫压力变成致富动力，在全社会形成了脱贫光荣的良好氛围，也使怒江的感恩文化氛围更加浓厚。见图6.7、图6.8。

图6.7 怒江学子赴珠海市工贸技工学校求学

图6.8 怒江州"农民军校"技能培训

（四）教育扶能强实力

"扶能"是用好教育精准扶贫的主体性提升功能。习近平总书记指出："扶贫不是慈善救济，而是要引导和支持所有有劳动能力的人，依靠自己的双手开创美好明天。"通过教育帮助人发现自身价值，挖掘人的潜能，提高人的能力。

1. 提高干部管理领导能力

珠海市助力培训怒江州、县（市）教育行政干部和培训怒江在职或后备校（园）长。通过集中学习，让教育行政干部、校长一同学习新理论、掌握新知识、树立新理念，开阔眼界、拓宽思路；从工作实际出发的跟岗学习、跟岗锻炼培训模式把理论学习与教育管理实践紧密结合起来，提升培训学员的自我更新、自我反思能力，成长为怒江教育一线的领军人物。2020年10月，珠海开放大学举办了为期7天的"怒江州中小学党支部书记和党务工作者培训班"。校党总支部联系实际，创新性地适时与怒江班学员开展"山海情，一对一"结对活动，来自怒江州49名中小学党支部书记和党务工作者及珠海开放大学49名教职工共同参加了结对仪式。这类活动为怒江和珠海的教育系统搭建了一个广泛交流的平台，对怒江州教育系统的党建工作有很大的启发作用。

2. 增强教师教育教学能力

为增强教师教育教学能力，珠海市通过举办培训班、挂职锻炼、跟班研修、交流考察和创建教师工作室等形式，为怒江州每年订单式培训一批学科带头人、骨干教师。教师跟岗学习的主要任务是参与备课、听课、评课和展示课交流，学习和提升信息技术与学科教学融合的应用技能，分享指导教师教改经验和研究成果，参与学科教研活动等。为加强怒江州教师队伍建设，珠海市教育研究中心派出学科骨干教师赴云南怒江州各县进行教师工作室运行指导、青年教师培养、学科教学指导、课程建设等教育帮扶活动，帮助怒江州创建名师工作室，推进两地工作室结对，提升工作室效能。珠海市理工学校郑长波老师带领怒江州民族中等专业学校，带领中青年教师进行精品课程编写，完成怒江民专校本教材《电气控制与PLC》开展怒江州中小学教师工作室的评选工作，以进一步加强怒江州中小学幼儿园骨干教师队伍建设，推进骨干教师培训工作的改革创新，充分发挥教学一线名师的示范、引领和指导作用，加大名优教师的培养力度,为怒江州打造一支"带不走"的教师队伍。

3. 提升群众发展交流能力

结对帮扶开展以来,针对部分贫困群众发展能力弱的问题,珠海市金湾区制定了《贡山县东西部扶贫协作扶持贫困村"创业致富带头人",发展产业带动就业实施方案》,从"选、培、扶、联"四面入手开展工作,选出当地创业致富带头人,强化他们与贫困户的利益联结,让他们成为带动群众脱贫奔康的"领头雁"。怒江州在扶贫攻坚和乡村振兴战略实施过程中,发现群众绝大多数人不能顺畅地使用国家普通语言文字来表达这一"短板",因此,怒江州广泛开展普通话培训,通过"语言扶贫 App"、集中培训、"小手拉大手,推普一起走"活动、结对帮扶等方式,顺利完成"直过民族"青壮年普通话培训任务,创建 56 个"普及普通话示范村",完成贡山县国家三类城市语言文字规范化达标的创建工作,提高了群众对外交流交往能力。见图 6.9、图 6.10。

图 6.9　怒江州骨干教师珠海跟岗培训班开班仪式

图 6.10　怒江州教育行政干部赴珠海培训

(五) 教育扶弱促公平

"扶弱"是推动教育精准扶贫的公平性体现。教育公平这一概念包含两个层面的内容:教育机会公平与教育质量公平。教育机会公平即能够为每个成员提供相同的、充分的发展机会,淡化阶层壁垒,从而为实现社会公平创造条件。教育质量公平则是通过提升劳动力素质,增加个体的知识储备量,提升其综合能力,从而改善低收入人群的教育状况,缩小收入差距,有助于实现社会公平。珠海市精准补齐怒江州教育短板,关爱教育弱势群体,加快怒江州网络基础设施建设,使怒江州地区学生共享优质教育资源。同时关注学前教育入学困难、特殊教育发展滞后等教育薄弱领域问题,配合当地教育部门努力提高学前教育基础设置建设及义务教育残疾儿童毛入学率和保障水平。①

1. 加快推动教育信息化发展

教育部等六部门在印发的《教育脱贫攻坚"十三五"规划》中提出,"要精确瞄准教育最薄弱领域和最贫困群体,运用'互联网+'思维,促进贫困地区共享优质教育资源"。信息化促进教育公平蕴含着"信息—知识—智慧"的转移逻辑,体现为以数据可访问的接入性教育公平实现人人享有优质教育资源,促进起点公平;以信息到终端的可获得性教育公平实现以人为本的教育服务个性化,促进过程公平;以知识到智慧的可内化性教育公平,促进结果公平。

在硬件设施方面,帮助怒江州中小学建设等学习型智慧校园设备,如视频会议摄像头、音箱、无线话筒双麦、航空柜等,配置教学平板系统百台。在软件建设方面,为怒江州建设智慧课堂,并且在州内覆盖过半数的学校。一是在珠海市优质中小学校建立精品课程录播系统,将优质教育教学课程资源通过网络、光盘等媒介传递给怒江州已接通宽带网络的中小学。二是在怒江州直学校和四县市各选择一所学校实施"粤教云"项目帮扶计划,充分利用学校既有的信息化基础设施,将珠海"粤教云"权威数字教材和数字教辅资源引入当地课堂,最大化分享和使用云端优质数字教育资源。这种"互联网+智慧校园"方式打破了时空和地域的界限,不仅帮助怒江州教育信息化建设,还能满足学生个性发展的需要。两地教师也可以就课程内容和形式通过互联网进行相互点评和交流,让受限于基础条件的怒江教师足不出户就能共享到优质教育资源,从而得到帮助和提升。这也是实现优质教育资源共享及教育均衡发展的重要举措。

2. 扩大优质教育资源覆盖面

习近平总书记指出:"要优化教育资源配置,逐步缩小区域、城乡、校际差距。"要使珠海市和怒江州教育城乡差距逐步缩小,就要扩大怒江州优质教育资源覆盖面,推动教育均衡发展。珠海市积极助推怒江州薄弱学校教育改造工程,加强怒江州薄弱学校建设,努力缩小城乡学校之间的差距。先在硬件上使怒江州教育资源薄弱学校得到保障,如

---

① 熊才平、丁继红、葛军、胡萍:《信息技术促进教育公平整体推进策略的转移逻辑》,载《教育研究》2016年第37卷第11期,第39-46页。

增添教学设备、教学设施等；再在软件上实现质的飞跃，如强化校园文化、办学理念、师资力量等。多管齐下，使怒江州学生能享受珠海市学生同等教育的权利，为教育的公平性创造良好的前提条件。

怒江州学前教育资源缺口大，保障贫困孩子"有学上"是帮扶工作的重中之重。珠海市帮助怒江州加强学前教育，优先安排"直过区"和人口较少民族聚居区幼儿园建设，扩大学前教育覆盖面。珠海市龙头国企格力集团积极响应市委、市政府号召，践行社会责任，彰显国企担当，出资千万元捐建格力小学和格力幼儿园，这是全国东西部扶贫协作工作开展以来，教育领域单体投资规模最大的项目。格力幼儿园的建成不仅使周边学生能够就近入学，更将助推怒江的基础教育事业均衡发展。格力幼儿园的整体设计能够满足 6 个教学班 180 名儿童的使用要求，该园将完全满足维拉坝易地扶贫搬迁区及周边各村对幼儿园的教育需求。

3. 保障特殊儿童受教育机会

怒江州特殊教育学校是全州唯一一所为适龄残疾少年儿童提供康复教育的综合性九年义务教育全寄宿制学校。这里的大部分学生都是单亲家庭儿童、留守儿童和孤儿，他们虽住在大山深处，但同样渴望知识、渴望关怀。虽然学校免收他们的学费和伙食费，但不能完全扫除特殊少年儿童和学校之间的"障碍"。怒江特校校长表示，学校在校学生中，近 1/3 住在山上，信息的闭塞、对特殊教育的不了解、经济条件的限制，使部分家长不愿把孩子送到特校学习。

为促进怒江州特殊教育发展，珠海市积极开展特殊学校结对帮扶。选派支教教师现场指导示范，协助怒江州成立特殊教育资源中心，开展随班就读资源教师培训，派出 4 名特殊教育专业教师支持怒江开展特教规划、个训辅导、送教上门、资源教室建设指导等活动，提升随班就读师资水平。为了让孩子们走进校园，怒江特校还承担着一份特殊的任务——深入全州各乡镇开展劝学工作。珠海市积极配合当地教育部门努力提高义务教育残疾儿童毛入学率和保障水平。来自珠海市特殊教育学校的教师李浩，从来怒江州驻点支教开始，便主要负责这项"接娃娃"工作，翻越怒江的崇山峻岭为特殊儿童铺设上学路，落实"一人一案"，提升残疾儿童少年义务教育普及水平。见图 6.11 至图 6.14。

图6.11 中小学教师教育信息化应用能力培训班

图6.12 珠海市"领头雁"农村青年人才培训班

图6.13 香洲—泸水远程互动协同课程

图6.14 格力小学及幼儿园项目

四、精准帮扶惠民生,教育扶贫显成效

怒江州树立"教育优先发展"的理念,全面实施"科教兴州""人才强州"战略。怒江州借助珠海市优质教育资源,不断补齐教育发展短板,使教育扶贫工作取得重大进展。"控辍保学"实现历史性突破,学生资助做到全覆盖,普通话攻坚工作得到扎实推进,各类教育得到协调发展,教育帮扶成效显著。2019年,完成义务教育"全面改薄"建设任务,新建(含改扩建)79所义务教育学校,241所中小学全部达到"20条底线"办学标准。新建(含改扩建)71所幼儿园,基本实现"一村一幼"。兰坪县义务教育均衡发展通过国家督导评估。开展"直过民族"和人口较少民族普通话培训1.8万人。

(一)"有学上"——教育事业发展取得新进展

党的十八大以来,怒江州大力推进教育综合改革,实施教育精准扶贫。珠海市教育帮扶助力怒江州教育发展,教育事业发展取得新成效。怒江各族孩子渴望的"有学上"问题得到解决。2015年,怒江州共有全日制学校359所，在校学生86344人，至2019年底，全日制学校增加至569所，在校学生102844人。学校数量增加，让更多的学生有学上。2015年，小学入学率99.49%，至2019年，小学入学率保持在99.64%；从2015年至2019年，初中从19所增加至21所，九年一贯制学校增加一所，初中毛入学率从98.17%提升至105.85%；几年间，普通高中在校生从7582人上升到10904人，高中阶段毛入学率从46.2%上升至73.35%。学前教育发展快，幼儿园从76所增加至366所，在园儿童人数增加近一倍，学前三年毛入园率从36.28%提升至74.43%。唯一一所特殊学校，也给更多的残疾儿童带来教育机会。全州残疾儿童少年义务教育入学率从72.7%上升至96.76%。怒江州建立了最精准、最严实的义务教育控辍保学数据库，下大力气狠抓控辍保学。珠海市对怒江州控辍保学工作给予了大力支持。2020年，306名失辍学生注册初中学籍后，被集中安置到县城的普职教育融合班就读。该普职教育融合班是在珠海市斗门区、高新区投入177万多元协助开办的。怒江州在学前教育上实现了县有示范园、乡镇有中心园，人口集中的村也有幼儿园的目标。高中阶段教育普及攻坚有了新进展。随着"特殊教育"的推进和普及，落实"一人一案"，怒江州特殊儿童的受教育机会有了保障，越来越多的适龄残疾少年儿童有机会通过教育走出大山、融入社会。

（二）"学得起"——教育发展短板正逐步补齐

通过全面落实农村学生营养改善计划、"两免一补"和14年免费教育、中职学生资助、大学生资助等国家和省教育惠民政策，在政策层面托起了教育公平的底线。建立覆盖学前教育到大学教育的学生资助体系，充分保障全州每一名适龄儿童和少年接受公平而有质量的教育的权利。截至2020年底，怒江州有5.6万学生享受城乡义务教育寄宿生生活补助，有2.08万人享受学前2年和普通高中免费教育，6.45万人享受农村义务教育营养改善计划。珠海市动员社会各界力量资助学生，让更多学生从"学不起"到"学得起"。珠海市共资助贫困学生270名，为4827名学生捐赠棉衣、棉被等物资。怒江州学生在珠海"怒江班"学习期间，免除学费、住宿费、杂费，并给予每年6000元生活补助和每年4次往返费用合计3200元。截至2020年底，已有1646名怒江

"两后生"或贫困青年来到珠海就读"怒江班",接受职业技工教育和素质提升培训。华发集团对5个贫困村在读大学生每人提供5000元助学金,帮助困难学子解决学费难题。在市扶贫基金会旗下设立对口怒江智力帮扶基金,全额免费资助怒江贫困青年到珠海市工贸技工学校接受为期1~3个月的短期技能培训和素质提升。截至2020年底,已有119名怒江贫困青年赴珠海参加"粤菜师傅"等热门技能培训。

(三)"学得好"——教育发展活力已日益活跃

怒江州携手珠海市深入实施素质教育,积极改善学校办学条件,为素质教育提供硬件设施基础。截至2019年底,怒江州小学、中学、高中,接入互联网校数分别是77所、21所和8所,占学校总数的46.1%、100%和88.9%。学校体育运动场(馆)面积达标学校比例、体育器械配备达标学校比例、音乐器械配备达标学校比例、美术器械配备达标学校比例、数学自然器械配备达标学校比例均有所提升。随着怒江州教育综合改革稳步推进,云南师范大学附属怒江州民族中学挂牌成立,全州教育改革创新实现了重大突破,怒江各族学生有了在家门口上名校的机会。截至2020年底,珠海市已组织两地129所学校开展结对帮扶,结对学校覆盖学前、小学、初中、高中、职业、特殊各级各类教育的学校。充分利用珠海学校的优质资源,从办学理念、学校管理、课程实施、办学水平及质量提升、教师队伍建设、校园文化建设、办学特色培育等方面提升了怒江州学校教育质量发展。通过支教和学校干部、骨干教师培训,让怒江州教师的年龄、学科结构进一步得到优化,实现乡村教师差别化生活补助政策全覆盖,使教师、校长队伍素质有了较大的提升。"珠海班"教学效果得到当地学生、家长和社会各界的高度认可。怒江州民族中学首届"珠海班"一共50人,一本上线率达100%,总平均分600分,最高分673分,创怒江州历史最好成绩。现在"珠海班"已成为怒江州办学的最大亮点和标杆。"珠海班"给怒江州带来了先进的教育思路和教学模式,开阔了边疆民族地区学生的眼界,增强了他们走出大山、探索外面世界的勇气。

五、铸魂强智播希望，凝心聚力绘未来

党的十九大报告指出，建设教育强国是中华民族伟大复兴的基础工程，"扶贫必扶智，阻止贫困代际传递"。怒江州扶贫必须把教育事业放在优先发展位置，大力倡导教育精准扶贫，推行教育脱贫攻坚规划，不让孩子输在起跑线上，真正实现教育精准扶贫。

（一）政府主导和社会参与协同

充分鼓励社会优质资源进入教育扶贫行列，对教育扶贫模式进行有益探索。实行社会民间教育机构资源对区域教育资源短缺的对口扶贫，有利于进一步激活社会资源，减轻政府教育资源的供给压力。例如珠海市工贸技工学校作为金网国际教育管理集团旗下院校，利用集团的优势，聚集其旗下所有院校的校友和社会各界人士捐款给珠海市扶贫基金会，定向用于怒江劳动力短期技能培训。此举为技能扶贫项目提供了资金保障，确保项目顺利落地。怒江州和珠海市政府部门在协调和发挥民间教育参与扶贫工作的过程中，充分发挥教育企业的主动性和协同性，从政府主导走向政府与民间团体、社会人士等合办模式，以此促进教育扶贫事业从单一格局转向多元格局的持续发展。

（二）教师扶贫和学生扶贫共推

2015 年的《中共中央国务院关于打赢脱贫攻坚战的决定》和 2016 年的《教育脱贫攻坚"十三五"规划》均指出，要加强乡村教师队伍建设，落实好乡村教师支持计划。乡村教师队伍建设是教育扶贫工作的重心，怒江通过大力推行乡村教师支持计划、乡村教师免费定向培养计划、卓越教师培养计划等来完善乡村教师队伍。怒江州和珠海市应持续加大人才交流力度，加大技术人才支持和干部交流培训力度，在党政干部、技术人才选派上做到更加精准，更符合怒江人才需求和教育发展的特点。珠海市在教育上继续深化帮扶，为怒江打造"不走"的干部人才队伍。

同时，还应加强对学生的扶贫力度，深化组团式帮扶，实现师生共扶。应优化学生资助资源的分配结构，加大资助资金投入，实现全

面覆盖；加强资助资金监管，做到专款专用；精准甄别贫困学生，避免信息作假；加强沟通联系，避免重复资助。扩大珠海怒江学校结对，继续推行"珠海班""怒江班"办学模式，进一步推进"名校＋"共同体工作，打造教育帮扶合作品牌。开拓学生教育扶贫的多元化，注重学生特长、兴趣及本地产业发展的实际需要，资助贫困学生进行专业和技能培训；加强学生思想文化建设，促使其形成自我发展和自我调节能力。

（三）线上扶贫和线下扶贫并行

大力推进"互联网＋教育扶贫"，加强教育资源及信息的共建共享工作。落实好《教育信息化2.0行动计划》八大行动之一的"网络扶智工程攻坚行动"的重要落地项目，一方面要加强中小学校长信息素养的提升，通过校长带动和引领学校教师信息素养的提升，从而提高教育信息化使用水平；另一方面要将最优质的教育信息化资源以"送培到家"的方式输送到怒江州各级学校，实现"互联网＋"条件下的区域教育资源配置均衡，在"云"上助力实现教育公平。加快整合好现有的信息化基础设施设备，建设提速。构建起现代化教学网络，力争实现怒江州中小学精品课程录播系统全覆盖，以弥补贫困地区师资不足的缺陷，与现代社会高效接轨。信息技术课应贯穿基础教育全过程，适当增加课时，激发学生的学习兴趣。引导并帮助教师把信息技术与教学相结合，创新和变革学习方式、教学方式、管理方式和教育研究方式，推进信息技术与教育教学的融合创新。

怒江州教育扶贫在重视线上扶贫的同时，也应加强线下扶贫工作的开展，真正做到"以人为本"，关注他们的教育环境、教育资源和教育群体，及时了解和解决他们的困难，让教育扶贫对象真正受益。全面推进脱贫攻坚和教育公平战略部署，继续围绕"一县一示范、一乡一公办、一村一幼"目标，加大基础设施建设，扩大普惠性学前教育资源，从最基础的环节着力振兴乡村战略。继续深入实施义务教育薄弱环节，落实改善和能力提升工程，改扩建学校。持续推进控辍保学工作，健全义务教育有保障长效机制。抓好摸清底数、劝返复学、精准安置、质量保障4个环节，严格执行"四步法"，对照"一县一案""一校一案""一生一案"的责任体系，确保适龄儿童少年完成义务教育。紧扣地方

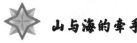

民族特色产业来发展职业教育，调整专业设置，重点培养与怒江州的特色产业发展相符的专业技术人才，以助力脱贫攻坚，同时也要积极培养少数民族文化、农村电子商务、农产品交易等方面的专业技术人才。深入"两后生"教育帮扶，落实好"职业教育全覆盖"，真正做到"职教一人，就业一个，脱贫一家"。

（四）单一扶贫和多向发力结合

结合扶贫已有经验与成果，教育扶贫应构建多层次对接模式，除了扶教育之贫，还应通过教育扶怒江州之贫，将教育融入产业合作、劳务协作等其他扶贫工作。用好教育精准扶贫的经济效益，进一步与乡村振兴战略相衔接，努力成为产业的孵化源，推动贫困地区增强自我发展的能力。进一步加强职业教育合作，"怒江班"要根据怒江州产业发展特点和产业结构调整的需要，开展技术服务和技术技能培训，特别是开展种植养殖、休闲旅游、电子商务等培训，促进学历教育、继续教育、农民培训、技术推广相结合，实现产教融合、开门办学，把科学研究、技术开发与社会服务融为一体，将自身发展与地方产业发展融为一体。推进教育、生产、销售相结合的模式，为发展怒江州经济发展培养实用型人才。鼓励贫困学生在学成后回乡创业，带领家乡人民脱贫致富。

（五）扶贫监督和效益评估并举

教育扶贫涉及贫困的识别、帮扶、管理、评估、反馈等方面，是一个长期、复杂且必须完成的系统工程，珠海怒江必须构建出完备有效的教育扶贫监督机制和实施问责评估制度，进一步加强和改进教育帮扶的考核机制。追踪帮扶学校、教师、学生的发展情况，鼓励真帮、真教、真干，根据帮扶的效果，对教育精准扶贫中的帮扶责任人和目标对象制定奖惩制度，夯实教育帮扶绩效。把教育扶贫工作作为项目形成"制定—执行—检测—改进"的良性循环闭链，真正做到有贫必扶、有贫必脱，实现教育扶贫的可持续发展。

第七章
健康扶贫献大爱　固本拓新保小康
——以珠海、怒江开展医疗卫生帮扶协作为例

真正落实贫困人口能有效摆脱"疾病—贫困—疾病"的问题，探索行之有效的健康扶贫长效机制，对怒江州打赢脱贫攻坚战意义重大。怒江州卫生健康系统干部职工不退缩、不畏难，弘扬"怒江缺条件，但不缺精神、不缺斗志"的脱贫攻坚精神和"苦干实干亲自干"的脱贫攻坚作风，围绕让贫困人口"看得起病、看得好病、看得上病、少生病"，精准施策，统筹推进。在珠海市的帮助下，通过解决因病致贫与防止因病返贫一起抓，提升医疗保障水平与基层服务能力，使怒江州实现基本医疗有保障的目标，并使健康扶贫取得显著成效。白衣天使，大爱无疆。珠海市帮扶怒江州健康脱贫，白衣战士出征怒江，无私无畏，谱写了一首首动人的扶贫曲，书写了一个个感人的故事。

一、运筹帷幄，大政方针深入人心

（一）习近平总书记关于健康扶贫理论的核心要义

习近平总书记关于健康扶贫的重要论述内涵丰富，其核心内容围绕以群众健康的"底线保障、有效改善、转化促进"的发展逻辑为基本遵循，通过健康制度、健康条件和健康资源三个层面指引扶贫方向，集中表现为"健康制度兜底、健康条件提升、健康资源转化"的观点与要求，形成一个系统和科学的健康扶贫逻辑体系。① 党的十九届四中全

---

① 张鑫宇：《习近平关于健康扶贫重要论述的思想内涵及其时代价值》，载《江汉大学学报（社会科学版）》2020年第37卷第6期，第59－68、126页。

会通过的《决定》要求:"强化提高人民健康水平的制度保障。"[1] 健康制度是长远的、根本的,是脱贫的关键环节。从制度层面保障人民健康,凸显了国家治理体系现代化目标,将其内容精准对接现实困境,不断完善制度建设。从健康条件上,注重贫困地区健康条件的改善和提升,为贫困群众健康生活提供基本保障。从健康资源的开发上,将贫困地区的健康资源转化为脱贫资源,利用健康产业发展经济,促进健康产业资源在脱贫中的经济效益。习近平总书记明确强调,扶贫开发不只实施"五个一批"工程,还有就业扶贫、健康扶贫、资产收益扶贫等。[2]

(二)健康扶贫是珠海帮扶怒江脱贫的关键环节

2018年,国家卫生健康委员会、国家发展和改革委员会、财政部、国家医疗保障局和国务院扶贫办联合发布《健康扶贫三年攻坚行动实施方案》(国卫财务发〔2018〕38号),明确提出要通过加强人才综合培养、改善贫困人口对健康的认识、深入推进三级医院对口帮扶等措施,促进贫困地区基层医疗卫生机构能力提升。健康扶贫是脱贫攻坚战中的一场重要战役,事关贫困人口健康福祉,事关全面建设小康社会全局。[3] 实施精准扶贫以来,我国每年超过千万人口实现脱贫,但部分贫困地区的可持续脱贫仍面临考验。而面对新冠肺炎疫情给脱贫攻坚工作带来的诸多不利影响与挑战,习近平总书记在决战决胜脱贫攻坚座谈会上更是明确强调,"要做好对因疫致贫返贫人口的帮扶"[4]。深入推进珠海对口怒江的健康扶贫,继续深化东西部医疗帮扶,最大限度地利用好东西部协作扶贫机制,从人民的利益出发,按照"怒江所需、珠海所能"的帮扶共识,有效解决当前健康扶贫路径实施中面临的困境。

---

[1] 《中共十九届四中全会在京举行中央政治局主持会议中央委员会总书记习近平作重要讲话》,载《人民日报》2019年11月1日第1版。

[2] 习近平:《在解决"两不愁三保障"突出问题座谈会上的讲话》,载《共产党员》2019年第17期,第4页。

[3] 马锐:《加强工贸企业安全生产体系管理与专项治理》,载《劳动保护》2018年第1期,第15–16页。

[4] 习近平:《在决战决胜脱贫攻坚座谈会上的讲话》,载《人民日报》2020年3月7日第2版。

第七章　健康扶贫献大爱　固本拓新保小康
——以珠海、怒江开展医疗卫生帮扶协作为例

（三）健康扶贫是贫困人口脱贫致富的重要保障

习近平总书记指出："没有全民健康，就没有全面小康。医疗卫生服务直接关系人民身体健康。实施健康扶贫工程对于保障农村贫困人口享有基本医疗卫生服务，推进健康中国建设，防止因病致贫、因病返贫，实现到 2020 年底让全部农村贫困人口摆脱贫困目标具有重大历史意义和现实意义。"健康扶贫是精准扶贫这一背景下，为突破"因病致贫、因病返贫"这一难题而提出的新型扶贫工程。[①] 健康扶贫是针对农村贫困人口"健康贫困"问题，将精准脱贫思路与医疗卫生体制改革有机融合，做到精准对人、对病、对地区，将现有医疗资源进行高效整合，运用科学方法进行统筹和协调，通过增强公共卫生服务、疾病分级分类救治，提升医疗保障能力等措施，来提升贫困人口的健康水平和基层医疗机构的诊疗能力，确保贫困人口日常健康有人管，疾病发生有人治，治病费用能报销，从而使贫困人口健康水平得到稳步提高。珠海市对口怒江州实施健康扶贫工程以来，帮助怒江州开展重点疾病防治工作，不断供给医疗技术人员，提升医疗扶"智"工作的实效性，使怒江州医疗卫生服务能力和管理水平逐年提高。有效控制"因病致贫、因病返贫"现象，对推进健康中国战略建设，实现怒江州贫困人口与全国人民一道迈入全面小康社会具有重要而深远的意义。

二、百年大计，多措并举行之有效

为全面落实健康扶贫，珠海市突出重点，狠抓落实，并依据东西扶贫协作框架协议，在 2017 年 1 月，成立以珠海市卫生计生局局长为组长，分管怒江州对口帮扶工作的副局长为副组长，各医疗卫生机构领导为成员的调研组，深入怒江州四县及州级医疗机构开展实地调研。通过沟通和协商，制定了《珠海市对口帮扶怒江州医疗卫生工作方案》，签署了《珠海市对口帮扶怒江州医疗卫生工作协议书》，明确了按照"怒江所需、珠海所能"，以人员、技术、管理支援协作为主要内容，实行

[①] 梅淑娥：《"两定制一兜底"做好健康扶贫工作》，载《中国经济信息》2018 年第 21 期，第 48 - 49 页。

"院县结对,一对一帮扶"。从 2018 年起珠海市分别从资金、医疗设备、技术等方面,对怒江州实施卫生医疗帮扶,并且在扶贫机制上,将资源最大限度地利用好,加强两地卫生健康部门的沟通对接,建立健全工作机制,强化怒江帮扶人员的生活保障,按照"怒江所需、珠海所能"的帮扶共识,不断找准工作发力点,切实提升帮扶项目的综合效益,拓展更多、更优质的协作项目,推动东西部协作健康扶贫工作不断深化,逐步形成具有区域特色的健康扶贫路径。

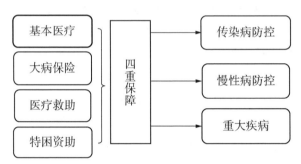

图 7.1 怒江州现行健康扶贫具体政策与目标构成关系图

(一)基本医疗强根基

1. 强化人员配置

在珠海市及省级专家帮扶指导下,怒江州整体医疗机构的服务能力明显提升。目前,全怒江州的乡镇卫生院和社区卫生服务中心的数量基本达到要求,按照按需合理配置原则,积极采购医疗设备,并规范科室、床位设置。同时,通过全科医生特色岗位招聘、农村订单式定向免费医学生毕业上岗、县内调动等方式,将县域内有资质的全科医生、执业医师配置到未达标的乡镇卫生院执业。当前已经达到每个行政乡镇各有一所符合标准的乡镇卫生院或社区卫生服务中心。通过开展等级医院创建,怒江州人民医院达到三级甲等综合医院水平,兰坪县人民医院、福贡县人民医院达到二级甲等综合医院水平,泸水市第一人民医院、贡山县人民医院达到二级乙等综合医院水平,怒江州中医医院、兰坪县中医医院达到二级甲等中医医院水平。各医院床位数均在百张以上,每床配备相应的卫生技术人员,并配齐与业务需求相适应的设施设备。另外,持续推动健康扶贫"送医上门"活动的开展,定期邀请外面的医生进村入户，为出行困难的病人就诊和健康体检等，将其打造成群众满意的一项健康工程，进一步提升群众的满意度，切实打通政策落实的"最后一公里"。给不同科室配备相应的专业人员，不仅提升了怒江州医护人员的专业技术，更拓宽了他们的医疗知识面，得以为患者提供更好、更优质的医疗技术服务。其中，来自遵义医科大学第五附属医院泌尿外科的杨俊主治医师，在成为福贡县人民医院的一名帮扶医生后，一方面帮助科室提高业务水平，另一方面则注重科室建设和人才梯队的培养，落实疑难病例讨论制度，同时开展100多例手术示教。在他的带领下，15项微创治疗技术的运用，标志着福贡县在微创手术领域迈上了一个新的台阶。

2. 完善医疗技术

依据珠海市健康帮扶的具体举措，怒江州人民医院逐步启动医学检验中心、医学影像中心、胸痛中心、卒中中心、创伤中心、危重孕产妇救治中心、危重儿童和新生儿救治中心的建设。兰坪县人民医院的胸痛中心、创伤中心，以及福贡县人民医院的胸痛中心通过省级验收，兰坪县人民医院提质达标工作通过省级验收。福贡县人民医院新成立了血液透析科、儿科和骨科三个临床科室，拓展了股骨头缺血性坏死人工全髋关节置换术、腰椎间盘突出微创摘除手术、脑外伤硬膜外血肿清除技术、泌尿系统结石腹腔镜手术等新技术；泸水市人民医院开展水囊引产术、B超引导下的困难羊膜穿刺、上下肢血管超声检查、危重儿童窒息复苏抢救等共24项新技术，能够独立完成腹腔镜下胆囊切除术、阑尾切除术；怒江州人民医院开展了腹腔镜下胃癌根治术、肌激动器联合口外弓的应用，中医院开展了神经阻滞治疗、小针刀治疗等多项新技术；兰坪县中医医院肛肠科、州妇幼保健计划生育服务中心妇科、产科服务水平得到较大提升。各个州县医疗机构学科建设更加完善，服务能力明显提升。马明生医生作为怒江州脱贫攻坚专业人才队伍的一员，在工作期间，实现了怒江州医院有史以来多个首创，完成了许多高难度手术，填补了怒江州在心胸外科领域的空白，并积极与怒江州当地医生分享经验，提供详细的诊断报告，培训出一支带不走的医疗队，不断完善怒江州医院医疗服务能力和医疗技术水平，为怒江医疗精准扶贫事业做出了积极贡献。

（二）大病保险促发展

1. 注重"特""重"救治

在重病救治中，为解决怒江州缺乏呼吸机、救护车、彩超机等急需的医疗设备，珠海市和佳医疗股份公司为怒江州人民医院无偿捐赠了一批价值千万元的医疗设备，并持续开展"救心行动"，给予先天性心脏病、风湿性心脏病患者实施免费救治，更进行后续追踪复诊，给予相关用药指导。两地从结核病防治出发，制定了《珠海、怒江结核病防治精准帮扶项目工作方案》，并从2017年起开始流行病学的调查工作，帮扶机构先后组织专家团队前往怒江州开展结核病帮扶工作，形成相关督导、调研报告，开展结核病防治专项技术培训，编撰了近30万字的培训资料，用于培训各级医疗机构的业务人员，协助完成怒江州结核病人群筛查会诊工作（图7.2）。在艾滋病防治体系建设中，珠海市疾控中心积极与怒江州疾病预防控制中心艾滋病预防科及相关负责人建立远程沟通机制，派出帮扶人员和督导队员，开展培训艾滋病防治工作专业技术人员的专项会议，完成艾滋病感染者管理下移，消除艾滋病母婴传播，提高抗病毒治疗转介率，改善人们在特殊疾病方面的认知。大峡谷的"背篓医生"管延萍背着背篓，跋山涉水，送医进山达300多次，她拥有仁心，保持真心，在健康扶贫的3年里起早贪黑地给患者看病，并针对当地易患的疾病，积累了大量素材做研究报告。她还努力调查近5年来当地新生儿和孕产妇死亡病例，希望分析病因找出规律。她说："我希望到我离开的时候，能够拿出一份有价值的研究报告，为当地公共卫生和基本医疗提供决策依据和启发。"

图7.2 帮扶团队免费义诊活动及慢性肾脏病的防治知识讲座

2. 全面医保覆盖

结合怒江州实际情况,由珠海市政府资助建档立卡贫困人口全部参加城乡居民基本医保和大病保险,并全部纳入医疗救助保障范围,符合转诊转院规范住院医疗费用个人自付比例下降到10%以内,针对农村建档立卡贫困人口初步建立了"基本医疗保险+大病保险+医疗救助"的政策保障体系,建档立卡贫困患者住院治疗费用只需付一成,较实施健康扶贫政策前提高约20%。完善转诊转院,实现了所有定点医疗机构农村贫困住院患者"先诊疗,后付费"和"'一站式'一单式结算",有效减轻贫困人口"垫资跑腿"负担,使群众"看得起病"的问题得到有效落实。

此外,做实做细家庭医生签约服务。即将常驻建档立卡贫困人口纳入家庭医生签约对象,对已确诊的原发性高血压、二型糖尿病、肺结核病、严重精神障碍患者,按照"签约一人、履约一人、做实一人"的要求,落实履约服务,针对老年人、孕产妇、儿童、残疾人、建档立卡贫困人口、计划生育特殊家庭、高血压、糖尿病等慢性病、肺结核患者的家庭医生签约服务;对签约对象提供测血压、血型、空腹血糖等体格检查及健康指导工作;为65岁以上老人开展包括B超、心电图等免费辅助检查。针对一些因突发情况致贫的农户,可先通过申请临时救助帮助其渡过眼前的难关,待动态时再通过程序将其列入新增建档立卡贫困户。

(三)医疗救助稳权益

1. 专项救治落实大病救助

大病救治工作在深入做好大病专项救治的基础上,按国家要求,同步增加大病救治病种,实现大病专项救治覆盖所有患大病建档立卡贫困人口,制订"一人一档一方案"。同时,按照"六定两加强"原则,摸清县域内大病的贫困患者底数,加强对大病的精准救治,将病患的个人身份、患病病种、救治医疗机构、治疗过程和效果、诊疗费用和报销等详细情况纳入动态管理系统,全面推进大病专项救治工作。卫生院健康扶贫队员医务人员少、工作任务重,因此需"兵分两路"开展工作,完成云南省健康扶贫政策的宣传。

2. 技术支持提升救助能力

珠海市 18 家医疗卫生机构已与怒江 15 家医疗卫生机构形成对口帮扶，加强派驻医师的管理。根据受援医院实际需求，从 2017 年制订健康扶贫计划开始至 2020 年这四年间，珠海市共派出 8 批驻点医疗帮扶人员 200 多人，包含神经内科、妇产科、儿科、心血管内科、康复科、骨科、护理、财务、中医肛肠、中医内科等专业专家，给当地诊疗患者开展手术，开展新技术、新项目。同时珠海市已接收怒江州进修医务人员百余人。这些进修人员涵盖内、外、妇、儿、急诊、麻醉、医技、护理、药剂、中医等多个专业，被分配到珠海市人民医院、珠海市妇幼保健院、中山大学第五附属医院、广东省中医医院珠海医院、遵义医科大学第五附属医院、珠海市疾控中心、珠海市慢病中心等医疗卫生机构，并且安排相关专业专家一对一带教。为确保进修人员安心学习，学有所得，珠海市各相关卫生单位精心准备，妥善为怒江州进修人员提供住宿条件，并给予一定生活补助。

3. 新冠疫情常态化防控

扎实推进疫情防控各项工作，继续抓实抓细内防反弹各项措施，根据国内外疫情变化做好外防输入工作，提升防控和救治能力。持续巩固疫情防控成果，督促各类学校严格落实校园疫情防控技术方案和指引。加强与缅甸疫情防控合作。继续做好重点人群应检尽检和其他人群愿检尽检工作，强化防控应急处置、医疗救治能力建设和防疫物资储备。怒江有一对战"疫"夫妻，丈夫是上江镇中心卫生院的医技科科长何永东，妻子是单位临聘的一名收费人员，他们说："我们夫妻俩已做好长期坚守岗位的准备，只要疫情一天不结束，我俩还会继续做好本职工作，永远坚守在一线。"他们不只是夫妻，更是一路同行、并肩作战的战友。正是有无数像他们一样的广大医务工作者执着坚守、默默奉献，才打赢了这场疫情防控阻击战。

（四）特困资助保覆盖

1. 资金应用多渠道

截至 2020 年底，珠海市累计已投入医疗帮扶资金近 6000 万元用于怒江州四县远程会诊室装修、义诊安排、村卫生室建设、村卫生设备配置、村卫生室建设和乡镇卫生院中医馆建设。2018—2019 年，珠海为怒江州疾控中心共计投入 200 万元，主要用于 X 线体检车、结核防治体系建设、培训、督导、宣传等；在怒江州智慧村远程系统建设中，为州卫生健康委投入近 500 万元；2020 年，划拨 60 万元用于怒江州乡村医生培训及管理人员和医务人员到珠海医院进修学习；在结核病防治项目中，疾控中心共投入 270 多万元。

2. 医院建设抓重点

为了提高受援医院医疗技术水平，使受援医院能够切实承担起维护当地居民健康的责任。2018 年，珠海市人民医院向怒江州人民医院捐赠肿瘤微创综合诊疗中心和远程医疗会诊中心的肿瘤全套设备以及汇医在线远程会诊诊疗软件各一套。此外，珠海市金湾区搭建了"广东省人民医院—金湾中心医院—贡山县人民医院—乡镇卫生院（独龙江卫生院、捧当乡卫生院、丙中洛卫生院）" 4 级远程会诊平台。通过珠海市、怒江州医疗卫生对口帮扶，实现每年为怒江州二级以上医院"解决一项医疗急需，突破一个薄弱环节，带出一支技术团队，新增一个服务项目"；常见病、多发病、部分危急重症诊疗能力显著提升；培养了一批具有较高水平的临床专业技术人才和医院管理人才；医疗服务能力和可及性显著提升，州级医院建成 2～3 个重点专科，每个县级医院建成 1～2 个重点专科。力争每县至少有 1 所医院达到二级甲等标准，促进怒江州医疗卫生服务能力和管理水平逐年提高。见图 7.3。

图 7.3　第三个中国医师节座谈会

三、铿锵前行,直面现实向难求成

截至 2020 年 11 月 14 日,怒江州实现全面脱贫,但依然存在着因病致贫的隐患。当前怒江州有 338 个卫生医疗机构,其中,综合医院 5 个,中医院 2 个,疾控中心 5 个,妇幼保健计划生育服务中心 5 个,卫生监督所 5 个,中心血站 1 个,乡镇卫生院 28 个,社区服务中心 3 个,民营医院 6 个,诊所 15 个,村卫生室 263 个(包括 8 个村医疗点)。怒江州拥有病床 2944 张,平均每千人拥有病床数 5.29 张;有卫生专业技术人员 3189 人,其中,执业(助理)医生有 874 人,平均每千人拥有执业(助理)医师数 1.57 人;有注册护士 1237 人,平均每千人拥有注册护士数 2.22 人。见表 7.1。

表 7.1　2019 年怒江州医疗机构数量

怒江州医疗机构分类	分类	数量
医院	综合医院	5
	中医院	2
	疾控中心	5
	妇幼保健计划生育服务中心	5
	卫生监督所	5
卫生服务站	中心血站	1
	乡镇卫生院	28
	社区服务中心	3
	民营医院	6
	诊所	15
	村卫生室	263

注:本表资料源于怒江州 2018 年国民经济和社会发展统计公报数据。

由此可见,怒江州虽已做足健康扶贫的必要工作,但其卫生健康事业起步晚、基础差、底子薄,还有很多短板和不足。

第七章　健康扶贫献大爱　固本拓新保小康
——以珠海、怒江开展医疗卫生帮扶协作为例

（一）贫困人口健康扶贫的认知须提高

怒江州政府为了让百姓更好地了解政策的相关信息，加大对健康认知的宣传力度，组织人员挨家挨户地发放宣传手册和书籍，并对有关内容进行讲解，针对居民的具体问题也会做出相应解释。但是部分居民并没有意识到预防疾病的重要性，大多数贫困人口依旧保持着"以疾病治疗为中心"的传统思维，并未树立"预防为主、关口前移"的新健康理念。此外，有些地区只停留在表面的宣传上，广大群众的参与度不高，对怒江州贫困人口的不健康行为约束不到位，贫困人口对健康扶贫的认知有待提高。

（二）健康服务的递送体系待完善

区域人口健康信息平台尚未建立，信息化互联互通难以实现，导致信息化建设滞后，县医院信息化建设水平较低，各级医疗机构不同程度地缺乏必要的信息系统，极大地制约了分级诊疗制度等服务的落实和服务能力的提升。大医院优质医疗资源难以下沉，导致一些偏远地区缺乏一定数量的优秀医疗人员，使得农村多层次健康服务递送体系得不到有力的支持。珠海市虽然加大了对怒江州贫困地区的政策扶持力度，但怒江州历史欠账过多，信息化建设滞后，基层医疗机构和民营医疗机构的服务能力在短时间内难以改变。另外，由于缺乏相应的激励机制，所以部分家庭医生在医疗风险压力以及多方因素的制约下，无法为农村居民尤其是农村老年人提供完善的"进家"健康服务。

（三）医疗健康保障的可持续发展能力待加强

怒江州医疗卫生机构的自我发展能力较弱，医疗卫生服务人员短缺，大型设备购置、短板科室建设、临床重点专科发展等方面的压力大，健康服务保障能力低，这些因素导致健康扶贫的可持续发展能力有待提高。在机构设置上，怒江州二级及以上医院较为缺乏，但基层医疗卫生机构和专业公共卫生机构设置相对健全；在硬件设施上，近年来在资金支持下，医疗卫生机构房屋基建及床位等设施有明显改善，但万元以上设备等优质资源仍显匮乏；在卫生人力资源上，高学历、高职称的卫生技术人员，很难长时间留在当地工作，这使得要实现全面小康中

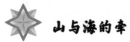

"每千人口医师数2.8人"的目标有一定的难度。

（四）健康扶贫对口帮扶的效果待提升

健康扶贫受就诊风险、医疗技术等因素影响，怒江州被帮扶的基层医疗机构诊疗技术和服务能力不足，使得诊疗设备使用率低下，并且部分县医院的基本设施、辅助诊疗设备、医疗专业检查设备配置时间长、层次低、陈旧老化，信息化水平较低，最终导致患者的医疗需求无法得到有效满足。怒江州具有高级职称的专业技术人才非常少，并且留人难、引人难的问题依然存在，虽然珠海市每年都会定期输送扶贫医生，但愿意留下来的很少，与达到"小病不出村、常见病不出乡"的目标还有很大距离，相对"治病"而言，"防病"工作还较为薄弱。由于怒江州特殊的地理环境与当地居民特殊的生活习惯，患者就医不便，路费较高，加之当地结核病防控工作基础薄弱，医疗机构诊疗服务水平提升速度慢，所以发病率居高不下，因病致残、因病返贫问题也十分突出。

四、同舟共济，因地制宜一往无前

自脱贫攻坚工作开展以来，珠海市和怒江州政府始终将健康扶贫作为脱贫攻坚工作中的"硬骨头"，为了进一步落实"怒江所需、珠海所能"的帮扶决策，不断找准工作发力点，进一步加强与珠海市卫生健康部门的沟通对接，建立健全工作机制，最终取得扶贫攻坚的胜利。着力解决和防范因病致贫返贫问题，以"基本医疗有保障"为基准，打好"防、控、治"政策组合拳，为怒江州脱贫摘帽、贫困患者消除"病根"提供健康保障。提升帮扶项目的综合效益，拓展更多、更优质的协作项目，推动东西部协作健康扶贫工作不断深化。

（一）提升贫困人口健康素养，打好健康扶贫的重要基础

解决"未病先防"的问题是推进健康扶贫的首要任务。要想解决这类问题就要从全民的健康教育抓起，着力提升贫困人口的健康素养。首先，应持续推进健康教育进乡村、进家庭、进学校、阵地建设和培养基层骨干队伍五大行动，以健康知识宣讲活动为基础，通过以雕塑展示、标语提示、图片宣传等方式，倡导健康行为，传递健康意识，发放

第七章　健康扶贫献大爱　固本拓新保小康
——以珠海、怒江开展医疗卫生帮扶协作为例

健康"明白纸"、健康教育处方等各类健康教育资料，在各类媒体刊登或播放相关健康知识，并为贫困群体讲解生活中的健康需求常识，满足其生活中遇到的基本健康需求。珠海市可定期安排专业人员到怒江州开展健康教育骨干培训，培育健康"明白人"。持续深入推进"健康宣传日"活动，针对建档立卡贫困人口、慢病患者、计生特殊家庭、孤寡老人等特殊和重点人群，开展健康义诊、体检和重点疾病筛查等活动，并向贫困群众发放健康教育工具，传播健康知识，使健康教育入脑入心，改变贫困群众不良的生活习惯。

此外，怒江州应合理利用珠海市的资金投入，积极建设健康场所，开展健康单位、健康社区、健康家庭等系列健康创建活动，让群众在参与中学到健康新知识，树立健康新理念。充分利用元旦、阔时节（傈僳族人民的节日）等节假日，以及世界防治结核病日、世界地中海贫血日等疾病宣传纪念日持续开展"健康宣传日"活动，进一步宣传健康扶贫政策，开展健康促进和健康教育。在怒江脱贫攻坚战中，健康扶贫领域涌现出许多先进人物、先进集体。例如，邓前堆同志获得"庆祝中华人民共和国成立70周年'最美奋斗者'"奖；管延萍同志获得2019年"最美支边人物"、全国"中国好医生、中国好护士"以及8月"月度人物"。在健康教育中，要全面总结健康扶贫成就，宣传好健康扶贫经验，讲好健康扶贫怒江故事，提升健康扶贫政策知晓率和认可度，进一步增强广大群众的卫生健康意识。

（二）持续提升医疗服务能力，健全健康服务递送系统

提升基层医疗卫生服务能力是影响健康扶贫的关键，实现贫困人口就近就医，使医疗卫生服务更便捷、更人性化。在珠海市人力、物力的支持下，应尽快将各州县医院建得更好，全力以赴做好等级医院创建；着力打造好一批具有怒江特色的临床重点专科，切实发挥好中医龙头医院的作用。同时，按照"六定两加强"原则，摸清县域内大病的贫困患者底数，加强对大病的精准救治，将患者的个人身份、患病病种、救治医疗机构、治疗过程和效果、报销等详细情况纳入动态管理系统全面推进大病专项救治工作。同时优化门诊特殊慢性病申办流程，贫困人口在州县卫生院申请办理，符合条件当日可在卫生院办结，方便群众将高血压、糖尿病、严重精神障碍、癫痫等门诊的特殊慢性病种放宽到一级

定点医疗机构组织认定申请办理。

此外，在卫生人才建设方面，继续实施"怒江名医"培养工程，全力提升全科医生培训基地能力，加大全科医生转岗培训力度。在大病集中专项救治措施中，增加大病救治病种，实现大病专项救治覆盖所有患大病且建档立卡贫困人口，做到"应治尽治"，并制订"一人一档一方案"。在制度建设方面，在推进家庭医生签约制度、多层次医疗保障制度、分级诊疗制度的同时，要出台相应的政策，保障贫困人口的用医需求，提高医疗卫生服务能力。① 在卫生监督管理工作中，扎实推进医疗卫生、学校卫生、公共场所、生活饮用水等监督检查工作，抓实卫生行政许可、执业医师和护士注册等服务性工作，并落实有关项目的怒江州相匹配的资金，保障基层卫生设施建设项目稳步推进，为群众创造良好的就医条件。

（三）齐心协力，推动健康扶贫工作的持续性

珠海市与怒江州协同行动是健康扶贫行动取得理想成效的关键条件，怒江州应完善因病致贫返贫跟踪预警和精准排查帮扶机制，坚决防止因病致贫返贫。首先，依托对口帮扶、远程医疗等方式，持续提升县域医疗服务能力，不断提高县域内就诊率。怒江州可设立人才引进激励基金，提高优秀医疗技术人才待遇，吸引更多珠海市以及全国各地的医疗专业技术人员来到怒江，以保证怒江州的人才需求。同时注重医疗保障制度和其他制度的协同发展，在完善基本健康保障计划的同时，可加强医疗保险与养老保险的衔接，形成共担疾病经济支出的合作体，降低怒江州扶贫基金的压力。把"当下改"与"长久立"紧密结合，适时组织开展"回头看"工作，举一反三，巩固问题整改工作成效。切实履行脱贫攻坚主体责任，倒排工期，加快推进健康扶贫项目建设。②

珠海市在帮扶怒江的过程中，着力推进"健康怒江"行动，全面实施健康知识普及、合理膳食、全民健身、控烟等专项行动，发挥中医

---

① 翟绍果、严锦航：《健康扶贫的治理逻辑、现实挑战与路径优化》，载《西北大学学报（哲学社会科学版）》2018年第48卷第3期，第56-63页。
② 陈豪荣：《舟山市多举措开展涉氨专项治理》，载《劳动保护》2018年第6期，第24-26页。

第七章　健康扶贫献大爱　固本拓新保小康
——以珠海、怒江开展医疗卫生帮扶协作为例

优势,防控重大疾病,全方位干预健康影响因素,维护生命周期健康。① 全面落实重点传染病、地方病综合防控三年攻坚行动,加强贫困地区疾病综合防控工作,加大深化医药卫生改革力度,持续加大"三医"联动改革力度,加快推进基本卫生制度建设,完善重大疾病防控体制机制,健全公共卫生应急管理体系,聚力补短板、堵漏洞、强弱项。总之,增强健康扶贫的可持续发展能力,需要怒江州不断完善扶贫制度,学习珠海市的医疗保障政策,在扶贫制度上实现协同发展。

（四）强化工作保障,促进对口帮扶有效落实

怒江州应持续落实贫困人口基本医疗、大病保险、医疗救助、特困资助的"四重保障",并合理安排珠海给予的财政经费投入,通过围绕"基本医疗有保障",确保完成"户脱贫"底线任务;围绕"村出列"标准,巩固行政村卫生室标准化建设成果;围绕"巩固提升"指标,切实推进县乡医疗卫生机构达标建设。全面组织实施省内外对口帮扶工作,牢牢抓住珠海市对口协作扶贫机遇,加强派驻医生的管理,与怒江州的医疗机构建立对口帮扶关系。强化帮扶措施,不断深化"走出去""请进来""送下去"三项措施,扎实推进医疗改革,充分发挥"传帮带"作用,进一步提升全县医务人员的诊疗服务水平,有效提升怒江州基层卫生院的健康医疗服务能力和健康扶贫的工作水平。② 并且要深化组团式帮扶,以"三保障"领域为重点,实现从"有病可医"到"卫健保障"的转变。扩大学校—医院结对,推行"珠海班""怒江班"办学模式,定向培养优秀医护人才;深入开展支医助患工作,让贫困群众有更多的获得感。

此外,当前亟须强化现有政策措施,在保持现有政策的连续性和稳定性的基础上,充分发挥基本医保、大病保险、医疗救助各项制度优势,并在健康扶贫过程中明确责任,完善合理的帮扶机制,从而确保帮扶的有效性。相对贫困群体的识别可以是自下而上主动申报和自上而下

---

① 国务院:《国务院关于实施健康中国行动的意见》(国发〔2019〕13号)。
② 王联国、张梅:《"八个坚持"打好健康扶贫攻坚战》,载《人口与健康》2020年第8期,第52-53页。

深入核实,并由政府相关部门进行精准干预,防止其陷入绝对贫困。① 促进对口帮扶的有效落实,不断增加人民群众的获得感、幸福感和归属感。

---

① 陆汉文、杨永伟:《从脱贫攻坚到相对贫困治理:变化与创新》,载《新疆师范大学学报(哲学社会科学版)》2020年第41卷第5期,第2、86-94页。

第八章
旅游扶贫添活力　怒水青山绽笑颜

——以山海旅游扶贫工作为例

为深入贯彻党的十九大关于脱贫攻坚的新要求和习近平总书记在深度贫困地区脱贫攻坚座谈会上的重要讲话精神，全面落实中办、国办《关于支持深度贫困地区脱贫攻坚的实施意见》，国家旅游局（现文化和旅游部）、国务院扶贫办印发《关于支持深度贫困地区旅游扶贫行动方案》，聚焦深度贫困地区，切实加大旅游扶贫支持力度。云南省委、省政府在怒江州脱贫攻坚工作汇报会上，提出"抓紧谋划怒江旅游开发，实现大峡谷从大难题变成旅游大产业大动力，让怒江群众更多地从旅游产业中脱贫致富"的要求，为怒江脱贫攻坚战指明了目标和方向。以习近平总书记系列重要讲话以及考察云南重要讲话精神为指导思想和根本遵循，将发展旅游产业作为怒江州脱贫攻坚的主要途径，全面加强旅游供给侧结构性改革，坚持走生态优先、绿色发展道路，对于怒江州牢固树立创新、协调、绿色、开放、共享发展理念，全面推进脱贫攻坚，推动旅游业高质量发展，建设美丽怒江，具有重要的现实意义。

一、旅游引领"致富路"，保护开发"两手抓"

习近平总书记提出"精准扶贫"概念以来，各地纷纷加大扶贫工作力度，重新审视扶贫方式和管理机制。旅游扶贫作为诸多扶贫方式之一，具有起步门槛相对较低、人群适应性较强、整体扶贫效果较好、弱势人群就业带动能力较强等方面的特点，近年来受到中央及地方政府的高度重视。通过开发贫困地区丰富的旅游资源，兴办旅游业的经济实体，从而给贫困地区带来经济、文化、社会、生态等多重效益。2015年，《国务院关于促进旅游业改革发展的若干意见》《关于进一步促进

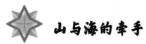

旅游投资和消费的若干意见》都提出要大力发展乡村旅游，带动贫困地区脱贫致富；2016 年，国务院印发《"十三五"脱贫攻坚规划》，指明开展旅游扶贫的详细措施；2017 年与 2018 年中央一号文件都将通过发展旅游产业带动贫困人口脱贫作为重中之重，这无疑是对旅游扶贫价值的充分肯定。

(一) 旅游扶贫能为贫困地区创造巨大的经济效益

旅游扶贫指的是通过发展旅游业以增加农户收入，帮助贫困农户摆脱贫困状况的一种发展方式。① 旅游业被称为"无烟工业"，是关联度非常高的产业。世界旅游组织（UNWTO）测算，旅游收入每增加 1 元，可带动相关行业增收 4.3 元。② 这种乘数效应在贫困落后地区更加明显，因此，发展旅游扶贫可有效地带动农村产业发展，促进地方经济的发展。这既可以通过引导贫困群众为游客提供住宿、餐饮等服务，提升贫困群众的收入水平，亦可通过吸纳大量贫困群众参与旅游开发基础工作，或从事旅游行业，来推动就业率提升，进而缓解政府的财政压力。在具体实施过程中，这一效应也得到了证实。如福贡县匹河乡老姆登村"网红"郁伍林，抓住旅游契机，通过经营该村第一家客栈成功致富。致富了的郁伍林，并没有忘记乡亲们，他通过分享经验，手把手地教其他村民客栈选址、客栈装修布局、旅游接待等技能，带动了老姆登村旅游业的发展，开了怒江州个性化乡村旅游先河。如今，人均耕地只有 0.76 亩的老姆登村，相继建成 20 多家客栈，过节放假的时候家家爆满，全村旅游业直接从业人员有 130 多人，每年旅游业收入达 300 万元。③ 可以看出，旅游扶贫这一举措无论何时。带来的经济价值都是不容忽视的。

(二) 旅游扶贫能为贫困地区创造显著的文化效益

首先，旅游扶贫所带动的就业率的提高，一定程度上将激发当地旅游

---

① 陶少华：《资本理论视阈下旅游扶贫类型学新探》，载《云南民族大学学报（哲学社会科学版）》2020 年第 37 卷第 1 期，第 106 – 110 页。
② 李刚、徐虹：《影响我国可持续旅游扶贫效益的因子分析》，载《旅游学刊》2006 年第 9 期，第 64 – 69 页。
③ 郁伍林：《怒江乡村旅游产业领头雁》，载《怒江日报》2019 年 7 月 29 日，见 http：//zwb. nujiang. cn/Html/2019 – 07 – 29/16449. html。

从业者积极参与职业培训,有利于提升其职业技能与素养,也有利于提升贫困地区劳动力的整体素质。其次,许多贫困地区仍保留具有本地区特色的民俗文化,旅游产业的发展能促进贫困地区文化艺术与城市现代文化艺术的交流融合,也能吸引更多具备优秀文化、艺术人才参与到贫困地区的文化建设中,取其精华,弃其糟粕,融合创新,共同保护与发展传统民俗文化。如通过举办"江海情•携手行"怒江—珠海歌舞展演,并拟定《怒江州民族文化工作团赴珠海演出系列活动总体方案》,以更好推进两地文化交流的渗透力。最后,在推动旅游脱贫的过程中,贫困地区可以借助旅游宣传平台,向当地群众宣传旅游产业发展趋势、旅游服务基础知识、社会主义核心价值观、社会主义现代化建设与法治建设理论等内容,加快培养具有良好道德认知水平与文化知识水平的高素质公民。

(三)旅游扶贫能为贫困地区创造更多的社会效益

旅游扶贫这一战略对建设和谐社会也起重要作用。近几年来,随着我国贫困地区劳动力外出打工人数逐年增多,"空心村"现象严重。在贫困地区发展旅游产业,可以有效改善当地的经济条件、生活条件、卫生条件等,以留住、用好当地劳动力资源。未来还可以继续借助乡村振兴战略与旅游发展政策措施,号召和鼓励贫困地区劳动力回乡发展、建设家园。实施旅游扶贫可以促进当地人思想意识的进步,使其具有与时俱进的发展观念,并形成健康协调的发展理念。如泸水市鲁掌镇三河村通过发展"观鸟经济",不仅提高了村民的经济收入,也因此将从前打鸟、卖鸟、吃鸟的猎人,转变成现在爱鸟、护鸟、养鸟的"鸟导",使村民自觉树立起发展与保护并重的意识。除此之外,旅游扶贫能吸引更多的外来人口,不管是来怒江州创业发展的商人,还是短期旅游、研学的客人,他们都不可避免地会与当地村民进行交流,自然就把外来的优秀道德品质、行为习惯、生活方式等带入当地,多种文化相互交融,对提高当地社会发展水平具有重要作用。旅游扶贫的社会价值,在未来的发展中仍将起不可替代的作用,可以说,这种社会价值具有很高的价值底蕴。

(四)旅游扶贫能为贫困地区创造良好的生态效益

党的十九大报告明确提出了生态文明建设的方向和任务,指出:"我们建设的现代化是人与自然和谐共生的现代化,既要创造更多物质

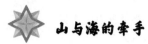

财富和精神财富以满足人民日益增长的美好生活需要,也要提供更多优质生态产品以满足人民日益增长的优美生态环境需要。"① 绿色发展已经成为我国当前的一大发展理念,"绿水青山就是金山银山"这一观念也逐渐被社会认同。近年来,云南省、广东省陆续出台的《云南省生态扶贫实施方案(2018—2020年)》《珠海市生态文明建设"十三五"规划》等,均体现了生态环境对现代社会发展的重要作用。在旅游扶贫中,这种价值观念非常明显。如怒江州在2020年有3万名贫困群众当上了生态护林员,户均年增收1万元,带动12万建档立卡贫困人口实现稳定增收脱贫。全州实施"保生态、防返贫"生态建设巩固脱贫成果行动,组建了185个生态扶贫专业合作社,推进"怒江花谷"生态建设,与退耕还林、产业扶贫等有机结合,实现生态效益和经济效益双丰收。今天的怒江州森林覆盖率达78.08%,居全省第二位,蓝天、碧水、青山成为云南一张亮丽的生态名片。

二、资源丰饶"渡无舟",怒水青山"人未识"

怒江傈僳族自治州是一个集边疆、山区、民族于一体的地方。怒江州地处三江并流的世界遗产腹地,位于青藏高原东南边缘横断山脉的怒江深山峡谷中,北接西藏自治区,西与缅甸接壤。在全州14703平方千米的土地上,居住着傈僳、怒、独龙、普米、景颇、白、汉等12个民族,总人口55.7万,其中,少数民族占总人口的92.6%。怒江州奇异的地理环境、特殊的区位条件和众多的少数民族聚居,为该州旅游业的发展奠定了良好的资源基础,但同时也呈现出社会经济形态发展的"滞后性"与资源的"富饶性"并存的特征,是典型的资源禀赋最优、发展水平最低的正负极叠加区。

(一) 发展优势

1. 山川地貌奇特壮观

怒江州地理位置处于横断山脉腹地,属喜马拉雅山地槽区的察隅—

---

① 习近平:《决胜全面建成小康社会 夺取新时代中国特色社会主义伟大胜利——在中国共产党第十九次全国代表大会上的报告》,2017年10月27日,见中国政府网:http://www.gov.cn/2017-10/27/content_5234876.htm。

腾冲褶皱系，受青藏高原隆起和抬升的影响，其地质构造极为复杂。（图8.1）全州98%以上的面积是高山峡谷，海拔在4000米以上的山峰有40多座，"看天一条缝，看地一道沟；出门靠溜索，种地像攀岩"是怒江的真实写照。大自然的神奇造化，赋予了怒江州无限的宝藏、风光和风情。州内著名的奇峰有：福贡利沙底的"石月亮"、福贡亚谷怒江中的"江心崖"、紫楞河边的"紫楞崖"、贡山嘎啦博怒江中的"江中松"等。特别蔚为壮观的是利沙底的"石月亮"，高悬于海拔3362米的高黎贡山山峰上，被当地傈僳族群众称为"亚哈巴"。（图8.2）"二战"期间，"驼峰"航线上的飞行员把它作为"航标"，民间也有甚多神奇的神话传说故事。[①] 州内有高黎贡山、碧罗雪山、担当力卡山、云岭山脉夹怒江、澜沧江、金沙江形成的"三江并流"奇观，于2013年被联合国列入《世界自然遗产名录》。"三江并流"保护区是大范围、多功能的风景名胜区，景区内飞瀑悬天、峡谷幽深，拥有怒江第一湾（图8.3）、独龙江绝壁、雄伟林立的冰斗雪峰、云岭——兰坪罗锅箐丹霞地貌、板块碰撞的地质景观等。2003年，世界自然遗产"三江并流"的申报成功，大大提升了处于"三江并流"核心腹地的"怒江大峡谷"旅游开发的品位，为怒江州发展旅游业提供了千载难逢的机遇。[②]（图8.4）

图8.1 秘境独龙江

图8.2 怒江奇峰"石月亮"

---

① 《地形地貌》，2019年9月8日，见怒江傈僳族自治州人民政府官网：https://www.nujiang.gov.cn/2019/0908/13039.html。

② 陈贵刚：《怒江州旅游业发展问题探析》，载《中共云南省委党校学报》2007年第1期，第123－124页。

图8.3 怒江第一湾

图8.4 "三江并流"奇观

2. 生物景观丰富多样

怒江全州国家级自然保护区面积达32.3万公顷，占全省国家级自然保护区面积的43.9%，占全州面积的22%。怒江州多数地带仍保存着不少古老的孑遗种、珍稀种和特有种，具有生物带谱优势，其中，高级植物就有3000多种，是我国寒、温、热三个气候带兼备的生物物种基因库。因此，怒江州本身就是一座天然的生态公园，是理想的探险、科考、观光旅游的胜地。州内高黎贡山国家级自然保护区现已建成姚家坪森林旅游度假村，在这里待一天即可感受到高黎贡山春夏秋冬四季的气候和景色。（图8.5）保护区内有保护完整的植被垂直景观，多种多样的森林植被类型和种类繁多的珍稀动物，共同组成了我国最引人瞩目的原始常绿阔叶林区。州内独龙江峡谷蕴藏着丰富的自然资源，动植物种类较多，可以说，独龙江峡谷是云南"动植物王国"中的一颗明珠，潜在的研学旅游价值甚高。（图8.6）在独龙江流域1994平方千米的范围内，每平方千米平均只有1.7人，人类活动相对稀少，因此，这里独特的地形地貌、生态环境和丰富的自然资源得以完好保存，如长春木、钩萼等植物特有种有490多个，还有岭牛、戴帽叶猴等国家保护珍稀动物。（图8.7）作为亚洲大陆最重要的动植物王国和物种基因库，这里被科学家称作"东亚物种多样性中心舞台""野生植物天然博物院"，同时也是中国原始自然生态、原生动植物带谱保留最完整、特征最明显、跨幅最大的生物河谷。（图8.8）

图8.5　高黎贡山区

图8.6　独龙江峡谷

图8.7　国家珍稀濒危鸟类黑颈鹤在丙中洛觅食

图8.8　濒危植物大树杜鹃

3. 民族风情浓郁古朴

怒江州有着悠久的历史文化，在深山峡谷中，世代居住着傈僳族、怒族、独龙族、白族、普米族、藏族等少数民族，各族人民创造了丰富多彩的民族文化和宗教文化，不仅有着神奇的史诗神话、传说故事，而且有迷人的民族风俗、歌舞和节庆活动。如傈僳族民歌《摆时》，普米族舞蹈"塔塔"，傈僳族的"上刀山""下火海"仪式，独龙族的"纹面"习俗和"剽牛祭天"仪式驰名海内外。（图8.9）其中，普米族舞蹈种类繁多，内容十分丰富，既有自娱性与交际性的舞蹈，如《搓磋》《葫芦笙舞》，又有模拟性和礼仪性的舞蹈，如《仆瓦磋》，还有崇拜英雄、自然、祖先神灵的祭祀舞和丧葬舞，如《醒鹰磋》《寨细磋》等。傈僳族的阔时节、澡塘会，怒族的鲜花节、朝山节，独龙族的开强瓦节，普米族的情人节、七月半节等是民俗采风的最佳节日。见图8.10。宗教文化方面，丙中洛地区形成了多民族文化和多元宗教相互交融的格局。该地区居住着傈僳、怒、独龙、藏、纳西等多种少数民族，拥有原始宗教、藏传佛教、西方天主教、基督教（新教）等多种宗教信仰，多彩的民族文化与丰富的宗教文化共存共融，交织起"百里不同俗"的文化特点。此外，干栏式竹楼、木楞房、石片顶房、千脚落地房、三房一照壁、四合五天井等独具特色的民居建筑在州内随处可见。见图8.11。

图8.9　傈僳族民间传统艺术"上刀山"

图8.10　傈僳族澡塘会

4. 文化遗迹灿烂辉煌

怒江州特有的历史文化与自然资源交相辉映，相得益彰，构成怒江旅游资源鲜明的个性与特色。1910年，英帝入侵片马，片马管事勒墨夺扒率傈僳、景颇等各族民众用长刀、弩弓奋起抗击，彰显了峡谷儿女崇高的爱国之情。为纪念片马人民抗英斗争取得的胜利，在党中央和云南省委、省政府的关怀和支持下，片马人民抗英胜利纪念馆于1989年6月4日落成完工，这对推动地方经济的发展，带动边境地区旅游业的发展，建立边疆民族地区爱国主义思想教育阵地，为社会主义物质文明和精神文明建设做出了积极的贡献（图8.12）。"二战"期间美国飞行员福克斯驾驶的C-53驼峰坠机残骸陈列于怒江驼峰航线纪念馆里，可以说，C-53坠机残骸不仅是记录中国抗日战争历史和世界反法西斯同盟的一件珍贵文物（图8.13），也是怒江人民爱好和平、同仇敌忾、抵御侵略的历史见证。此外，玉水坪新石器遗址、马鞍山新石器遗址、泸水上江石棺墓、六库土司衙署、吴符岩画、腊斯底岩画、茶马古道、匹河飞来石、碧江故城、知子罗八角亭、怒江虎跳石、怒江石门关、丙中洛白汉洛教堂、喇嘛教普化寺、兰坪金鸡寺、泸水伊寺、老姆登教堂、沧江书院等历史文化遗迹现保存较好（图8.14），无一不彰显着怒江州的历史文化底蕴。见图8.15。

第八章 旅游扶贫添活力 怒水青山绽笑颜
——以山海旅游扶贫工作为例

图 8.11　茶马古道

图 8.12　片马抗英纪念馆

图 8.13　修复后的 C-53 型运输机坠机

图 8.14　普化寺

图 8.15　老姆登教堂

图 8.16　怒江美丽公路全线通车试运行

(二) 发展机遇

1. "精准扶贫" 战略提供政策支持

在精准扶贫大背景下，国家陆续出台相关政策文件，以推动旅游与精准扶贫相结合。2017 年 10 月 24 日，国家旅游局（现文化和旅游部）、国务院扶贫办、国家林业局（现国家林业和草原局）联合印发《关于开展旅游精准扶贫示范项目申报工作的通知》；2018 年，中央一号文件《中共中央 国务院关于实施乡村振兴战略的意见》提出构建农村第一、第二、第三产业融合发展体系，实施休闲农业和乡村旅游精品工程；2018年《政府工作报告》提出深入推进产业、教育、健康、生态扶贫发展，补齐基础设施和公共服务"短板"，激发脱贫内生动力；2018年2月27日，国家旅游局（现文化和旅游部）发布《关于进一步做好当前旅游扶贫工作的通知》；2019年国家旅游局陆续出台《关于促进乡村旅游可持续发展的指导意见的通知》《关于实施乡村旅游富民工程推进旅游扶贫工作的通知》《关于进一步做好当前旅游扶贫工作的通知》《生态扶贫工作方案》等一系列旅游扶贫政策。这些政策的出台给云南省特别是怒江州的脱贫攻坚战提供了重要支撑，加快了脱贫攻坚步伐。在这一背景下，怒江州将旅游业培育成为推动怒江社会经济发展的五大支柱产业之一，将旅游业作为怒江州的经济增长点来重点培育，将使怒江州多方受益并获得更多的发展机遇。

2. 优越的外部旅游环境

首先，包括川、滇、藏三省（区）的"中国香格里拉生态旅游区"当前已被列为国家重点旅游开发区，成为国内外游客向往、旅游界青睐的旅游目的地，怒江州大可"巧借东风"，以此擦亮怒江旅游的名片；其次，州内拥有的"三江并流风景区"已经被联合国教科文组织确定为世界自然遗产，极大地提高了该区知名度；再次，依托滇西主要的交通线路，串联德宏、保山、大理、丽江、迪庆、怒江6个州、市、重要景区景点的大滇西旅游环线建设正在全力推进，这是推动怒江州深度贫困地区和沿线州市脱贫攻坚、建立脱贫长效机制的重要举措；最后，怒江州西邻缅甸，近年来，中缅跨国旅游蓬勃发展，中缅互送客源成倍增加，怒江州邻近的地区旅游热度居高不下。去怒江邻国、邻地州的游客可顺道游怒江，同时，来怒江的客人也可顺道去邻国、邻地州，以此形成一个互相效应。此外，丝绸之路经济带战略涵盖东南亚及东北亚经济，最终融合在一起通向欧洲，形成欧亚大陆经济整合的大趋势。怒江州作为"一带一路"的重要支点城市的补给站，具有优越的地理优势与丰富的文化旅游资源，可以在国家的"一带一路"倡议中获得旅游发展机遇。

3. 交通条件大为改善

怒江州经过多年的建设，交通条件已大为改善，往日的步道、驿道被宽阔平坦的公路替代，大江大河的桥梁使天堑变通途。截至2019年底,怒江州公路总里程达6065千米,建成了东出大理白族自治州、丽江市,北进西藏自治区、迪庆藏族自治州,南入保山市的外出通道,形成以纵贯州内南北和东西为主干、农村公路为辅的内联通道,内联外通的交通网络格局已基本形成。① 自云南省委、省政府提出建设大滇西旅游环线的重大战略部署后,怒江州重点规划了《怒江旅游业高质量发展三年行动计划(2020—2022年)》,涉及的交通项目有22个,总投资达397.55亿元,主要包括高速公路、旅游公路和机场铁路航运项目建设三大工程,力争逐步破解怒江交通瓶颈制约。值得一提的是,怒江州美丽公路改扩建工程于2018年8月全面启动,与其他很多旅游公路不同的是,怒江美丽公路还将专门建设贯穿全程的慢行道路系统,路线全长321千米,超于贡山县丙中洛镇,止于泸水市六库镇,等到建成投入使用后,将对沿线旅游发展提供极大的便利。见图8.16。

(三) 发展瓶颈

1. 生态环境脆弱,自然资源易遭破坏

良好的生态环境是滇西最具魅力的旅游资源基础,也是滇西旅游业能够持续发展的关键所在。但是,滇西地区由于海拔较高,加之地形地貌构造复杂,自然生态环境极为脆弱,一旦遭受破坏,便很难恢复原生形态。怒江州60%以上的国土面积为天然林、公益林、自然保护区、世界自然遗产保护区,加之高山峡谷面积占98%以上,处于国家重要生态功能屏障区,怒江全境旅游资源富集区基本属于生态红线保护区,这种脆弱性表现得更加明显。旅游业的发展离不开相关基础设施和辅助设施的建设,在呈"条带状"的峡谷区内进行基础设施的开发和建设,不仅会使土壤肥力下降,更严重的是将引发地质灾害,对生态环境产生严重影响。

2. 资源特色不够凸显,缺乏旅游核心竞争力

怒江州虽然位于"三江并流"世界自然遗产的核心区以及"香格里拉生态旅游圈"旅游环线上,但是优越的自然资源、区位条件却始终没有转化为真正的旅游发展优势。怒江州内民族众多,主体民族为傈

---

① 《怒江:推动文体旅融合发展》,2020年4月16日,见云南网:http://culture.yunnan.cn/system/2020/04/16/030647114.shtml。

傈僳族，独有民族为独龙族、怒族，还有普米族、藏族等其他民族，民族文化的多元性特征十分明显，可开发出不同主题的民族文化产品。这既是其发展旅游业的优势，也是制约其旅游业发展的瓶颈所在。文化多元而缺乏鲜明主题的民族旅游会让游客感到迷茫，但依托地区核心民族文化所树立的固定对外旅游形象，将在吸引游客的基础上夯实文化旅游资源。反观怒江州邻地，在观光旅游资源方面，大理以大理古城、苍山洱海、鸡足山等为依托，民族文化旅游以白族风情为主；丽江以玉龙雪山、泸沽湖、虎跳峡等生态观光旅游资源为依托，重点凸显纳西族文化；而迪庆以高山草甸风光等生态旅游资源为依托，强调其藏族风情等，这使得游客在迪庆、大理旅游获得了满足感后，就不会再到怒江州去追求同样的旅游感受。怒江州在依托于峡谷风光、民族文化的基础上，既发展民族文化旅游，又发展生态观光旅游，项目开发难度较大，且怒江州旅游业发展起步较晚，因此，其旅游市场形象易为大理、丽江、迪庆等邻地所影响，在滇西北众多区域的旅游发展中面临严峻的竞争压力。

3. 旅游人力资源缺乏，产业发展智力支撑不足

旅游扶贫决定了旅游项目的开发主要集中在偏远的贫困地区，这类地区经济发展落后，产业单一，生活水平较低，客观上缺乏对人才及本土劳动力的吸引力，这是旅游扶贫项目中人力资源不足的根本原因。怒江州内的4个主体民族都是新中国成立后才由封建、奴隶甚至原始社会跨跃进入社会主义社会的，虽然与过去相比，生产得到较大发展，但生产力水平仍然很低，思想观念相对保守，各民族在生活方式上仍保存着一些原始而封闭的习俗。州内多民族杂居，人口少，村寨相隔较远，绝大多数群众文化素质不高，甚至没有受过什么教育，且受投入制约，不能满足大量培养或引进急需的各种旅游人才的要求。因此，全州的文化旅游紧缺专业型人才，特别是文艺创作、文旅项目运作、管理等方面的人才严重短缺，精品文艺创作能力不足，这在一定程度上制约了旅游项目的创新性。同时，基层文化队伍流动性大、稳定性差，缺乏文艺创作、策划、编导、管理、民族文化数据加工等人力资源，无法满足旅游业发展对劳动力数量与质量的需求，使旅游服务及管理水平相对低下，从而制约旅游业的发展。

三、精准扶贫"三聚焦",合奏旅游"交响曲"

为推进文化旅游成为山海扶贫协作的先导产业,珠海市文化广电旅游体育局根据《珠海市对口怒江州扶贫协议工作计划(2016—2019)》的总体部署和《珠海市对口怒江扶贫协作旅游文化体育产业发展工作方案》精神,组织多个工作组赴怒江州开展涵盖文化、旅游、体育等方面的调研活动,并与怒江州有关单位积极互动,以"江海情·携手行"为主题,聚焦文化交流、人才培育、产业"把脉"三个方面,采取十项举措,深化两地旅游合作,加快实现两地旅游资源互补、客源护送、营销共宣、产品共生、市场共拓、发展共赢,以帮扶怒江州旅游产业发展。山海旅游协作机理见图8.17。

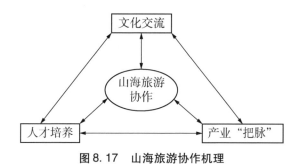

图8.17 山海旅游协作机理

(一)聚焦旅游文化交流,资源互补促发展

第一,加强旅游交流互访。珠海市每年举办一期怒江旅游文化主题活动,以提升怒江旅游知名度。2017年,珠海市与怒江州联合开展以"山海情·携手行"为主题的"怒江文化走进珠海"系列交流活动,邀请怒江州民族文化工作团走进珠海横琴新区、香洲区、金湾区、斗门区和香洲区的珠海大剧院进行展演。由怒江傈僳族、怒族、普米族、独龙族组成的富有民族特色的方阵,参加了斗门区第十三届元宵民间艺术大巡游,中央电视台综合频道、国际新闻频道和新闻频道均进行了报道,让全国人民领略了怒江及珠海历史人文和非物质文化的风采。再如,珠海市文化广电旅游体育局邀请怒江州旅游发展委员会参加"2017香港国际旅游博会"和"2017澳门国际旅游(产业)博览会",让怒江旅游更好地吸引香港游客，也为澳门及国际客源搭建平台。

第二，旅游互动宣传营销。山海两地加大对怒江旅游产品和线路的营销，通过在珠海市设立怒江旅游形象店，充分发挥珠海这一游客输出大市的优势，并积极组织珠海市游客到怒江州旅游，形成两地共推旅游线路、互送客源的共赢局面。（图8.18）。如珠海市在圆明新园中心剧场举办怒江旅游文化推介会，内容涵盖旅游推介、旅游商品展销、文明旅游倡议、旅游企业优惠线路和产品现场销售，以及旅游摄影展、旅游招商会等。两天的时间里，40多家珠海旅行社到场与怒江旅游企业洽谈相关业务，精彩的特色民族歌舞表演、丰富的旅游产品展销吸引了众多市民和游客。（图8.19）羊城晚报、珠海新闻网、香山网、珠海特区报、澳门日报、珠海广播电台、珠海电视台、今日头条、搜狐网等媒体均对本次推介会做了报道。（图8.20）珠海特区报也通过专题的形式，进一步报道了怒江精品旅游线路及怒江州少数民族节庆活动。此外，两地继续共同组织参加国内外旅游文化的重大营销活动，一起参与有关省市及区域性的旅游展会，参加珠海市旅游宣传促销、节庆会展等重大活动。

图8.18 怒江州旅游宣传活动现场

图8.19 园明新园中心剧场

图8.20 推介会场外的农特产品受到关注

图8.21 园明新园中心剧场怒江旅游展台

第三,协作开拓旅游市场。两地加强对精品旅游的深度研发,争取与旅游产品互为补充和延伸,形成合力。具体包括:其一,协同开展怒江州文化旅游产品研发工作,依托怒江少数民族文化和非物质文化遗产资源,打造文化旅游产品(图8.21);其二,以旅游线路、景区展演展示等形式,推动怒江州发展特色文化民俗旅游;其三,组织专家进行实地考察,共同谋划和制订旅游线路和方案。如珠海市旅游发展中心组织御温泉、汇华博雅、广州智景、岭南大地、珠海特区报、珠海广播电台、南方日报等珠海市旅游部门人员、旅游景区规划特约专家、媒体代表等一行赴怒江进行旅游资源实地考察。业界专家考察团就乡村旅游、景区规划管理、民宿运营管理等进行了现场交流指导,有利于扎实推进怒江旅游发展与扶贫开发的有机融合,建立科学的旅游扶贫工作机制。同时,珠海市文体旅游局计划在公交候车亭、公交车身投放怒江州旅发委旅游宣传内容,投放时间为期一个月,计划覆盖范围为20辆公交车身、60块公交候车亭灯箱,在珠海市整体范围内营造出旅游的氛围,进一步帮助怒江打造旅游知名度和影响力。

(二)聚焦文旅产业把脉,探索模式促融合

第一,签订旅游产业战略合作协议,建立旅游协作机制。签订合作协议旨在依托珠海市的区位优势、资金优势、产业优势、人才优势,借鉴珠海市成熟景区管理开发的经验,借力珠海市完善的网络平台、先进的营销手段、专业的投顾团队和管理队伍,以大滇西旅游环线规划建设为契机,帮扶怒江州加快培育旅游文化产业和打造旅游文化品牌,开拓市场,推动怒江州旅游文化产业发展,巩固脱贫攻坚成果。具体内容包括:共同推进编制《怒江傈僳族自治州文化旅游产业"十四五"发展规划》《怒江傈僳族自治州全域旅游发展规划》《怒江傈僳族自治州非物质文化遗产"十四五"保护规划》《怒江傈僳族自治州文物保护利用设施建设规划》等专项规划,珠海方提供规划建议和帮助;共同推进完善怒江州文化旅游公共服务设施,升级改造怒江州游客服务中心及智慧旅游服务网络;共同完善推进怒江州乡村(社区)旅游文化公共服务配套设施,建设独龙江乡文化站,提高乡村(社区)公共文化管理服务水平;等等。

第二,开发帮扶旅游产品。珠海市与怒江州携手制订多个方案,指导实施怒江旅游商品品牌提升工程,推出一批受珠海市场欢迎的怒江旅游特色商品名单,并通过线下或线上电商销售引导旅游购物。珠海市依托怒江州自然条件和资源禀赋,探索出"分散组织生产、集中规模经营"的模式,帮扶怒江州发展特色旅游产品。在有条件的地方开展中华蜂养殖、高原和冬早特色蔬菜种植等规模化种养殖项目,这些是怒江州创新的产业项目。按照现代农业产业化模式,成型产品直接对接怒江及其周边城市的旅游市场。同时,两地共同搭建线上与线下、批发与零售相结合的怒江特色旅游产品销售体系,拓宽产品销售渠道。此外,两地还以"5·19"中国旅游日为契机,在珠海举办"江海情·携手行"怒江旅游文化宣传和招商推介活动,当时有16家企业签订了合作协议或合作意向书。

第三,发挥优秀旅游企业带动作用。珠海市积极协调本市旅游企业到怒江州投资兴业。组织和引导珠海市有实力的文旅企业、协会到怒江州考察投资,共同开展文化旅游项目招商引资工作,引进行业龙头企业到怒江州开办独资及合资类企业。2016年,珠海市文化广电旅游体育局组织九洲控股集团、拱北口岸中旅、珠海航空国旅、珠海城市规划设计院、广州智景旅游研究院和吉林大学珠海学院文化理论研究所等市重点旅游企业、旅行社、旅游规划和文化研究机构赴怒江州开展扶贫协作对接及考察踩线工作,谋划珠海帮扶怒江州旅游业创新发展。在乡村旅游扶贫方面,珠海市加大力度协同发展乡村旅游业,组织动员珠海市旅游企业,对怒江州乡村旅游扶贫重点村进行脱贫帮扶,以安置就业、项目开发、输送客源、定点采购、指导培训等方式帮助怒江州乡村旅游扶贫重点村发展旅游,提升旅游管理水平、服务水平,提升接待能力。如珠海市安排怒江代表团考察珠海市斗门区虾山村、光明村、十里莲江、北山等乡村旅游及民宿产业发展成熟地区开展观摩学习,向怒江代表团展示集装箱精品民宿、多功能多元素乡村旅游生态农业园、旧学校改造民宿、历史文化旧古宅改建的精品民宿和体验性、参与性较强的乡村旅游产品等珠海市乡村旅游的成功经验。

(三)聚焦旅游人才培育,"筑巢引凤"促应用

第一,精准智力支撑帮扶。首先,从2017年起,珠海市用3年时间开展相关人才培养项目,依托珠海旅游院校的旅游专业资源,推动怒

江旅游职业教育发展；其次，组织和支持旅游规划设计单位开展针对怒江旅游规划扶贫公益行动，为怒江乡村旅游扶贫重点村编制旅游发展规划；最后，帮助怒江选出一批适应粤商投资的重点、重大旅游项目，搭建怒江旅游招商引资平台，适时开展"粤商入怒"的旅游专题招商活动，引进大型旅游企业参与怒江丙中洛国际旅游小镇、独龙江国家公园等项目的开发建设。如为进一步帮助怒江非遗项目的挖掘和线索整理，珠海市文化广电旅游体育局组织省、市非遗专家对怒江四县市进行非物质文化遗产项目调研，实地考察了普米族传统民居建筑、丙中洛镇怒族传统文化生态保护区、独龙族传统文化生态保护区等，走访国家级、省级非物质文化遗产项目传承人，并针对环境变化、非遗保护难度加大的情况，制订非遗保护相应预案。

第二，文旅人才培训帮扶。支持怒江州培养新型文化旅游服务人才，鼓励优秀企业平台、高等院校、科研院所等旅游规划、景区运营、产品开发民宿管理方面的专业人才，以远程指导、专项培训、学习交流挂职等形式，帮扶提升怒江州文旅人才队伍整体素质。2018年，珠海对口支援怒江专家组成员张震山带领其设计团队走访州市两级旅游部门，到维拉坝周边木志坝实地调研，走访当地干部群众探讨周边可开发的旅游资源，请教旅游策划专家，通过讨论研究，提出将维拉坝北区产业发展定位为区域旅游产业发展，并与丙中洛旅游产业相呼应，建设道路依托型自驾车旅游服务中心露营地为主体功能的新滇藏线"驿站"，并以此建议设计完成了维拉坝北区规划设计方案，为政府招商引资提供了可依据的蓝本。此外，为提升文化旅游工作者的业务能力，落实"香洲—泸水"东西部扶贫项目，泸水市在2019年中秋小长假期间，组织民间艺人、民族文化工作队、乡（镇）文化站工作人员、部分农村文艺队和社区文化活动点负责人以及局机关部分文化工作人员共46人前往珠海市香洲区，就香洲区文化公共基础设施建设情况、文物古迹保护和开发状况、旅游城市发展规划等内容与香洲区进行交流，不仅向发达地区"取经"，也向外界推介了泸水的民间传统文化和旅游资源。

第三，订单式旅游人才培养输送。每年安排5~10名怒江各级各类旅游人才到珠海市属旅游行业、旅游主管部门顶岗锻炼。实施《旅游人才培训脱贫帮扶行动计划》，3年内分批次帮助怒江培训旅游餐饮人才和农家乐旅游从业人员。例如：2017年，怒江州文化广电旅游体育局和新闻出版局派一名干部到珠海市文化广电旅游体育局挂职半年，这期间，他参加了大型培训、异地交叉执法检查、本地整治检查等行动；怒江州派出业余体校5名教练员到珠海市体育运动学校培训，与市体校精英教练员结对子，重点对旅游、柔道、田径教学进行跟班学习，让参训教练员拓宽了视野，提升了整体能力，培训取得了实效。经过3年多来的努力，贡山县已培训乡村导游70名，酒店管理人才83名，农家乐经营户30名，选派10名酒店管理人才到珠海跟班参与中高端酒店管理人才培训，组建120名公务导游队伍，并完成第一期培训等。这些措施强化了"造血"功能，有利于怒江州旅游人才的培育，增强了旅游产业发展后劲。

四、春风化雨惠"山海"，特色旅游"又一村"

在山海两地的携手努力下，怒江州旅游业呈现出欣欣向荣的良好态势。2019年，怒江州累计接待海外旅游者4.5万人次，与"十二五"末相比增长87.5%；接待国内旅游者461.61万人次，与"十二五"末相比增长75.56%；旅游业总收入641198.2万元，与"十二五"末相比增长180.36%。[①] 这充分表明怒江州旅游业正稳步前进，脱贫成果的根基在不断巩固夯实。

（一）"扶贫+旅游+"模式亮点凸显

第一，"扶贫+旅游+乡村"模式。怒江州共实施17个旅游扶贫示范村、165户示范户、29座旅游厕所等乡村旅游扶贫项目，到2020年底投入约3.5亿元，建成一批游客服务中心、停车场、旅游厕所、观景平台等旅游公共服务设施。通过旅游扶贫示范村和示范户项目的建设，怒江州乡村人居环境得到进一步提升，一些生态美、环境美、人文美的村庄逐渐呈现在大众的视野中。福贡县老姆登村被评为"中国最美村寨"，贡山县秋那桶村入选全国第二批乡村旅游重点村名单，乡村

---

① 怒江傈僳族自治州人民政府州长李文辉：《政府工作报告——2020年1月17日在怒江傈僳族自治州第十届人民代表大会第五次会议上》，载《怒江日报》2020年3月11日，见http://zwb.nujiang.cn/Html/2020-03-11/19088.html。

第八章　旅游扶贫添活力　怒水青山绽笑颜
——以山海旅游扶贫工作为例

旅游业态初步形成。同时，涌现出一批乡村旅游能人，贡山县丙中洛镇的阿白、阿土、陈建海，老姆登村的郁伍林、娅珍等旅游致富带头人，通过发展民宿、客栈、餐饮等乡村旅游小微企业，年户均收入近30万元，同时还带动了手工艺、种养殖、民族服饰、特色餐饮等的发展。

第二，"扶贫+旅游+生态"模式。生态资源是怒江最为富集的旅游资源，依托"扶贫+旅游+生态"的发展模式，将独龙秘境打造成为全州第一个3A级旅游景区，独龙江乡群众通过发展农家乐、民宿客栈等，享受到了旅游发展带来的红利，巩固了脱贫成果。鲁掌镇三河村是怒江州"旅游+生态+扶贫"的成功试点。该村依托良好的自然环境、独特的自然景观如阴阳山瀑布、丰富的动植物资源，特别是州内绿背山雀、斑背燕尾、火尾绿鹛、纯色噪鹛等珍贵的保护动物，以扶贫就业车间为载体，将生态保护与脱贫攻坚有机结合起来，发展观鸟旅游这一新产业，成立全州首个以观鸟、拍鸟、爱鸟、护鸟为主的三河村百鸟谷"旅游扶贫就业车间"，吸引近万名游客慕名而来，直接或间接带动三河村建档立卡户83户315人脱贫。

第三，"扶贫+旅游+体育"模式。怒江州山高谷深，江水湍急，是世界级户外运动的目的地。怒江州于2017年和2018年连续两年成功举办了"中国交建杯"中国怒江皮划艇野水国际公开赛。（图8.22）自2019年中国怒江皮划艇野水世界杯成功举办后，怒江州政府及时与省体育局、中国皮划艇协会、国际皮划艇野水委员会沟通对接，启动赛事申办程序，积极申办2020年国际公开赛及2022年皮划艇野水世界杯和2024年皮划艇野水世锦赛，同时，积极争取皮划艇国际顶级赛事永久落户怒江。（图8.23）国际赛事的举办，唱响了怒江州体育旅游新品牌，提高了怒江州的知名度、美誉度和影响力，为怒江州打赢脱贫攻坚战贡献了一份力量。

第四，"扶贫+旅游+公益"模式。鉴于泸水市独特的地形地貌及近乎原生态的自然环境，珠海市香洲区扶贫办积极对接广东救援大队、白云越野、中国兄弟连越野俱乐部、东江联盟等自驾游社会团体，于2018年7月13日开展越野E族云南"自驾车助学之旅"，动员社会团体资源，采用自驾游方式，开启爱心公益助学活动，并发掘泸水市自驾游旅游线路，拓展泸水市在相关旅游团的圈内影响力，由点及面，开展旅游扶贫。此次活动为泸水市贫困地区儿童共捐赠价值8.5万元的学习用品、体育用品等爱心物资，并获得省市多家媒体宣传报道。

图 8.22 "中国交建杯"新闻发布会

图 8.23 中国怒江皮划艇野水国际公开赛

（二）文化旅游设施日臻完善

开展脱贫攻坚工作以来，怒江州大批基础设施逐步建成，保证了怒江州文化旅游业的顺利开展。如今，怒江行政村公路硬化率达 100%，畅通的县、乡、村组公路，解决了群众的出行难问题；全州农村自来水普及率达 90.25%，农村供水保证率达 93.17%；所有行政村通动力电，建立公共服务和活动场所，广播电视信号实现全覆盖；各级公共文化服务设施建设不断推进，全州共有州级文化馆、图书馆各 1 个，县级文化馆、图书馆共 8 个，乡（镇）文化站 29 个，行政村文化活动室 255 个。社区文化活动室 16 个，农家书屋 275 个，农村业余文艺队 285 支；[①] 州文化馆新馆已建成并运行；独龙江、丙中洛景区的项目启动建设，景区道路、星级酒店、旅游厕所、步道、观景台、停车场、标识牌等一大批旅游基础设施项目建成，怒江州文化旅游基础设施焕然一新。

（三）旅游资源保护成效显著

怒江州每年以傈僳族"阔时节"和"澡堂歌会"、勒墨人"尚旺节"、独龙族"卡雀哇节"、怒族"仙女节"、普米族"情人节"、白族"二月会"等各民族节日节庆和"文化遗产日""怒江乡级农村农民文艺汇演"等活动为契机，组织传承人展演，丰富了群众的文化生活，扩大了民族的文化影响力。建立了包括自然保护区、原生态保护小区、

---

① 怒江州文化和旅游局：《怒江文化旅游产业呈现持续健康发展态势》，载《怒江日报》2019 年 9 月 18 日第 2 版。

第八章 旅游扶贫添活力 怒水青山绽笑颜
——以山海旅游扶贫工作为例

保种场、种质资源保护区、种质资源库（圃）、基因库等在内的遗传资源保护体系。拍摄制作《怒族手抓饭》《起奔制作》《傈僳族弩弓制作》《笛哩图制作》《营盘红米饵块制作》《恩棋卤腐制作》《老窝中元造纸》《老窝火腿制作》等专题片在怒江州广播电视台《新视界》栏目播放。组织142人的演出阵容赴内蒙古参加2018首届云南非遗印象巡演暨"各族人民心向党"大型文艺会演，并摘得了一金一银、一个优秀奖、一个团体展演荣誉奖的好成绩。对全州民族民间非物质文化遗产进行全面普查、评审和推荐，四级保护名录基本建立。同时，命名了国家级项目6项，传承人6人；省级项目17项，传承人33人；州级项目167项，传承人74人；县级项目50项，传承人167人。全力抢救濒临消亡的民族文化资源，先后搜集整理了《丧葬歌》《怒族神歌》《口弦恋歌》等15辑民族音乐专辑，出版发行了近400万字的"怒江州非物质文化遗产系列丛书"，并存入国家和民族知识库与智力库。

（四）旅游市场活力初显

在2020年云南省决战决胜脱贫攻坚系列新闻发布会怒江专场会表示，受疫情影响，"五一"假期全省游客接待量只恢复到2019年同期的66.8%，怒江州共接待游客52305人次，与2019年同期相比，增长3.57%，实现旅游业总收入1023.06万元，同比增长7.92%，这充分反映后疫情时代，怒江州作为旅游目的地备受外界青睐。① 截至2020年底，怒江州共有国内旅行社17家，经营网点5个，在册导游56人，旅游星级饭店15家，经营住宿类企业423家，民宿、特色客栈79家，各类餐饮企业2809家，游客观光体验休闲度假的景区景点有30多个。4年间，两地通过培训不断扶持电商人才、推动干部职工认购、电商平台推广等多种方式，激活了怒江州的旅游消费市场。如珠海引导怒江企业、合作社与州外企业和市场开展产销对接，协调相关政府机构、企事业单位开展"以购代捐"，并通过举办怒江农产品展销会，设立怒江扶贫产品馆，建设"兰坪O2O农产品"体验店及电商平台等，开展消费扶贫。

---

① 《怒江州旅游业在恢复中有序升》，2020年5月7日，见怒江州人民政府：https://www.nujiang.gov.cn/2020/0507/15169.html。

（五）文化旅游产业初具规模

经过 4 年的发展建设，怒江州旅游产业已初具规模。一是怒江州成功创建国家 3A 级旅游景区，启动建设一批旅游基础设施建设，乡村旅游不断发展，建成一批农家乐、客栈，其旅游接待能力水平也不断提高；二是独龙江生态旅游区景前区、"独龙人家家访"等 5 个文化旅游体验子项目有序推进；三是持续举办傈僳族"阔时节"、怒族"仙女节"、独龙族"卡雀哇节"、普米族"吾昔节"、白族"二月会""尚旺节"等民族文化节庆活动，充分挖掘和展示怒江民族文化和旅游资源，通过文艺展演、资源推介、体验活动等方式，文化旅游节庆品牌影响力进一步扩大；四是半山酒店重点项目正着力推进，登埂温泉半山酒店现已开工，2020 年内有望在怒江州建成 3 个半山酒店；五是 2017—2020 年，珠海市实施对口帮扶怒江产业项目 166 个，投入财政帮扶资金 2.645 亿元，涉及特色农业、蔬菜水果、中药材种植和中华蜂、家禽水产等养殖产业，以及农产品、民族服装和手工艺品加工车间、乡村农家乐等服务产业，受益的建档立卡贫困人口达 8 万多人。

五、固本强基靠"四原"，人兴财旺"聚宝盆"

中国共产党第十九届中央委员会第五次全体会议提出，要推动绿色发展，促进经济社会发展全面绿色转型，建设人与自然和谐共生的现代化。因此，结合怒江州旅游发展实际，依托州内原生态资源优势，深入贯彻落实习近平生态文明思想，以绿色发展为旨归，以推动旅游高质量发展为主题，按照"夯实基础、项目带动、打造精品、低碳发展"的思路，提出"四原"旅游发展模式（图 8.24），即"原色、原乡、原业、原质"，具体包括：完善旅游基础设施建设，夯实全域旅游基础；激活怒江州旅游资源、人才、重大项目等禀赋，打造特色文旅小镇；创新"旅游+"扶贫模式，丰富旅游扶贫新形态；突出生态、文化特色，探索"怒江牌"品牌建设等，以期全面激活"绿水青山就是金山银山"的综合带动效应，实现经济、文化、社会、生态效益的有机统一，缔造更加稳固又具有怒江特色的旅游新发展模式。

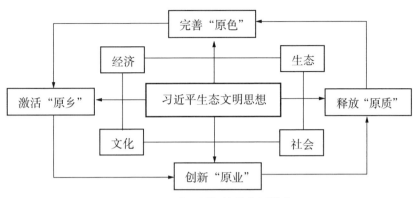

图 8.24 "四原"旅游发展模式

(一)完善"原色",夯实全域旅游基础

第一,完善旅游基础设施建设,升级公共服务水平。全面加强公共基础设施补短工作,促进全域旅游公共服务资源共建共享。一是加强旅游服务设施建设。完善餐饮、住宿、购物、娱乐和医疗等各类配套服务设施。二是推动综合交通建设大突破,构建适应怒江文化旅游产业发展需要的综合交通网络。适当增加怒江州与周边旅游景点的"直通车旅游巴士",完善区域辐射圈的旅游交通体系。全力加快剑兰和云兰高速公路、维通二级公路、兰福二级公路金顶至青吾甸段、怒江机场连接线等项目建设。加快云龙至泸水至片马高速公路、兰福二级公路青吾甸至匹河段、六库至丙中洛二级公路复线、贡山通用机场、保山至六库铁路、泸水小沙坝至大南茂航运等项目前期工作。三是对接社会各阶层服务需求,延伸和扩展州级文化馆服务方式,确保公共文化服务能够满足基层群众文化需求。在县(市)级以下,加紧推进文化馆总分馆制建设,完善县、乡、村公共文化服务体系建设,推进"半小时公共服务圈"服务网络建设。

第二,秉持全域旅游发展理念,保护文化旅游发展生态。一是树立全域旅游资源的思维。注重怒江州旅游资源的文化底蕴,深入挖掘山、水、民俗、宗教等文化旅游资源内涵,以健康和谐的文化氛围、形式多样的民族文化习俗、丰富多彩的文化载体吸引人。需要注意的是,文旅资源开发既不宜搞成封闭的文化保护区,也不宜过于简单地添加文化元素，对于主体性内容、活动氛围等，需要在尽量保留其原态的基础上进行叠加。各区内要建成智慧环保管理平台，实现对污染源的全天候、全方位、全覆盖监控，并对监控区域进行综合分析。要继续加强怒江州与珠海市等国内外民俗文化、生态保护组织、科研院所的协作，争取得到开发资金上的合作，以及发展思路上的指导。二是要抢抓大滇西旅游环线建设机遇，主动融入周边旅游区，与大理旅游区、丽江旅游区、香格里拉旅游区实施联动发展，与滇西保山、腾冲、临沧实施一体化发展战略，建立资源共享、产品互补、客源互流、利益共享的旅游网络体系。三是政府要转换角色定位，从全面主导旅游扶贫开发转变为制定旅游扶贫配套政策，并科学划定怒江州生态保护红线、永久基本农田、小镇开发边界等。例如，独龙江流域作为原生态的人类、民族、文化、自然环境于一体的独特地域，应将其开发成为科考、探险、民族和生态研究的特种旅游基地，通过高收费、先预约的方法，严格控制人流，严格保护环境。

（二）激活"原乡"，打造特色文旅小镇

第一，完善政府引导机制，发挥重大项目的带动作用。一要注重规划。立足怒江州原生态民族、文化资源以及周边风情村落环境，建设大型旅游公共服务中心和国家级乡村创客基地，集中展示怒江州丰富多彩的民族风情，输出璀璨的民族文化。二要加强管理引导。大滇西旅游环线建设是推动文旅产业转型升级，实现脱贫攻坚和乡村振兴有效衔接的关键抓手。要充分利用大滇西旅游环线重点项目，增加怒江州特色小镇数量与产业关联性，最大化发挥经济与社会效益，如持续打造科考研学、半山酒店、康养度假等高端化、差异化的旅游业态和以科考研学为示范的精品旅游线路。三是要彰显示范效应。通过发展特色民宿、民族餐饮、土特产销售等产业，充分调动脱贫致富典型，如老姆登的郁伍林、秋那桶的阿白等的积极性；通过先行先试，探索新的旅游扶贫模式，如泸水市三河村"扶贫车间+科普基地+护鸟协会+农户"的生态观鸟旅游发展模式和贡山县独龙江乡的"景区运营+合作社+非遗工坊+农户"的乡村旅游发展模式等，这些需要通过经验总结、特色推广、实地考察等方式，示范带动其他乡村的旅游发展。四是要强化对乡村旅游扶贫村建设的业绩管理，对规划编制实施和资金使用的监督管理，对乡村旅游经营户或企业的规范化质量监督管理等。

第二，深挖当地资源优势，构建文旅融合发展新高地。要深入挖掘和继承怒江州本地乡土文化，积极拓展地域风情、民俗文化、服饰首饰、语言风貌等元素，突出资源特色，科学定位特色小镇发展方向，打造具有本地独特优势的特色小镇。一是要依托独龙族、怒族、傈僳族、普米族神秘独特的少数民族文化，坚持以节庆文化、非遗文化、餐饮文化为抓手，大力发展文化体验旅游。例如：在百花岭村体验无伴奏四声部合唱；参与"阔时节""刀杆节""射弩会"等节庆活动，纪念和体验集于一体；推出"看一部老电影、唱一首民族歌曲、吃一顿民族饭"主题研学游活动等，激活景区的文化活力，释放旅游新亮点。二是要拓展旅游外延，强化以少数民族民俗文化、红色文化等为体验点的路线和景点建设，以"5A+"的标准做精观光旅游项目，大力丰富和创新旅游产品体系，吸引创意文化产业项目落户。如对农村的旅游设施进行特色化改造，建立一些集景观农业、休闲农业、文化创意农业于一体的乡村文化主题公园，打造一批田园综合体，实现"一镇一特色"，支撑"峡谷怒江·养心天堂"旅游品牌建设。

第三，拓宽育才引智渠道，破解乡村旅游制约机制。建立云南省旅游创意人才信息交流平台，构建人才引进快捷通道，突出"一人一策"，通过多种形式加大人才引进力度，以建立一支结构合理、水平高的创新人才队伍，为文化旅游产业深度发展提供保障；增强校企互助，加强职业技术学院与旅游企业、旅游景区的合作，建立全域旅游实习实践基地和人才教育培训基地，通过大滇西重点课题、横向课题、专项课题的形式，加大对全域旅游研究的支持力度；鼓励社会机构开展多层次的培养，培养创意旅游复合型人才；针对云南省、怒江州实际情况，建设旅游扶贫新型智库平台，邀请广东、湖南、四川的科研机构和高校作为智库平台的合作单位，加强与云南省社科院等区域智库平台的协同创新配合，邀请在旅游扶贫领域有着较高研究水平的专家学者加入旅游扶贫智库平台人才资源库，发挥智库的作用，为整个怒江州的旅游扶贫开发活动提供决策参考和智力支持；积极开拓创客空间平台，引进乡村旅游品牌创客团队，并通过舆论引导、创客分享模式，将扶贫与创业、文化创意与优势特色农业有机结合，开拓具有特色的创新创意乡村旅游扶贫模式。

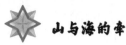

(三) 创新"原业",丰富旅游扶贫新形态

第一,打造"旅游+"产业模式,积极扶持旅游扶贫新业态。一是积极推动农旅融合。坚持农业"搭台",旅游"唱戏",依托怒江草果、特色粮经、蜂蜜等特色农产品,大力发展农业观光、农事体验、乡村度假等多种乡村休闲业态,打造一批休闲农业旅游示范园区,通过举办草果文化周、"阔时"旅游文化节、怒族"仙女节"等节会活动,吸引各地游客和新闻媒体进行现场参观和报道,大力宣传和推介蜂蜜、羊肚菌、香菇、木耳等地方特色美食、特色产品,让更多游客欣赏怒江美景,品尝怒江特产,以特色地标产品带动旅游收入,实现农民脱贫致富。二是促进文旅深度融合。以民族舞蹈、民族音乐、民族服饰、民族节日为重点,以富有地方特色的传统工艺为补充,研发餐具、挂毯、乐器、服饰等文创产品。组织州内重点文化企业,积极开展文化产品进景区活动,丰富旅游商品供给,壮大特色文旅产业品牌。三是探索发展工旅融合。深入挖掘文化内涵,完善旅游要素,加强工业旅游创意设计和品牌塑造,打造独特旅游商品。培育壮大生物医药和大健康产业,推动泸水惠仁康养小镇和兰坪生物制药项目建设。充分借助"江海情·携手行"文化推介会、澳门国际旅游(产品)博览会等大型活动,积极开展工业旅游、产品团购等活动,让工业旅游成为怒江旅游的新亮点。四是大力发展学旅融合。依托州内红色文化、生态资源等,着力打造具有旅游观光、艺术观赏、研学体验、文化传承等功能的研学基地,建立怒江州红色研学基地、怒江州民族文化教育基地、傈僳民歌"木刮"研讨中心、怒江州民族服饰博物馆、"草果编"艺术馆等,实现红色党性教育、非遗文化与绿色生态、美丽乡村、全域旅游的有机融合。

第二,提升"智慧"服务水平,完善全域智能旅游模式。提高科技创新动能,加快怒江州旅游数字化发展,开展生态资源保护利用技术、旅游行业治理能力提升技术、文旅融合专用技术等方面的研究和应用,实现怒江州文化和旅游行业信息化、智能化发展,提高旅游效益和核心竞争力。一是要成立"全域旅游大数据研究中心",深化与科技企业的合作,整合公安、交通、统计、商务等数据平台,将数据平台与怒江州文化旅游相结合,将其融入旅游的"食、住、行、游、购、娱"六大要素的每一个环节,同时,将线上展示和线下体验有机结合,搭建

"云旅游"全域旅游营运平台,建设智慧旅游终端服务体系,同时可完善"一部手机游云南"平台,特别是提升"一部手机游云南"怒江板块功能。二是要加快探索区块链底层技术服务与智慧旅游的结合,参照《区块链技术人才培养标准》,研究文旅产业区块链技术人才培养标准,除了加快区块链在文旅方面应用的学术研究,文旅产业区块链技术的营运师、管理人才以及底层技术研发、应用软件开发等人才培养都是重点领域。三是引导、吸纳高科技团队和社会力量参与,推出类似"阿里巴巴""飞猪""途牛"等大型综合文化旅游服务平台。四是深入推进旅游行业诚信体系建设,对全州涉旅企业进行信用评级,纳入旅游"红黑榜"评价机制,并通过 App 向广大游客及时公布,对引导涉旅企业诚信经营起了重要作用。五是将互联网的创新深度融合于怒江州旅游扶贫各个领域中,用"互联网+"思维延伸怒江文化旅游产业链,形成以互联网为基础的文旅产业发展新形态。

(四)释放"原质",擦亮"怒江牌"名片

第一,深化旅游供给侧改革,探索高端品牌建设。怒江州旅游品牌建设应根据客源市场的需求和旅游资源的整合优势来进行开发。一是政府要做好顶层设计,统筹全省规划,合理布局,推出有效地促进全域旅游品牌、行业品牌、企业品牌推广的优惠政策,加大帮扶力度。充分利用有效的行政手段对经政府认定的先进行业品牌、企业品牌进行奖励。二是要成立专门的品牌促进会,促进区域旅游联动合作。积极协调相关专家、学者和有关部门的专业人士组建成立全域旅游品牌专门协调机构,充分发动和利用党、政、学、企业以及媒体等各界相互联运的形式,对大滇西全域旅游品牌进行前期、中期、后期管理工作,从而保证全域品牌与社会各利益相关群体保持良性互动。三是在具体建设方面,发展"一村一品"及类似项目,要在统一标准和品牌基础上,植入历史或新兴文化,通过设计引领,实现"美在乡村、玩在乡村、乐在乡村";在产品内容上,要尽心策划和包装旅游"拳头产品",培育旅游精品活动,推进扶贫与民族文化融合、赛事节庆融合、农业观光、生态文明、城乡建设、休闲娱乐、康体养生、红色文化等旅游产品的融合,丰富旅游扶贫品牌内容。

第二,突出文化旅游形象,提高品牌推广实效。一是在旅游品牌开

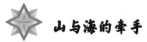

发项目运营的早期阶段,宣传部门和旅游部门要密切配合,注重对怒江旅游产品的整体包装策划,充分利用电视、电台、报纸等传统媒体,结合产品画册、纪念邮册、影视剧等多元手段,通过高标准定位、高规格包装、大规模宣传来提炼品牌的文化竞争力,提高吸引力和客户黏性。二是要与特色旅游节庆活动、旅游推介活动相结合,组织记者团采访报道,组织专家、知名人士体验旅游,制造传播效应,强化宣传效果。例如通过举办旅游策划比赛、农业摄影比赛、特色农产品现场品鉴会和展销会等活动,向游客传播旅游信息。三是借助强大的数据库与精准的地理定位功能,对怒江州目标旅游群体的个人特征、消费偏好等潜在需求进行分析,包括所在位置、心理与行为方面的数据,进而向目标旅游者推送怒江州旅游目的地的天气、食宿、优惠等信息与旅游政策,实现信息高效、精准传播。四是利用"去哪儿""京东""微信""淘宝网"及知名度相对较高的"微视频""抖音"等网络平台,推动"品牌+网络"创新宣传模式。同时,可利用广场 LED 显示屏、户外广告牌、公交移动电视等媒介辅助宣传,选聘旅游形象大使,与热门电视栏目合作,运用数字技术来实现网络虚拟旅游,以此激发游客来怒江旅游的热情。

第三,扎实打下政策扶持基础,完善品牌综合管理。充分发挥政府、旅游企业、旅游景区和游客的联动作用,根据市场需求建立完善的管理模式和运营方法,完成怒江州文化旅游品牌的综合管理。一是把生态文明建设纳入政府日常工作,对生态文明建设的目标、任务、政策措施做出具体要求,明确部门职责与分工协作的工作机制,落实严格的责任制和考核制,把生态文明建设工作作为怒江州干部综合考核的重要内容。二是要站在战略性、全局性的高度做好品牌危机防范和管理工作,加强危机管理和应急处理能力,特别是互联网时代的舆情处理能力。三是成立品牌管理的专门组织,在品牌管理组织下设立品牌保护分支组织,专门负责品牌保护的相关事宜,例如商标产权购买、转让、重大诉求等。四是继续实施和完善"无理由退货"机制,实施和完善绿色产品、放心产品等产品质量认证制度,建立健全产品质量监控体系。此外,怒江州参与品牌建设的所有企业和单位要加强与顾客的互动沟通,并做好投诉服务工作,畅通投诉渠道。

第四,提升执法队伍素养,依法依规保护名片。珠海为维护怒江文旅品牌提供法律保障准备了人才。在文化执法帮扶方面，珠海累计帮扶怒江项目资金达15万多元，先后3次办班培训，聘请广东省文化执法师资库的讲师，为怒江执法骨干培训提供"菜单式"服务，培训两地执法骨干180多人次。珠海市文化广电旅游体育局和怒江州文化和旅游局在两地文化执法交流协作长效机制下，于2020年8月18—22日开展了对口怒江帮扶执法培训活动。此次培训是为怒江执法人员量身定制的，内容主要包括旅游、版权、网络文化等方面，采用课堂授课和现场教学两种方式。其中，课堂授课由珠海市局优秀讲师结合版权及旅游执法工作实践，就版权执法案例分析、网络执法及两法衔接实务、旅游市场执法实务三部分课题进行详细培训和解答，并结合课堂授课内容组织参训人员到珠海市文化产业创意园、网络文化企业及港珠澳大桥珠海口岸等地进行现场教学。

第九章
巧解梗阻千千结　喜铺丝路万万里
——"山海"经贸协同发展路径探索

2016年8月，根据中央安排和广东、云南两省2016年达成的工作计划，在国务院扶贫办的具体指导下，珠海市与怒江州开展东西部扶贫协作结对。帮扶工作开展以来，珠海市注重发挥政府主导作用，充分发挥珠海市场、信息、区位以及怒江州地区特色资源等帮扶双方比较优势，开展了一系列颇有建树的经贸合作，如2020年万山区经济发展局联合万山区招商局，划拨15万元对口支援泸水市投资促进局，确保其招商引资工作行之有效。珠海市与怒江州的经贸协同发展，不仅使双方共谋商机、共促发展，更为两地所处的珠三角地区与缅北滇西地区开展经贸合作牵桥搭线。因此，在脱贫攻坚即将迎来收官时，研究今后如何优化"山海"经贸协同发展路径具有重要意义。

一、同频共振，优势互补"涨停板"

"山海"经贸协同发展，就是指珠海市与怒江州通过经贸的方式协和共生，自成一体，形成高效率和高度有序化的整合，从而实现区域内各地域单元和经贸组分的"一体化"运作与共同发展的区域经贸发展方式。简而言之，就是扭紧两地协同发展的纽带，坚持互惠互利，互补互促，同步发展。

（一）"山海"经贸协同发展的重要意义

"山海"经贸协同发展对"山海"各方面的发展具有积极且重要的意义。首先，"山海"经贸协同发展有利于获取区域发展的规模经贸。只有获取区域发展的规模经济，"山海"经贸协同才能有统一和要素自由流动的大市场，使各种要素按技术经贸与规模经贸的要求进行自由的

第九章 巧解梗阻千千结 喜铺丝路万万里
——"山海"经贸协同发展路径探索

互补流动与优化配置,实现区域资源与要素整合、产业与企业重组、信息共享。所有这些都是"山海"两地之间规模性经贸形成的必要条件。

其次,"山海"经贸协同发展能够促进"行政区经贸"向"经贸区经贸"的转变。"行政区经贸"的根本性弊端是在地区利益支配下,区域经贸与产业结构日益趋同,区域整体的经贸秩序混乱,效益低下。而"山海"经贸协同发展强调在对珠海市与怒江州的地域特征、发展条件和比较优势等分析基础上,统筹规划与合理分工,并且建立起有力的区域利益共享与协调机制,确保两地利益一致,有利于"行政区经贸"各种弊端得到缓解和最终解决。

最后,"山海"经贸协同发展有利于缩小地区差距。"山海"经贸协同发展,采用的是一种相互依存、优势互补和互促互动性的前进方式,在这个过程中,落后地区的潜力和发展空间大,又能共享或利用发达地区的人才、技术、资金、管理等有利条件,使其发展速度大大加快,逐渐接近发达地区,缩小彼此的差距。虽然地区经贸发展不平衡的问题在短时期内难以解决,但是区域经贸的协同发展将有利于这一问题的有效解决。

(二)"山海"区域经贸协同发展的关键点

"山海"经贸协同发展,实质上就是珠海市与怒江州以相互关联、相互依存和有序整合的方式"整体行进"。这种"整体行进"是一种集"整体"之力,优势互补与互促互动于一体的发展。在此过程中,特别强调以下几点:其一,发挥"山海"两地的比较优势,合理地划分"山海"两地在经贸系统中的分工职能,使各地区分别发展不同的经贸与产业体系,解决地区经贸与产业"同构化"问题,而结合在一起时,又使它们浑然一体。其二,强调"山海"两地之间的平等和相互开放。只有这样,才能使要素按技术经贸与规模经贸的要求自由地互补流动与优化配置,才能实现产业和企业的跨区域重组,最终使珠海市与怒江州在信息、基础设施、环保、产业及企业政策等方面更好地共享、合作或协调等。其三,须特别注重怒江州的发展。在合作中能否保证个体尤其是那些弱势个体的收益等于社会收益,是决定能否产生合作激励的关键。而怒江州则要注重发挥自己的后发优势,共享或利用珠海市的人才、技术、资金、管理与市场开拓能力等有利条件或要素来挖掘自身的潜力。总之，"山海"经贸协同发展的特点就是发挥各自所长，进行互补性整合，从而产生整合效应，从而在促进两地各自发展的同时，使整个区域获得新的更大的发展。

(三) 当前"山海"区域经贸协同发展的成绩

特殊的地理环境阻碍了怒江州第一和第二产业的大力发展，且使其支柱型产业不明显。同时，长期以来基础交通设施滞后也限制了大宗商品的交易，导致其进出口贸易一直处于较低发展阶段。珠海市对口帮扶怒江州扩大了怒江州的经贸市场，使商品贸易得到了较快的发展。2016年，全州完成外贸进出口总额1532万美元，同比下降20.13%。其中，进口166万美元，同比下降76.2%；出口1366万美元，同比增长12.1%。2017年，全州完成外贸进出口总额978万美元，同比下降39.33%。其中，进口447万美元，同比增长121.29%；出口531万美元，同比下降62.34%。2018年，全州完成外贸进出口总额16914万元，同比增长155.15%。其中，进口6651万元，同比增长121.63%；出口10263万元，同比增长182.88%。2019年，全州完成外贸进出口总额48673万元，同比增长187.8%。其中，进口33884万元，同比增长230.2%；出口14789万元，同比增长122.4%（表9.1）。这也得力于珠海市对口帮扶怒江州，双方互动作为，积极对接联络，构建平台机制，积极探索创新，使经贸方面取得了良好成效。

表9.1 2015—2019年怒江州外贸进出口总额表

单位：万元

年份	进出口总额	进口总额	出口总额
2015	1918	698	1220
2016	1532	166	1366
2017	978	447	531
2018	16914	6651	10263
2019	48637	33884	14789

二、山海交融，方显经贸真本色

分析和探讨"山海"两地在经贸合作中的功能地位与两地的经贸

第九章 巧解梗阻千千结 喜铺丝路万万里
——"山海"经贸协同发展路径探索

合作状况，既可以系统地掌握"山海"经贸合作开展情况，又能在此基础上提炼"山海"经贸合作经验，更为优化经贸合作路径提供依据。

(一)"山海"两地在经贸合作中的功能定位

1. "山海"两地在经贸合作发展的总体功能定位

在东西协作的背景下，珠海市与怒江州的经贸合作与协同发展是典型的东西互联互动、协调发展。顺利开展经贸合作的前提便是明确合作的目标定位，从而迎接竞争日趋激烈的挑战，同时为活跃珠海市、怒江州两地市场做出贡献。

第一，进行产业的分工协作，形成互动的产业发展格局。根据产业转移与承接的梯度规律，珠海市将劳动密集型、资源密集型产业向外转移，从而为重工化、高加工度化、技术集约化产业提供空间，实现产业结构的调整和升级。而怒江州则可以根据自身条件有选择地承接这些劳动、资源密集型产业，尤其应特别注重吸收产业中成熟的管理经验及先进的科学技术，吸纳优秀的人才，从而改进提升传统产业，促进工业结构优化。

第二，发挥"山海"在中国—东盟自由贸易区中的桥梁作用。在地理位置上，怒江州毗邻东南亚，有着得天独厚的地缘优势和人缘优势，在开拓东盟市场方面，拥有中国通往东南亚重要的战略通道。珠海市所处的粤港澳大湾区作为世界上重要的加工制造业中心之一，与东盟在制造业和技术结构方面存在着巨大的互补空间。深化珠海市与怒江州的经贸合作，可以为"山海"两地面向东盟的产业提供大显身手的机会。

因此，"山海"经贸合作与协同发展的总体目标是：利用彼此不同的比较优势，进行经贸能量的输入输出，从而达到优势互补、资源共享，形成共同市场的目标，并在泛珠三角区域参与中国—东盟自由贸易区中发挥桥梁作用。

2. "山海"在经贸合作中各自的功能定位

在"山海"经贸合作与协同发展的上述总体定位前提下，结合所处泛珠三角经贸圈的背景，两地还应有各自不同的功能定位。珠海市应发挥其在两地中作为要素聚集与发散中心的功能，强化"增长极"功能，发挥龙头的引领和带动作用。珠海市及其所处的粤港澳大湾区，仍是区域经贸增长的龙头,在"山海"经贸合作中,它将进一步显现其现代化工业、高新技术应用与全球最重要的制造业基地之一的地位。

在"山海"经贸合作中,怒江州则需发挥其资源、区位优势,做珠海市的经贸腹地及与东盟互利合作的前沿基地。继续强化其在农业、水电、医药等方面的优势,并争取利用珠海市在资金、技术方面的优势,改善自身的能力格局,使其优势动态化。另外,要大力加强与东盟国家的合作,进一步加深双方经贸的互补性,继承友好交往的历史,同时,发挥整个滇西地区地理位置、市场指向性、交通便利等优势,使其成为珠海市以及泛珠三角区域实施南向互利合作战略的重要基地。

总之,在总体目标前提下,两地明确不同的目标定位,有利于两者发挥自身独特的比较优势,使经贸合作更具活力和生命力。

(二)"山海"经贸发展的主要影响因素

怒江州经济发展受到地域地理环境、自然资源基础、社会人文环境的综合影响。在其经济发展过程中,这些影响因素既有推动力,也有制动力,二者相互作用、相互制约构成怒江州经济发展的协调力,在这种力的作用下,怒江州经济不断发展并逐步趋向完善。见图9.1。

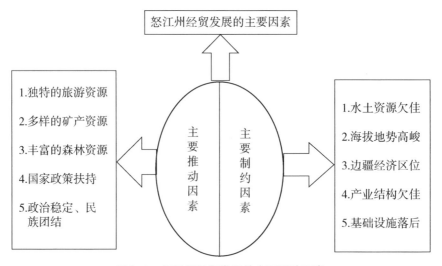

图9.1 怒江州经贸发展的主要影响因素

第九章 巧解梗阻千千结 喜铺丝路万万里
——"山海"经贸协同发展路径探索

1. 主要推动因素

自然资源基础作为人类生存和发展的物质条件,也是经济发展的根本支撑。① 在怒江州蕴藏的各种自然资源中,独特的旅游资源、丰富的矿产资源和森林资源是怒江州发展经济的优势所在。

第一,独特的旅游资源能够改善市场经济。产业发展推动了市场经济的发展,且怒江州所处的滇西区域有着独特而丰富的旅游资源,因此旅游业在整个产业结构优化与发展中发挥着至关重要的作用。2019年,怒江州接待国内外游客477万人次,比上年增长15.1%,旅游业总收入68.75亿元,比上年增长23.8%,并占全州生产总值的35.7%。

因此,旅游业的发展促进了怒江州域经济结构的优化和经济发展方式的转变,是怒江州经济发展的重要力量。利用旅游业带动全州经济建设,并在建设中注重发展建立民族县域和民族文化景观,开发既有民族文化内涵又有观光价值的边境旅游型地带,使两者相互影响,共同发展。

第二,丰富的矿产资源是产业发展动力。矿产资源是工业生产的原材料,矿厂开采促使人口聚集,乡村人口向县域地带转移,且能带动一系列相关产业的兴起,促进周围广大地区工业、农业以及第三产业的发展。事实证明,矿产资源丰富的地区,县域经济规模大且密集,如我国黑龙江、吉林、宁夏、新疆等地的县域经济发展主要原因就是其矿产资源丰富。

因此,可以毫不夸张地说,矿产资源是产业兴起的物质基础和发展动力。怒江州有着丰富的有色金属,是国家有色冶金后续资源基地。这是其他地方所不具备的先天优势,正是这些优势,加深了怒江州的经济发展深度。

第三,丰富的森林资源促进生态化建设。怒江州地区森林资源异常丰富,而且种类繁多,森林覆盖率高达70%,有助于区域园林建设和近远郊风景旅游区的建设。云南很多县域经济是靠风景旅游发展起来的,因此怒江州利用森林资源来发展风景旅游县域是比较成熟的发展路线。

---

① 陆大道、刘卫东:《论我国区域发展与区域政策的地学基础》,载《地理科学》2000年第20卷第6期,第487-493页。

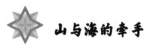

利用森林资源发展生态园林，将是一条优质高效的经济发展道路，有助于合理规划，并有序推进生态园林建设。引入基础设施和生态园林工程管理系统，按照园林生态县域的目标，将怒江州四县确立为4个中心，确定为"邻泸水、靠福贡、近贡山、接兰坪"的核心区扩容规划，来吸引周边地区生产要素不断流入核心区，形成聚集规模经济的优势。把四县市29个乡有机联结，形成怒江州生态园林型绿色走廊。让各县通过经济联合与推动，在空间上形成一个有机整体，逐渐成为统一的发展轴和景观带。

自然地理环境是人类生存发展的基础和社会经济发展的重要条件，区域发展总会受到自然地理环境的约束。人文地理环境因素是怒江州经济发展的重要组成部分，在影响怒江州的社会人文条件因素中，快速发展的经济和国家政策的扶持以及各民族团结稳定是发展社会人文环境的重要保障。总之，怒江州属于少数民族聚居区，在经济建设中可突出地方特色和民族风格，依托民族文化、资源等人文环境优势来发展民族文化。同时深入挖掘文化内涵，以生态、景观、人文名胜、休闲娱乐和人居为建设重点，建立独具特色的文化传统型生态文明县。

第四，国家政策扶持加快了发展速度。怒江州有着地质构造复杂、地势高峻、山地众多的自然地理特征，这无疑增加了发展的成本与难度。国家重视县域经济发展和山区经济发展，并提出了相关政策，这为怒江州经济发展提供了有利的理论支持与保障。

此外，桥头堡战略推进了怒江州经济的发展。利用开放地的前沿性，结合怒江州经济发展实际，发展资源节约、环境友好的绿色经济，来实现跨国界贸易，走出一条符合怒江州经济发展实际的道路。

第五，社会稳定、民族团结提供发展根基。怒江州少数民族虽多，但各民族相互团结，社会政治稳定，降低了经济发展的离心作用，为其发展提供了充分的社会保障。怒江州经济发展过程是对滇西地区经济格局的有利改造，是摆脱二元经济结构的必经之路。政府须解决山区特征下经济发展中遇到的各类问题，稳定的政治环境和安定的社会氛围，不会分散政府的注意力、财力和物力。因此，政治的稳定与民族的团结，作为一种非经济因素，为怒江州经济发展提供了社会保障，客观上有利于怒江州经济的发展。

2. 主要制约因素

第一，水土资源搭配欠佳，制约经济发展。怒江州丰富的水资源与贫乏的山地资源搭配严重欠佳，丰富的水资源为怒江州经济发展提供了有利的水文条件，为怒江州发展提供有效的水利配置和合理高效利用，但是这并未给怒江州经济发展带来好处。其一，因为怒江州山高水低，地势陡峻，导致水资源利用困难；其二，因为怒江州山地资源的劣势使耕地资源严重不足。怒江州十分有限的耕地资源自然加剧其经济发展的难度，也限制了农业的产业化发展。而且县域通常情况都是农村地区的中心，有带动农村城镇化与支持农业发展的功能，这就使加快经济建设和保护耕地资源成为怒江州"山、城、乡"协调发展中的矛盾，随着怒江州经济建设规模的扩大，这种矛盾会愈加突出。长远来说，会造成怒江州土地利用结构的失衡，不利于其长久发展。总之，水土资源的搭配欠佳严重阻碍了怒江州城乡协调发展的步伐。

第二，高峻海拔地势制约空间开拓伸展。追溯文明的发展印记，自人类诞生以来，古代与现代文明大都诞生在地势平坦、土壤肥沃的江河流域及平原地区。怒江州地势高峻，平均海拔 2912.7 米，又地处西北内陆，使其丧失了东南沿海平原地区发展的优势，在未来经济发展过程中，克服山区高海拔地势对县域经济发展规模和质量的影响，是怒江州经济未来发展首要解决的问题。

第三，基础设施落后阻碍经济建设发展。基础设施是促进怒江州经济可持续发展的主要支撑力量，其中大部分县镇政府财力不足，制约了该地区基础设施的外生性投入，唯有土地出让金成了经济发展的资金支持，导致经济发展过度依赖土地出让金，间接导致怒江州土地使用价格抬高，因而抬高了外商投资与农民进城的门槛，制约了经济发展进程。怒江州经济还处在不发达阶段，除县中心外，城镇、乡村的交通、住房、水电、卫生等基础设施和居民文化素质均比较落后，没有能力承载进一步发展所需的经济扩张力和人口聚集力。而且设施数量、质量的提高受到怒江州政府财力的约束，不能同步于经济发展速度。

第四，产业结构欠佳，制约经济发展速度。产业是经济发展的基础，也是经济发展的载体，经济和产业具有共生性和共利性。因此，从根本上说，发展经济就是生产变革所引起的人口和其他经济要素从农业部门向非农业部门转移的过程，这种转移的根本标志就是农业比重的下降和非农业比重的上升，即产业结构的变迁。其中，第一产业与经济发展呈负相关关系，即发展水平越高，第一产业比重越低；第二产业与第三产业与经济发展水平呈正相关关系，即经济发展水平越高，第二、第三产业比重愈高，尤其是第三产业的比重越大，经济发展水平越高。

整体而言，怒江州三大产业呈现出第二、三产业明显高于第一产业的发展趋势，这说明怒江州已经摆脱初级发展状态，第二、第三产业的比重较高，则表明怒江州经济水平有了较大发展。但是截至2019年底，滇西北产业结构仍然呈现"三、二、一"结构，产业结构不合理、层次低，导致怒江州经济发展模式落后，投资收益低下，严重制约了经济发展。而且怒江州土地资源稀缺，约束其农业生产结构的调整，农业生产普遍存在科技含量低的问题，导致投入远大于产出，缺少规模化经营和产业链。缺少大型乡镇企业，企业的管理水平、职工文化水平以及技术装备，以及企业自主创新能力都较差，第三产业中除了旅游业，其他产业严重滞后，不能满足滇西北人民日益增长的物质和精神需求，从而影响滇西北经济的发展速度。

（三）"山海"经贸合作已取得的主要成果

基于珠海市与怒江州在经贸合作中的不同目标定位与各自特点，两地在经贸往来中通力协作，取长补短，已取得以下四个方面的成果：

第一，加强组织领导，高位互动推进。两地党委、政府对东西扶贫协作工作高度重视，成立了由书记市（州）长任组长的工作领导小组，建立了包括联席会议、定期报告、信息交流等工作制度，两地密切协作，合力共推怒江州脱贫攻坚工作。截至2020年底，双方共召开联席会议18次，各类专题研究部署扶贫协作工作会议39次；成立了由市委市政府主要领导任组长的工作领导小组，建立了包括两地联席会、专题会议、定期沟通、信息通报等工作制度，制定出台了系列帮扶政策文件，助推怒江脱贫攻坚。在此基础上，珠海多方筹集资金投向怒江，累计支持资金14.343亿元，其中，财政援助资金10.088亿元，社会帮扶资金4.255亿元；选派450多名干部和技术人员赴怒江州帮扶。[①]

[①] 《携手并肩拔穷根——来自怒江州决战脱贫攻坚一线系列报道之一》，2019年6月20日，见https://www.sohu.com/a/321873085_120024798。

第二,突出产业帮扶,增强内生动力。抓住怒江州的资源禀赋,打造特色产业。投入资金2.645亿元开展166个产业帮扶项目,涉及特色粮食、蔬菜水果、中药材种植和中华蜂、家禽水产等养殖产业,以及农产品、民族服装和手工艺品加工车间、乡村农家乐等服务产业,受益建档立卡贫困户8万多户。

第三,开展劳务协作,技能就业斩穷根。坚持把转移就业作为增收脱贫和扶智扶志的重点措施,通过强化政策激励、互设工作站、创建"怒江州员工之家"、实施"双百工程"、扶持劳务经纪人、培育致富带头人等措施。3年共转移到广东的怒江州贫困劳动力10020人,其中,转移到珠海市就业累计达到6722人(建档立卡贫困户劳动力3938人),稳岗率得到提高。

第四,动员社会力量,形成全市持久帮扶合力。经过3年的宣传发动,截至2020年底,珠海市已经形成全社会关注帮扶怒江州的局面,大家踊跃为怒江州脱贫攻坚出钱出力,社会帮扶资金累计(含捐物折款)达4.255亿元。珠海市香洲区举办名优农副产品产销对接发布会,为怒江州特色农产品打开珠海销路。见图9.2。

图9.2 香洲区对口帮扶地区名优农副产品产销对接发布会

三、相机而行,特色经贸为抓手

"山海"两地经过3年的奋斗,于经贸方面已取得较为瞩目的成绩。在全国即将取得脱贫攻坚全面胜利之际,有必要对"山海"经贸的做法进行经验总结与升华,既是对三年经贸工作的总结,也为全国其他东西部经贸领域的扶贫协作提供有益借鉴。

（一）生态扶贫助推经贸合作新动能

生态扶贫是指在绿色发展理念指导下，将精准扶贫与生态保护有机结合起来，统筹经贸效益、社会效益、生态效益，以实现贫困地区可持续发展为导向的一种绿色扶贫理念和方式。近年来，以习近平同志为核心的党中央把生态保护放在优先位置，创新生态扶贫机制，坚持因地制宜、绿色发展，在贫困地区探索出一条脱贫攻坚与生态文明建设"双赢"的新路。[①] 贫困人口集中地区，最主要的致贫原因就是人多地少，发展生产能力较弱，这就要求贫困地区农民结合自身实际和当地特点发展新的产业，向土地要效益，贫困地区政府部门要引导农民大力发展"一村一品""一乡一品"。金融部门通过加大金融产品创新力度，扶持怒江州特色种养业发展。在加快传统产业做大做强的同时，借助扶贫措施，引导贫困户开展具有怒江州自身特点的产业进行种植业结构调整，发挥信贷作用，实现致富增收。贫困人口集中的地区，往往是经贸发展落后，民生事业发展迟缓的地区，所以也是各类社会矛盾突发的地区。贫困地区由于经贸发展相对落后，生态、文化等方面都较为独特，但也由于这些地区相对闭塞，缺乏把独特资源优势转化为经贸优势的资金、人才等方面的因素，因此发展陷入死循环。所以，这类地区要实现发展，就需要发挥本地区的独特资源优势，大力发展特色产业，促进经贸社会实现快速健康发展。

此外，这些地区应把产业发展作为城市发展的支撑，加快城镇化建设，实现产城同步发展。加快特色城镇建设和美丽乡村建设步伐，加大对贫困地区基础设施建设投入，实现乡村与城市同步良性发展。加快城镇各类资源向乡村转移和集中，最终实现城乡一体发展的良好格局，打造贫困地区依托优美生态环境实现脱贫致富的新路径。当前怒江州在珠海市的对口帮扶下，扎实推进种植业结构调整，大力发展草果、花椒、漆树等绿色香料产业，规划了泸水绿色香料产业园。全州绿色香料种植面积达134.5万亩，其中，草果111万亩，花椒15万亩。怒江州已成为我国草果的核心产区和云南省最大的草果种植区，带动怒江州沿边3

[①] 林彩云：《精准扶贫与农村贫困地区经贸的发展》，载《农业经济》2017年第7期，第42-44页。

第九章 巧解梗阻千千结 喜铺丝路万万里
——"山海"经贸协同发展路径探索

个县市 4.31 万户农户增收,覆盖 16.5 万人。大力推进峡谷蜂蜜、特色生态畜禽产品等生态食品和品牌生产基地建设。

（二）特色产业带动经贸合作新发展

2019 年,习近平总书记在内蒙古考察并指导开展"不忘初心、牢记使命"主题教育时指出:"产业是发展的根基,产业兴旺,乡亲们收入才能稳定增长。要坚持因地制宜、因村施策,宜种则种、宜养则养、宜林则林,把产业发展落到促进农民增收上来。"[①] 要把前期扶贫工作总结的好经验、好做法与当前贫困地区发展实际相结合,制定科学合理的扶贫措施,提高扶贫措施的可操作性。具体来说,其一,按照贫困地区生产、市场、农户等特点,发展切实可行的特色产业,构建产业发展新模式和新体系,珠海市针对怒江州特色农产品,以举办产销会等形式,扩大怒江州特色产品影响力;其二,在制度上进一步建立和明确贫困户与产业之间的发展关系,涵盖产业带动、利益分配和风险控制等多个方面,确保贫困户能够获得实实在在的效益;其三,发挥金融在扶贫开发中的杠杆作用,加大资金向贫困地区的流动,为贫困地区产业发展提供金融支撑;其四,加大适合家庭生产的扶贫产业开发力度,实现贫困户就地增收致富;其五,构建完善的贫困地区产业发展联动预警等多项制度,对产业发展情况及时上报,由上级部门做出相应评估,规避产业发展风险。

草果原产于越南,是一种生长于亚热带山区常绿阔叶林的一种重要的药食两用经贸作物,其适宜栽培地和产量都有限。但地处全国深度贫困的"三区三州"怒江州,却恰恰是草果得天独厚、浑然天成的生长环境。因此,怒江州将发展草果业作为统筹推进脱贫攻坚与生态建设同步发展的重要措施之一。截至 2020 年底,在云南省及珠海市的帮助下,全州团结协力,草果种植面积达 103 万亩,涉及 21 个乡镇 116 个村,挂果面积达 36 万亩,鲜果年产量达 2.96 万吨,产值 5.3 亿元,覆盖群众 17400 多户 60900 多人,[②] 其中,覆盖建档立卡贫困户约 11300 户

---

① 习近平:《牢记初心使命贯彻以人民为中心发展思想 把祖国北部边疆风景线打造得更加亮丽》,载《人民日报》2019 年 7 月 17 日第 1 版。
② 王淑娟:《怒江州推进草果产业发展,构建稳定增收长效机制 大峡谷的致富果》,载《云南日报》2020 年 5 月 17 日第 5 版。

39580人，带动贫困户人均增收2700多元，直接带动建档立卡贫困户约10800户37800人脱贫。见图9.3。

图9.3 怒江兰坪O2O农特产品体验馆开馆仪式

（三）金融扶贫保证经贸合作发展长效性

资金作为农村经贸发展的重要保证，也是扶贫政策实施的重要手段之一。精准扶贫是采取有效扶贫措施，不但帮助贫困户脱贫，还要为贫困户以后的生计提供保证。简单地提供资金只是解决贫困户贫困难题，难以保证贫困户的生计问题。因此，精准扶贫从产业经贸扶贫模式入手，以促进农村经贸发展带动贫困户脱贫，并永久性脱贫。金融作为农村经贸、产业发展的重要保障，针对农村贫困落后地区，需要从以下几方面提供金融保障：一是加快农村土地流转平台建设，活化农村土地资源，转化为货币资金，为脱贫提供资金保证，使土地流转资金成为贫困户维持生计的持续性资源。二是引入社会资本参与扶贫。转变政府职能，引进社会资本，购买社会公共服务，完善农村基础设施建设。同时，鼓励商业性金融的参与，将银行网点向乡镇延伸。盘活农村资产，为贫困户贷款提供担保。三是建立健全金融政策支持体系。加大对贫困地区基础设施的投入，以产业带动区域经贸发展，带动贫困户参与创业和就业，以造血式扶贫使贫困户生计实现可持续性保障。得益于珠海市对口怒江州扶贫协作工作的稳步开展，怒江州在珠海市的知名度很快得到提升，也吸引了珠海市企业的投资目光。双方在开展东西协作对口扶贫仅5个月后，已批准16个签约项目，同时还有不少企业有前往怒江州投资的意向。随着扶贫协作工作的不断深入，"到怒江州去"有望成为珠海市企业界投资的新热点。

四、乘风破浪，直挂云帆济沧海

区域经贸协同发展，最终落脚于具体的产业与领域，没有具体实务合作的区域合作将是松散和暂时的，很难使区域合作富有成效。珠海市与怒江州已经确定了基础设施、产业与投资、商务与贸易、旅游、农业、劳务、科教文化、信息化建设、环境保护和卫生防疫10个方面作为合作的主要领域，而且还在不断拓宽。"山海"经贸协同发展应从两地的具体情况出发，根据彼此的优势，选择具有互补性、发展前景好的领域进行合作。

（一）强化核心技术，实现能源产业市场化

在能源方面，怒江州的水能和煤炭资源丰富。云境内有怒江州、澜沧江、独龙江三大干流及183条支流，水资源总量达956亿立方米，占云南省水资源总量的43%，水能资源蕴藏量达2132万千瓦，占云南省水能资源蕴藏量的20%，可开发装机量1800万千瓦，年发电可达850亿千瓦时，占云南省的19%。怒江州丰富的水能资源和煤炭资源，为电力工业的发展提供了良好的条件。而珠海市一次能源相对缺乏，但电力需求旺盛，消耗量居广东前列，电力供应紧张和备用容量不足问题依然是困扰其经贸发展的一个大问题，因此，珠海将是接受云电的主要市场。另外，珠海市有较强的经贸实力和开发能力，具有参与怒江州水电开发的条件。因此，"山海"若加强能源合作，必然会带来互补效益。一方面，使珠海市雄厚的资金找到良好的投资场所和拥有较为长期的稳定回报，同时，也使缺乏能源的珠海市得到源源不断的电力供应；另一方面，有利于开发怒江州丰富的能源资源，从而获得发展所需资金，使资源优势转变为产业优势。

"山海"能源合作应集中于以下方面：其一，怒江州应做好各方面的服务工作，吸引珠海市资金，开发水能、煤等资源，对已经引入的珠

海市能源开发资金，注重引导规范，提供服务，使之尽快发挥作用。其二，实施好"云电送粤"重点项目。怒江州已与南方电网公司签署了"云电送粤"框架协议，今后要加强协调，使此计划顺利进行，并借此搭建起"山海"稳定的电力供销关系。其三，珠海市在参与怒江州水电、煤炭开发的同时，应适时将具有市场前景的高耗能产业向怒江州转移，在缓解珠海市能源压力的同时，促使怒江州资源优势转化为经贸优势。

怒江州的矿产资源也很丰富，州内已发现各类金属矿藏28种，矿床点294个，其中，小型以上矿床27处。主要金属矿有铅、锌、银、铜、铁、锡、金、钨、铍、汞、钼、镍、锑等。铅锌是本州主要矿产，有30多个矿床和矿点，现已探明的铅锌储量达1664万吨以上。兰坪县金顶凤凰山铅锌矿床是中国已探明的最大铅锌矿床，也是世界上特大铅锌矿床之一。依托丰富的矿产资源，怒江州也形成了一批优势矿产企业，如怒江州石化集团、云天化集团等。但怒江州的矿产多以原始矿向外销售，再加工程度低。因此，"山海"在矿产方面的合作应着力提高矿产品的科技含量，延长产业链，增加附加值。例如，怒江州与珠海市有色金属研究院合作的"提高怒江州大红山磁铁矿精矿项目品位及回收的实验研究"项目，显著提高了铁精矿的品位。另外，珠海市应积极投身于有色金属、矿产开采、冶炼与继续深加工的产业链，从而有效提高其工业结构的重工化水平。除此之外，怒江州应主动引进珠海市的人才、技术及经营运作机制，提高怒江州开发经营的效益和效率。

（二）发展新型农业，推动农产品结构升级

从目前来看，怒江州的农产品比较优势最突出，尤其是在特色、生态农业方面具有较好的基础和条件，但也面临着农业产业化程度相对较低、农产品加工相对滞后、产业链较短和产品附加值较低等矛盾和困难。而珠海市具有较高水平的现代服务业、农产品加工业，以及产业、技术、资本、信息、市场等方面的优势，在某些特色农业方面也具有比较优势。

探讨"山海"农业合作问题，我们以"山海"花卉产业合作为例。怒江州所处的云南省和珠海市所处的广东省同为中国的花卉大省，云南鲜切花种植和销售居全国首位，广东居第二。云南的优势是鲜切花，在全国市场上的占有率在54%以上，单就昆明斗南花卉市场而言，其鲜切花国内市场份额就占15%左右。而珠海市的强项是盆栽，珠三角以盆花种植经营为主的花卉，其市场份额占国内10%以上。另外，"山海"都是花卉出口大户，但怒江州主要面向东盟，而珠海市主要面向港澳，这主要是由其区位优势决定的。可见，"山海"的花卉产业具有较强的互补性，如能加强合作，扩大产业规模，将形成南中国具有特色的花卉产业带。

珠海市与怒江州的花卉合作应从以下方面着手：首先，加强流通运输合作。由于花卉是鲜活农产品，对运输有特殊的要求，要使花卉的流通顺畅，"山海"应当在航空运输、植物检疫、海关服务等环节开通"绿色通道"。怒江州销往港澳的鲜切花一般由航空运往广州，再由广州陆运至港澳，如果在这方面加强合作，将有效降低成本，加快运输速度。其次，利用怒江州鲜切花优势和珠海市盆栽优势，共同开拓海外市场，扩大对港澳地区和东南亚、日本、美国、加拿大、澳大利亚、俄罗斯等国际市场的出口，强化中国花卉在国际市场上的影响力。再次，加大在花卉品种方面的研究合作。我国花卉由于缺少自主知识产权的品种，在市场竞争中处于不利的地位。"山海"应加强与高校、研究机构等方面的合作与交流，对现有花卉品种进行技术改良，并积极培育自主知识产权的新品种，从而提升"山海"花卉产业的竞争力。最后，加强"山海"优势花卉企业的合作。

除了花卉产业方面的合作，"山海"还应加强在绿色生态果蔬、香精香料、畜牧产品等方面的合作。这种合作主要是采用"西产东销"的方式，一方面利用怒江州在土地、气候等种植方面的优势，另一方面，充分发挥珠海市在技术、资金、市场方面的优势。另外，应大力加强农产品流通合作，制定统一的质量检验及认证标准，避免重复性工作。加强"山海"龙头企业的对接与合作，推动农产品生产加工、销售合作。注重农业科技合作交流及科技成果的转让。加强农业新技术研究、农业新品种开发、农副产品加工等领域的合作，实现科技成果共享，提高"山海"农产品的产量与质量。

（三）优势互补，打造新时代"海洋药谷"

怒江州拥有丰富的天然药物资源、浓厚的民族传统医药积淀和一批知名度较高的医药企业,这是怒江州发展医药产业的比较优势。而珠海市在资本、生物技术、产业运作经验、人才、市场开拓等方面拥有优势,这构成了"山海"在生物产业方面的合作空间。目前,"山海"也有了比较好的开端。现存的生物产业合作模式主要是"怒江州(种植、生产)+珠海市(资金、市场开拓)+珠海市、怒江州(生物技术研究、标准制定)",使生物产业形成集规模种植、加工、产品研究开发、标准制定于一体的产业链,走上规模化、集约化产业的发展道路。这样,一方面使怒江州生物资源比较优势转变为竞争优势,培育出怒江州新的经贸增长点;另一方面使珠海市的资金、技术得到高效利用,提高效益。

"山海"生物产业合作应在以下方面加强合作:一是继续扩大共同投资开发生物资源的力度,使生物产业发展形成规模化。二是联合开拓市场,利用珠海市在开拓国际市场方面的经验和怒江州毗邻东南亚的区位优势,大力开拓国内、国外市场,培育知名品牌,扩大天然药物的影响力。三是加强"山海"医药科技交流与合作,注重大专院校、科技机构的合作研究,争取在生物技术方面有所突破,掌握具有自主知识产权的先进技术。用先进生物技术改造、提升传统生物产业,积极培育新兴生物产业。四是积极参与技术标准的制定,争取主动权。五是共同建立"山海"医药行业信息体系,共享需求、研制等信息,促进"山海"向一体化方向发展。

(四)取长补短,金融新政力挺怒江成长

珠海市所在的广东省是我国重要的金融中心之一,有着相对完备和成熟的金融市场体系,而且毗邻港澳这个金融业异常发达的区域,使其成为珠三角区域一个重要的金融支点。怒江州金融业发展滞后,但经贸处于快速增长时期,急需金融服务业支持。

"山海"金融业合作可以采用以下方式:首先,怒江州直接引进珠海市地区的股份制银行、信托投资公司和保险公司到怒江州设立分支机构或代表处。在此过程中,怒江州应尽量多提供一些优惠政策。其次,珠海市的优势金融企业直接进入怒江州,对怒江州的金融企业进行资产重组。可采用收购、兼并、参股等多种方式,从而做强怒江州的金融企业。再次,怒江州应主动接受珠海市金融中心的辐射,并注重利用珠海

第九章 巧解梗阻千千结 喜铺丝路万万里
——"山海"经贸协同发展路径探索

市的中介作用,加强与港澳的金融交流,争得其支持。最后,两地金融机构要加强信息沟通,共同防范金融风险,建立预警机制,联手打击跨区域的金融犯罪。

(五)开阔全球视野,做好珠三角与东盟经贸往来的桥梁

怒江州是我国与东盟国家地缘关系最近的地区,与缅甸直接接壤,与泰国、马来西亚等国家交往密切。随着中国—东盟自由贸易区和泛珠三角区域的建立,怒江州成为两大经贸体对接的前沿。珠海市作为重要的工业制造地,与东盟在制造业和技术结构方面又存在着巨大的互补空间。珠海市的机电产品、IT产品和纺织品在东盟具有广阔的市场。东盟的原材料、油气等资源在珠三角地区有巨大的市场需求。因此,"山海"联手开展面向东盟的合作具有重要的战略意义。

"山海"联手开发东盟市场可重点考虑如下几方面:一是鼓励珠海市民间资本积极参与怒江州基础设施建设和国际大通道建设,参与沿边口岸地区的仓储、物流设施建设,为"山海"联手开拓东盟市场做好硬件方面的准备。二是怒江州在土地、税收等方面给珠海市最优惠的条件,让珠海市组织企业在昆明、红河、玉溪等泛亚铁路怒江州境内段设立珠海市工业经贸园区,吸引珠海市产品和产业向怒江州转移,进入园区的项目将以东盟为主要市场,发展加工贸易,这样不仅有利于怒江州经贸发展,而且有利于"山海"进一步拓展东盟市场,发展与东盟国家的经贸关系。三是合作开发人力资源,共同培训各类专业人才,建立面向东盟自由贸易区的人才培训基地。这是关系到"山海"甚至整个泛珠三角区域在东盟保持长久竞争力的一个重要因素。四是进一步联合广西、海南等泛珠三角区域成员,发展与东盟的跨境旅游。泛珠三角区域得天独厚的地理位置,为发展与东盟国家的跨境旅游提供了极好的条件,现在最为关键的就是设计和开发出新的旅游线路,实现两地市场游客互送及第三国游客的跨境游。五是合作加大对东盟欠发达国家,如老挝、缅甸等的投资,参与其木材、矿山等资源类行业的开采开发,满足泛珠三角区域和国内的需要。总之,"山海"与东盟地缘关系的接近,产业结构、技术层次的差异与互补性,为"山海"开展面向东盟的合作奠定了基础,"山海"联合开拓东盟市场是一种基于共同利益的选择。

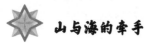

当今世界经贸的发展呈现区域经贸一体化和经贸全球化的特点,而从"山海"合作之泛珠三角区域合作的战略取向,正顺应了区域经贸发展趋势,是一种更高层次配置资源的方式。"山海"区域经贸协同发展,依托东西协作的精准扶贫,显现出两头兼顾的立意,即推动西部落后地区的加速发展和保持东部发达地区的持续发展。珠海市与怒江州在经贸乃至其余各方面合作的顺利开展,将很好地诠释国家关于"东中西互动、优势互补、相互促进、共同发展"的区域经贸战略思路,并为我国区域经贸合作和制度创新探索出新的经验。

第十章
文化扶贫扶志铸魂　凝聚奋进精神伟力
——以珠海、怒江文化扶志为例

文化是一个国家、一个民族的灵魂。文化兴则国运兴，文化强则民族强。① 党的十八大以来，以习近平同志为核心的党中央将文化建设尤其是文化自信提到了前所未有的高度。中国共产党第十九届中央委员会第五次全体会议明确提出到2035年建成文化强国。文化在引领风尚、教育人民、服务社会、推动发展等方面的作用极为关键。在精准扶贫具体战略上，习近平总书记做出"扶贫先要扶志，要从思想上淡化'贫困意识'。不要言必称贫，处处说贫"的重要论断。② 贫困地区之所以无法快速摆脱贫困，除了资源优势及地理条件的制约，很大程度上也源自贫困群众的思想固化，③ 没有让群众真正树立起"脱贫致富"的信心，也没有激发出他们的内生动力。因此，要做到"脱真贫、真脱贫"，不仅需要扶物质，更需要扶精神、扶文化。《"十三五"时期贫困地区公共文化服务体系建设规划纲要》首次将"文化扶贫"作为支持我国贫困地区公共文化发展的重要战略任务，《"十三五"时期文化扶贫工作实施方案》则将"文化扶贫"工作上升到国家重要战略高度。结合中国扶贫事业现状来解读，全力打好脱贫攻坚收官之战，需要在文化建设上下功夫。文化建设是动因，是保障，更是扶贫扶志工作中不可忽略的力量，因此，以文化建设为抓手做好贫困地区的扶志工作是全面实现精准扶贫战略的应有之义。

---

① 习近平：《决胜全面建成小康社会　夺取新时代中国特色社会主义伟大胜利——在中国共产党第十九次全国代表大会上的报告》，载《人民日报》2017年10月28日第1版。
② 习近平：《摆脱贫困》，福建人民出版社1992年版，第6页。
③ 齐峰、由田：《新时代文化扶贫的现实困境与路径探究》，载《江淮论坛》2020年第1期，第146–150页。

一、提振发展精气神,打好脱贫"组合拳"

当前,精准扶贫工作已取得瞩目的成绩。但由于怒江州经济基础相对薄弱,地理位置相对偏远,信息相对闭塞,且有26个"直过区",仍有一些问题亟待解决:部分贫困人口思想观念落后,主动脱贫的动力不足;惰性作祟,"等、靠、要"思想突出;风气不纯,脱贫施策的难度增加等。这些问题可以说与缺乏"穷则思变""人穷志不穷"的精神和理念紧密相关。因此,开展精准扶贫工作,要加强文化扶志,帮助贫困人口树立发展理念,增强脱贫动力,打好脱贫"组合拳",切实推进精准扶贫取得实效。

(一)改变落后观念,主动脱贫攻坚迎难上

在以往扶贫工作中,扶贫主体往往注重物质层面的帮扶,解决贫困地区的基础设施建设或落实一些见效快的项目,贫困人口的精神状态却没能引起足够的重视,贫困人口的骨气、才气和志气的培育有待增强。怒江州平均受教育年限仅六七年,40%的人不会讲汉语,加之受"直过民族"传统观念和恶劣自然条件影响,民族群众具有独特的思维方式、价值观念、族群意识、风俗习惯等。在诸多要素的交织碰撞下,部分贫困群众思想观念封闭,自耕自作,甘于现状,精神生活状态不佳,脱贫内生动力不足。这类群众一般已不敢再有过多奢望,故步自封,对待生活只求过得去,不求过得好,不愿积极苦干。因此,需要切实帮扶贫困人口自力更生、艰苦奋斗、勤于劳作,保持昂扬向上的生活状态,克服慵懒、落后的精神风貌,举旗帜、兴文化、立志气,贫困人口对生活方能有希望、有奔头。

(二)摒弃"等、靠、要"思想,自力更生奔小康

贫困并不可怕,可怕的是被贫困吓倒,畏难不前。自珠海市对口帮扶怒江州以来,珠海市在经济上、生活上给予贫困户多方面的帮助,如加强劳动力转移就业和技能培训,提升教育、医疗卫生水平,给予产业分红等。有些贫困户抓住机遇,利用相关政策的帮扶,通过自身的努力成功脱贫。但也有些贫困户虽无特殊致贫原因,却仍处在贫困境地,将

第十章　文化扶贫扶志铸魂　凝聚奋进精神伟力
——以珠海、怒江文化扶志为例

国家的扶贫政策、珠海市的帮扶措施当成生活的主要来源，认为脱贫是政府和干部的事，总指望政府救济和扶持，"等、靠、要"思想突出。他们抱有"等着别人送小康，盼着政府给钱给物"的心态，甘当贫困户，总以为国家扶贫就是给钱给物，钱物人人有份，对扶贫资金的使用分配特别是对扶贫资金帮助发展产业能人有很大的抵触情绪。① 甚至有人把个人贫困当作荣耀，将"低保"视为一项"福利"，以贫为荣。这些贫困人口一直处于"被动脱贫"的状态，使得政府开展攻坚脱贫工作不仅进展缓慢，而且收效甚低。贫穷不可怕，"等、靠、要"思想才可怕。扶贫先扶志，只有破除"等、靠、要"思想，树立自力更生的观念，贫困人口的精神面貌才能焕然一新，自主脱贫的干劲倍增，脱贫致富也就指日可待。

（三）治庸治懒治贫穷，脱胎换骨换新颜

滇西片区贫困群众受教育程度低，人均受教育程度低于全国平均水平。同时，对信息的辨识、提取与加工的能力均较弱，加之一些腐朽思想文化假借各种"外衣"施加负面影响，一定程度上造成了贫困地区群众的认知水平和价值观念的弱化。在现实生活中，贫困人口一旦缺少正确的价值观念及良好的乡风文明，则会表现出嗜好抽烟、喝酒，迷恋赌博、聚众斗殴等不良行为，更有不少年轻劳动力游手好闲、无所事事、精神萎靡。长此以往，他们必然丧失对生产劳动的积极性，对美好生活的信心，放弃自身发展的目标要求，丧失脱贫的斗志，消磨脱贫的意志。这些行为严重脱离了时代主旋律，不仅带坏了贫困地区的社会风气，也在一定程度上增加了政府脱贫施策的难度。如怒江州不少对外输出的务工群体因难以适应现代生活和企业管理模式而回乡，更有甚者，有些自行返回的群众还传播负面情绪、误解甚至谣言，使扶贫工作陷入恶性循环，以致怒江州劳务输出组织化程度低。因此，贫困地区积极培育和践行社会主义核心价值观，传播先进文化，实施文化提质行动势在必行。只有思想认识更新了，才能焕发出无穷无尽的力量。要治贫，先治庸治懒，只有将思想问题解决了，贫困群众才能信心满满、干劲冲

---

① 程静：《充分发挥"志智双扶"在脱贫攻坚中作用的路径探索》，载《学理论》2020年第9期，第21-22页。

天，才能打赢脱贫攻坚战。

二、励志鼓劲用真情，文化惠民"创样板"

珠海市与怒江州自开展东西部对口扶贫协作以来，两地聚焦精准扶贫、精准脱贫，完善政策措施，深入开展文化方面的交流，同时，两地各干部群众深入学习贯彻习近平新时代中国特色社会主义思想，坚定地贯彻落实习近平总书记对云南省、怒江州工作的重要指示批示精神，以问题为导向，紧盯贫困群众内生动力不足的实际情况，以文化建设为抓手，举旗帜、树新风、强教育、送真情，打造出具有鲜明特点的文化扶志样板。开展文化扶志工作以来，怒江州贫困群众精神面貌明显提振，"靠着墙根晒太阳、等着政府送小康"的现象大为改观，民族自豪感和爱国热情不断提高，文化素质明显提升，勤劳致富思想进一步树牢。

（一）举旗帜，文化扶志提精神

怒江州在坚决打赢深度贫困脱贫攻坚战、大力推进扶贫扶志工作中，始终用社会主义核心价值观立心铸魂，注重推动党的创新理论"飞入寻常百姓家"。在全州范围内先后开展了"听党话、感党恩、跟党走""自强、诚信、感恩"等主题教育活动，实施"峡谷红旗飘"工程等，收到了良好的社会效果。通过宣传引导，全州广大干部群众的感恩意识不断深化，内生动力持续增强，为脱贫攻坚注入了强大的精神动力。

1. 红旗飘起来，群众聚起来

为积极营造"自强、诚信、感恩""听党话、跟党走、感党恩"的浓厚氛围，切实引导怒江州各族干部群众进一步将思想和行动统一到以习近平同志为核心的党中央的决策部署上来，2017年9月，怒江州分阶段、分步骤、分对象、分区域在全州范围内深入开展"峡谷红旗飘"活动，将活动与宣传党的路线方针政策、脱贫攻坚政策、《国旗法》结合起来，向群众传递民族团结、脱贫攻坚等领域取得的显著成效等，不断丰富活动项目，延伸活动内容，使州内掀起了"家家送国旗""户户挂国旗""世世跟党走""时时感恩党"的热潮。如为迎接党的十九大胜利召开，"峡谷红旗飘"活动以美丽公路、独龙江公路、六兰公路沿

第十章 文化扶贫扶志铸魂 凝聚奋进精神伟力
——以珠海、怒江文化扶志为例

线和各县（市）城区出入口为重点，悬挂习近平总书记接见怒江少数民族干部群众代表图片、习近平总书记对怒江重要批示精神、脱贫攻坚宣传标语，在县（市）过境主干道、学校、社区、村寨农家悬挂统一规格的国旗，在各乡（镇）党委政府、村委会和村民小组会议室、活动室、宣传栏张贴习近平总书记接见怒江少数民族干部群众代表图片，做到红旗在县（市）、乡（镇）、行政村全覆盖，村民小组活动室全覆盖，各单位及各类学校全覆盖，各级各类媒体全覆盖，县（市）及乡（镇）中心教堂全覆盖，主要道路大型户外宣传牌全覆盖。活动开展以来，州内自治、法治、德治水平持续提升，"千里边疆同升国旗、同唱国歌"形成常态，"感恩中国共产党、感谢总书记"的朴素情怀不断根植人心，"五个认同"的根基不断夯实。

2. 政策讲出来，人心暖起来

一是驻村工作队和易地扶贫搬迁安置点社区管委会，在每周组织群众开展升国旗仪式的基础上，经常性开展各类民情恳谈活动，持续宣传习近平总书记关于扶贫工作的系列决策部署，以及给独龙江乡群众两次回信和一次会见的重要指示精神，让"全面建成小康社会，一个不能少""共同富裕路上，一个不能掉队""不获全胜，决不收兵"等金句家喻户晓、耳熟能详。二是组建了16支农民宣讲团，以院坝会、火塘会等为载体，将普通话、各民族语言相结合，采取"文艺+宣讲"等群众喜闻乐见的方式学习传播新思想新政策，并持续加大感恩教育，将各级媒体镜头对准脱贫攻坚扶贫扶志工作，合理引导基层群众预期，在"自强、诚信、感恩"教育引导工作上形成"组合拳"。三是所有安置点、行政村广播天天响，早8点播放《没有共产党就没有新中国》《社会主义好》《歌唱祖国》等爱国主义经典歌曲，根据新时代文明实践活动的需要不断丰富广播歌曲，晚间定时播放《新闻联播》，结合实际需要增加民族语宣传内容。四是常态化组织好小广场文体活动，由组织者在活动前后开展场景式感恩宣讲，不断实现潜移默化。五是依托传统节日抓好感恩宣讲，推出富有区域特点的感恩教育特色活动。六是将感恩教育融入"爱心积分""每日一晒"等评比和表扬活动中，深化群众的感恩意识。七是向群众讲清楚可以享受到的惠民政策，让群众知道"惠"从何来、向谁感恩。

3. "5+1" 主题党日活动创出来，党性强起来

在习近平总书记回信精神和党中央的深切关怀激励之下，按照"全域有主题、户户挂照片、每周升国旗、天天喇叭响、村村有宣讲"的工作思路，在全州范围内深入开展以"感恩共产党、感谢总书记"为主题的感恩教育，促进美好朴素的感恩情怀内化于全州各族干部群众内心深处，激发出强大的精神和斗志。易地扶贫搬迁安置点、行政村党组织定期开展"5+1 菜单式主题党日"活动，活动方案与"两学一做"学习教育有效衔接。通过让先进分子现身说法，通过讲发展变化、讲身边人事、讲美好未来，通过上微党课，推送小故事，看电教短片，开展有吸引力的文体活动、观影活动或小故事分享等，拓展了面向农村党员的主题党日内涵，不仅有利于调动党员参与的积极性，加强党员的党性修养，还有利于加强党支部的政治功能建设，增强党支部的凝聚力、吸引力。如怒江州人力资源和社会保障局在 2018 年 8 月的"5+1 菜单式"主题党日活动中，围绕"党员志愿服务"这一主题，组织支部全体党员到重阳社区建源小区做人社政策宣传和民情民意摸底走访。党员们就社区居民提出的养老保险、医疗保险、就业、"两后生"送学等方面的政策做了详细解答。随后，组织党员学习了《中国共产党章程》，观看了电教片《复兴之路》，推送了乡村教师桑磊的先进事迹，杨金兰同志还给大家上了《尽职需要"五颗心"》微党课；等。本次活动的开展不仅让该支部的党员同志们深入了解扶贫工作的点点滴滴，也进一步引导党员经常深入群众，在群众中践行宗旨，锤炼党性，同时也让人民群众深切感受到支部就在身边，党员正在行动。

（二）树新风，文化扶志展形象

脱贫攻坚扶贫扶志，实施乡村振兴战略，乡风文明建设是最管用的抓手。怒江州在覆盖全州 29 个乡镇的 53 个州级乡风文明示范点持续开展文明创建活动，通过两年示范建设后探索出"乡风文明建设怒江经验"，相关措施在引导广大群众意识转变、习惯养成、素质提升等方面，作用发挥明显，是具有怒江特点的新时代文明实践活动重要

第十章 文化扶贫扶志铸魂 凝聚奋进精神伟力
——以珠海、怒江文化扶志为例

载体。①

1. 政策抓起来，共识聚起来

2016年以来，怒江州持续开展以"改陋习、讲文明、树新风"为主题的农村文明素质提升行动，印发了《中共怒江州委　怒江州人民政府关于实施农村文明素质提升行动的意见》（怒发〔2016〕23号，以下简称《意见》）。《意见》以农村突出问题为导向，着力解决不文明、不健康的陈规陋习，在宣传教育引导群众、改善农村基础设施、推动农村移风易俗、建立文明创建长效机制等方面，以村"十有"（即每村有文化长廊、篮球场、善行义举榜、图书室、文明讲堂、简易戏台、文化广播器材、体育健身器材、村小食堂、村志愿服务队）、农户"八有"（即每户有睡床、餐桌、橱柜、衣柜、电视、太阳能热水器、厕所、牲厩）建设为抓手，依托"挂、包、帮"长效扶贫机制，充分发挥群众的主体作用，持续推动农村文明素质提升工作。行动开展以来，文化扶志的社会共识不断凝聚，在新时代脱贫攻坚的伟大实践中，全州农村精神风貌发生了历史性巨变。

2. 榜单评出来，影响大起来

一是开展"十星级文明户""最美庭院""家庭内务每日一晒""一周三活动"等评选活动，对积极性高且进步明显的村民，通过国旗下讲话鼓励、村民大会表扬、素质提升"积分兑换"发放小奖品表彰、张榜公布提升美誉度等形式，不断提高并巩固群众向上向善向好的信心。二是组建村民议事会、道德评议会、红白理事会，让基层党组织和德高望重的新乡贤在群众自治组织中发挥关键作用，全面推动村规民约的执行，褒扬先进，帮助后进，将相关工作发布在村组公示栏，提升村规民约的影响力。三是按照长期培养基层自治人才的要求抓实善行义举典型选树工作，并通过乡风文明建设现场推进会或观摩活动发布善行义举榜，在乡土社会中营造向善行义举学习的文明乡风。

3. 文化强起来，氛围浓起来

一是系统打造村寨墙体文化，各村寨和易地搬迁集中安置点的社区文化墙在社会主义核心价值观、脱贫攻坚、乡村振兴、民族团结、"感

---

① 《乡风文明示范建设怒江经验》，2020年2月27日，见http://wm.nujiang.cn/html/2020/wmssp_0227_776.html。

恩共产党、感谢总书记"感恩教育等方面,发挥了日常教育和潜移默化的作用。二是持续开展"我们的节日"主题活动,形成浓厚的文化氛围。乡风文明示范建设工作以传统节日活动为载体,各乡镇、各村组和安置点社区普遍开展了"弘扬传统美德、促进乡风文明"系列活动,提升了基层群众的文化自信。如2020年贡山公路分局努力挖掘中华传统节日和精神内涵,突出缅怀先祖、缅怀先贤,纪念抗疫英雄,积极开展2020年"我们的节日·清明节"系列主题活动,通过向全体干部职工发放文明祭扫倡议书,宣扬文明新风,宣传移风易俗、厚养薄葬、文明祭祀新理念。三是发挥村文艺队的作用,传承优秀民族文化,在村(社区)综合文化活动场所常态化开展民族歌舞活动。如兰坪白族普米族自治县三角河村以拉玛民歌大赛为载体,宣传党的路线方针政策,感恩党的帮扶,激发群众内生动力。这次民歌大赛的举办,促进了拉玛周边群众的交流,发展了拉玛文化,同时有利于形成有凝聚力且文明向上的乡村风貌。四是广泛开展"小手牵大手,推普一起走"活动,成功创建113个"普及普通话示范村",完成4万人"直过民族"和人口较少民族群众的普通话培训,4县市顺利完成国家三类城市语言文字规范化达标建设。

4. 成绩晒出来,表扬实起来

一是在州级层面组建"怒江文明"微信大群,由乡镇、村组、社区定期发布乡风文明建设活动图文和视频,包括升旗仪式、国旗下讲话、文艺活动、宣讲活动、环境卫生治理、"十星级文明户""最美庭院""善行义举"评选等。如2018年福贡县举行"扶贫日"文艺晚会,通过视频短片、舞蹈、快板、歌曲等多种形式,生动、直观地展现了脱贫攻坚给全县各贫困乡村带来的重大变化以及取得的丰硕成果。二是协调各级媒体持续深度报道乡风文明建设成效,借助新媒体受众多的优势,实现了推广与复制"乡风文明建设怒江经验"。三是常态化开展乡风文明建设活动的村组和安置点均建立群众工作微信群,通过群众自己在微信群中"每日一晒",将"十星级文明户""最美庭院"创建成效发布到村组、乡镇微信群,通过走好网上群众路线,全州营造了"晒"文明创建成效的浓厚氛围,乡风文明建设不断深入人心。见图10.1、图10.2。

第十章 文化扶贫扶志铸魂 凝聚奋进精神伟力
——以珠海、怒江文化扶志为例

图10.1 善行义举典型选树工作　　图10.2 开展"我们的节日"主题活动

（三）强教育，文化扶志育新人

山海两地在扶贫协作工作中，始终注重调动困难群众的主观能动性和创造性，引导他们树立起摆脱困境的斗志和勇气，用自己的辛勤劳动改变贫困落后面貌，奔向美好幸福新生活，这不仅是对"文化扶志"的具体践行，也对贫困人口坚定脱贫信念、树立远大志向、提升精准扶贫长效性具有重要意义。

1. 开展怒江青年逐梦教育实践活动

"青春江海·圆梦行动"是珠海团市委助力珠海对口怒江东西扶贫协作工作、立足共青团系统优势、凝聚青年力量推出的工作项目，以鼓励怒江青年完成本专科学历教育，圆其大学梦。自该项目开展以来，珠海团市委通过整合资源，已筹集151.5万元善款以及价值101万元的物资，通过爱心助学、志愿服务、青年交流、技能提升等方式，为扶贫搭建起一座"青春之桥"。"圆梦计划"是一项帮助新生代产业工人完成学历教育的公益计划，已在珠海实施7年。2020年，"圆梦计划"的招生对象首次定向资助在珠海务工的怒江青年。杨秋雁和其他19名怒江青年顺利通过了"圆梦计划"筛选。现在每天下班后，杨秋雁回到宿舍，再花两小时完成网络课程的学习。开学半个月，杨秋雁慢慢适应了边工边读的生活，忙碌而充实。"我选的是和自己工作对口的电子商务专业。我很喜欢珠海，也希望通过提升专业能力留下来。"泸水一中"珠海班"学生陈应雄在接受记者采访时谈道："珠海比老师描述的还要美，希望能去珠海读大学，很期待接下来的随堂听课，希望能结识珠海的朋友。"截至2020年底，珠海市已有570名怒江务工青年，珠海市在为他们融入这座城市敞开怀抱。

此外,为充分发挥好妇联组织在家庭工作中的优势,关爱怒江留守儿童,珠海市妇联与怒江州妇联共同制定了《珠海市妇联对口帮扶怒江州妇女儿童工作计划(2017—2019)》。两地妇联共同举办这场"跨越山海的相会"夏令营活动,让怒江留守儿童与他们在珠海务工的父母团聚。通过与珠、港、澳三个地方的儿童沟通交流,参观珠海机场航空探知馆、珠海大剧院、走进军营,在港珠澳大桥边共舞,参观父母工作的场所,游览横琴长隆海洋王国,体验海上帆船运动等,感受珠海的美丽与发展,开阔他们的视野,提升他们的自信心和综合能力。通过参加活动,在他们心中播下感恩党、感恩父母、努力拼搏、建设家乡、改变贫穷的种子。

2. 探索"足球+结对+扶贫"文化扶志新模式

足球帮扶进校园,这是珠海市对口怒江州扶贫协作的新创举,旨在通过特色体育教育,强健学生体魄,锻炼学生意志,培养学生团队合作的意识和顽强拼搏的精神。怒江泸水市格力小学与广东华南虎足球俱乐部、珠海市香洲区湾仔小学三方制订了《足球支教训练计划》:广东华南虎俱乐部将派遣俱乐部专业青训教练常驻学校,以帮助格力小学开展足球日常教学、运动队建设、足球联赛、足球嘉年华等多方面工作;俱乐部携手义乌市麦卡体育用品有限公司、珠海市香洲区湾仔小学等单位,向格力小学提供各种足球教学、训练装备以及技术支持。学校全力支持和配合俱乐部教练,开展足球日常训练工作,探索出符合怒江学生实际的校园足球发展模式。足球的魅力,不仅仅是让人忘掉烦恼,还能给大山中的孩子塑造一个崭新的梦想。被选进足球队的格力小学的学生高兴地告诉记者:"我们特别喜欢刘教练,要把刘教练教的都学会,长大了当国家足球队队员,拿世界冠军。"

3. 打造学习传播文化艺术的大众平台

文化作为一种精神力量,能够在人们认识世界和改造世界的过程中转化为物质力量,对社会发展产生深刻的影响。为提高怒江州人民群众的文化素养,传承优秀传统文化,怒江州采取了一系列措施,以打造学习传播文化艺术的大众平台。例如,为贯彻落实中央组织部、财政部、文化和旅游部等10个部委共同印发的《边远贫困地区、边疆民族地区和革命老区人才支持计划实施方案》,实施"三区"人才支持计划,进

第十章　文化扶贫扶志铸魂　凝聚奋进精神伟力
——以珠海、怒江文化扶志为例

一步挖掘、弘扬和传承少数民族优秀传统文化。如 2020 年，贡山县茨开镇傈僳族传统民间器乐培训班开班，主要培训学习傈僳族传统民间器乐"起奔""笛哩图""玛裹"和二胡等。傈僳族民族文化传承人邓福生在认真教授学员们学习器乐的同时，与当地的傈僳族民间艺人以及学员们深入交流傈僳族民间文化。他谈到，若傈僳族的年轻人继续这样学、这样传承，傈僳族的民族传统文化就永远都不会消失。再如，2020 年新冠肺炎突然暴发，全国上下齐心协力、众志成城抗击疫情，双拉文艺队编曲老师陈丽军在了解相关情况后，花 10 天时间，创作了怒语版《一个战场打赢两场战役》的快板，以自己独特的方式向所有为疫情防控工作者致敬，表达了边疆人民在各级党委、政府的带领下，统筹推进疫情防控和经济社会发展的信心和决心。

4. 讲好山海扶贫协作的典型故事

由珠海市、怒江州传媒中心联合进行专题策划，总结好"山海"两地在党的坚强领导下排除万难、谋划发展的脱贫经验，以及对"时代楷模"高德荣、"全国敬业奉献模范"邓前堆、"全国五一劳动奖章"获得者吉思妞、"最美支边人物"管延萍、"人民满意的公务员"彭鑫亮等扶贫先进个人的感人事迹进行表彰，有利于以点带面提升扶志成效，激发困难群众的斗志，掀起创示范、学模范、争先进的热潮。例如 2018 年，《珠海特区报》率先报道了珠海市金湾区首位援助怒江的医生管延萍的先进事迹，之后云南电视台、新华社、中央电视台、学习强国 App 等多家媒体和平台也接连对她的事迹进行报道。管延萍先后被评为珠海市金湾区最美医务工作者、云南省东西部扶贫协作先进工作者、云南省敬业爱岗道德模范、全国"最美支边人物"称号。再如，泸水市于 2018 年举办庆五一迎五四"脱贫攻坚·榜样泸水我代言"主题活动，活动现场 6 位脱贫攻坚先进人物上台进行现场访谈，他们中有患尿毒症却依然坚守在扶贫一线为群众亲力亲为、出谋划策的驻村扶贫工作队队员，有带着孩子上阵的扶贫"父子兵"，也有在基层一线勇于担当、带领全村村民脱贫致富的党总支书记。现场不时响起阵阵掌声，他们的感人事迹感动着现场的每一个人，同时也激励着每一个人更好地投入本职工作中。见图 10.3、图 10.4。

图10.3　格力小学足球队合影

图10.4　新华社专题报道珠海"背篓医生"管延萍

（四）送真情，文化扶志聚民心

志愿服务是社会文明进步的重要标志，"山海"两地充分发挥自身优势，参与社区志愿服务，聚焦脱贫攻坚，聚焦特殊群体，聚焦群众关切，贴近群众需求，精准对标施策，志愿服务成为怒江州开展新时代文明实践活动的重要载体。截至2020年9月，全州共注册志愿者10311人，实名认证10195人；志愿服务队39个。但仍须在现有基础上进一步增强做好志愿服务的责任感和使命感，打通宣传群众、教育群众、关心群众、服务群众"最后一公里"。

1. 创建"1+2+N"模式社区服务帮扶项目

2019年11月，珠海市香洲区翠香街道新村社区与泸水市六库镇团结社区签订了《珠海市社会组织与怒江州贫困村结对帮扶协议》，从而开启了友好结对共建的关系。为做好、做实团结社区结对帮扶工作，翠香街道新村社区在珠海市各级的指导和支持下，根据团结社区居民服务需求，联合珠海市委宣传部机关党支部、珠海市扶贫办、珠海市残联、香洲区扶贫办、香洲区残联以及翠香领航社会组织发展统筹中心，聘请了珠海家乐、怒江汉达社会工作服务中心的社工组建社工服务团队，按照"1+2+N"的模式，即派驻1名新村社区两委委员、2名专业社工、N名团结社区社工，进驻团结社区开展助残、护老、育幼等服务。该模式的创建有效解决了志愿服务经验不足、人力资源短缺等服务困境，能够为做好易地扶贫搬迁"后半篇"文章提供坚实的行动保障和精神支持。

2. 六大服务平台精准对接群众需求

怒江州新时代文明实践中心通过整合资源，重点打造了理论宣讲、教育服务、文化服务、科技与科普服务、健身体育服务、劳务技能服务六大平台；通过探索百姓"点单"、中心"派单"、志愿者"接单"、群众"评单"相互贯通的工作模式，以精准对接群众需求。例如，为落实"健康促进助力脱贫攻坚"要求，珠海市人民医院、昆医附二院等医院的帮扶专家和医院党员志愿服务队员来到泸水市上江镇易地搬迁区，为易地扶贫搬迁群众提供免费问诊咨询、超声检查、测血压、测血糖，疼痛治疗、针灸理疗、药品免费发放，残疾证、慢性病办证咨询等义诊和健康宣教服务。"怒江名医"周臣群等党员志愿者，到5户居民家里给6名出行不便的居民进行常规体检，提供康复指导，对症发放药品。在开展"科技创造梦想"主题活动中，全州489名团干部和青年志愿者分别组成35个服务小组，深入中小学、街道、乡镇、村组开展宣传活动，帮助广大青少年树立科学理念，激发探求科学新知的意识。泸水市委宣传部联合相关部门开展"美丽新家园"爱心志愿服务活动，志愿者深入每一户搬迁群众家中，给搬迁群众宣传普及待人接物礼仪、家庭内务整理、文明卫生习惯、家电使用、交通规则、社会公德等知识，帮助搬迁群众更快更好地融入现代生活。

3. 分级分类建立志愿服务体系

以泸水市为例，泸水市为推进新时代文明实践中心建设全国试点工作，建立了4支实践队伍，包括市级志愿服务总队、乡（镇）志愿服务大队、各行政村（社区）志愿服务分队，在此基础上组建理论专家队伍、专业技术队伍、志愿服务队伍、百姓宣讲队伍、榜样模范队伍。在不同类别上，兰坪县开展"美丽兰坪　你我参与"云岭银发志愿服务活动，旨在动员和组织广大离退休干部、老年朋友发扬"退休不退岗、甘于奉献"的精神，积极参与到脱贫攻坚、关心下一代、整治环境卫生、调解邻里纠纷、关爱空巢老人、倡导文明出行、农村殡葬改革等方面的多样化志愿服务活动中，推动兰坪县云岭银发志愿服务活动常态化。丙中洛镇新时代文明实践所组织青年志愿者深入开展"走进安置点　点亮新生活"志愿服务活动，旨在弘扬"奉献、友爱、互助、进步"的志愿服务精神，引导广大青年树立远大理想，用心、用情、用力做好志愿服务工作。见图10.5、图10.6。

 图10.5 "1+2+N"模式社区服务项目启动仪式

 图10.6 云岭银发志愿者服务活动启动仪式

三、精准施策开良方，架起文明"连心桥"

自珠海市对口扶贫怒江州以来，怒江州贫困群众学先进、赶先进、争先进的良好氛围逐渐形成，"幸福是奋斗出来的""脱贫攻坚是干出来的"的观念入脑入心入行。贫困问题从深层次上追究，实则有着极深的文化根源，唯有破除贫困文化才能帮助怒江州实现真脱贫、脱真贫。对此，应以文化建设为抓手，围绕宣传惠民、教育育民、产业富民的使命任务，坚持社会主义核心价值观引领，加强社会主义精神文明建设，满足怒江州人民的文化需求，树牢其自立自强、奋力拼搏的价值理念，增强其精神力量，推进社会主义文化强国建设。[①]

（一）宣传惠民，精神引领激斗志

1. 加大政策宣传力度，培养正确的劳动意识

贫困地区驻扎队应组织各贫困县、贫困村的驻扎负责人加强在扶贫脱贫方法、政策、宣传等方面的学习。各地方应在县村设立固定的扶贫知识宣讲场所和组建扶贫工作宣讲团，主要针对贫困人民在"政策懵、技术难，无从下手"上存在的顾虑，开展政策宣传和相关技术的学习，有利于当地贫困地区的人民学习脱贫方法和国家扶贫知识。对国家提出来的新时代扶贫脱贫工作了解度不够高，以及对脱贫政策有排斥的贫困地区人民要做到重点关注，做好思想开导工作，多走

---

① 鞠鹏：《中共十九届五中全会在京举行》，载《人民日报》2020年10月30日第1版。

访，与他们谈心，用一片真心换得贫困地区群众的信任，以期不断提升贫困地区人民的劳动能力，帮助其通过努力劳作与自力更生来脱贫致富，奔小康。

2. 推进民族团结进步，凝聚民族团结向心力

聚焦青少年、知识分子、信教群众等，把民族团结教育贯穿于教书育人全过程，贯穿于宗教活动全过程，宣讲好党的民族宗教政策，让信教群众自觉抵制不法分子利用宗教进行分裂渗透和破坏活动。把每年8月定为"民族团结进步宣传月"，结合怒江元素，设计怒江州创建全国民族团结进步示范州标志、宣传海报、宣传折页等宣传资料，各级各部门突出行业特色、民族特色、文化特色，在广场、街道、市场、学校、车站、社区、易地扶贫搬迁安置点等人员密集区域，通过发放宣传材料、举办专题讲座、张贴宣传海报等形式扩大宣传辐射面。同时，充分利用报刊、官方微博、微信公众号、广播、电视及网络等宣传媒介和短视频、宣传片、专访专谈等载体，① 多渠道、全方位讲好民族团结故事、唱好民族团结之声、传播民族团结正能量，让各族群众从今昔对比中、从社会变迁中、从身边变化中感受民族团结进步带来的福祉。

3. 重视扶志工作宣传报道，传递扶贫价值导向

积极组织珠海市属媒体密集刊播关于珠海市对怒江州扶志方面的宣传报道，如《今日面孔麦贝吉：三进怒江的"读心师"》《一个不能少！珠海这位老师在怒江为特殊儿童"铺设"上学路》《冰溶关爱走出大山 怒江女娃求学记》等文章。积极对接怒江州委宣传部，组织珠海传媒集团采编部门与怒江传媒中心建立紧密合作关系。如组织珠海传媒集团以全方位视角拍摄反映珠海对口帮扶怒江脱贫攻坚主题的纪录片，着力呈现云南怒江少数民族贫困地区迈向小康的过程，凸显珠海和怒江两地人民以对口帮扶为纽带，跨越四千里山河，紧紧联系在一起的山海深情。同时，通过讲述沿海带动内地、特区帮扶山区的故事，记录全面建成小康社会这一伟大的历史进程，充分体现中国特色社会主义制度的优越性。

---

① 鞠鹏：《中共十九届五中全会在京举行》，载《人民日报》2020年10月30日第1版。

(二) 教育化民，文化帮扶立壮志

1. 优化对口支援，探索教育援助模式

在打赢脱贫攻坚战和全面建成小康社会的背景下，通过从珠海市等其他发达地区引进技术、制度、思想、方案、人才等有针对性的物质资源和智力资源，在珠海市和怒江州及相关机构之间建立起一种稳定的教育援助模式，有利于促进贫困地区教育发展的长效发展机制。如针对怒江州"直过民族"多，素质性贫困问题突出的实际，珠海市把扶志融入日常帮扶工作中，扎实推进"一堂两班百校千人"教育扶贫工作，配置中小学移动教学平板系统445台，建设智慧课堂83间，覆盖学校76所，先后在5所学校开设11个普通高中"珠海班"，招收学生498名，2个初中"金湾班""斗门班"招收学生81名。在珠海市文化馆的交流学习期间，怒江州文化馆5名管理干部在珠海市文化馆的活动部、创作调研部、培训部、办公室等部门进行跟班学习，从培训的组织制定、展览展示以及群众文艺作品创作等全面学习，并参与到由珠海市文化馆承办的"庆祝老年节全市老年文艺晚会"策划组织工作当中，取长补短，互相学习经验。同时，两馆还签订了《馆际协作共享框架协议》《地方文献交换业务合作协议》《馆际互借与文献传递合作协议》三项合作协议，初步建立珠海和怒江州图书馆资源共享长期合作交流的平台。

2. 加强技能培训，提高贫困群众就业能力

两地深入贯彻落实中央有关技能扶贫的文件精神，将技能培训作为脱贫的重要手段，出台一系列配套政策措施，加大政策支持力度。怒江州要结合经济社会发展实际，结合州内贫困劳动力自身特点，制订培训专业工种计划，选定培训机构，促进培训项目与市场需求相对接、培训内容与岗位要求相对接。在深度贫困区，要通过开展调查摸底，精准掌握贫困人员的基本情况、就业意向和培训愿望，锁定培训对象，实施技能培训。在培训资金上要向重点贫困地区倾斜。采用送训下乡、送训入户等灵活多样的培训方式，通过在车间、田间地头现场观摩、实地教学等方式，确保参加培训的贫困劳动力听得懂、学得会、用得上。如珠海市会同泸水市，在鲁掌镇办起了"农民军校"试点，通过采取"半军事化训练＋技能实践操作＋转变观念"的教学方式，增强技能培训，强化感恩意识，把农民军校与转移就业和"两后生"送学相结合，扶智扶志收效显著。

（三）产业富民，文明风尚展形象

1. 健全相关配套政策，统筹规划发展路径

建议怒江州将文化产业扶贫纳入经济社会发展规划，整合各部门的管理职能，规划州内文化产业发展战略布局及战略重点，文化产业的策划、开发、运营实施管理等。建立健全文化产业发展责任制。怒江州可以采取将文化产业扶贫列入市县政府及部门领导干部的年度目标责任考核，以新的考评制度来切实推动怒江各地文化产业扶贫工作。集中人力、财力、物力，有选择性地优先发展壮大基础较好、潜力较大的文化产业和新兴文化业态，延伸产业链，带动和支撑其他产业的发展。结合怒江现有的文化产业基础，应重点发展文化旅游业。建立激励机制，对文化创意等新兴文化产业予以重点扶持、奖励，对在文化产业、创造文化品牌中做出重大贡献的单位或个人给予重奖，为本地文化产业发展提供尽可能多的优惠。对已经形成的地方性文化品牌，深度挖掘其内涵，提升文化产业自身品牌的知名度和影响力。

2. 选树脱贫致富典型，发挥致富能手带动作用

选树脱贫攻坚中的致富能手为典型，发挥榜样的教育作用，注重"以身边事教育身边人"。定期开展脱贫致富榜样宣传讲座和相关农业技术专家的报告活动等，用生动形象的脱贫实践和实用的脱贫技能激发贫困群众为美好生活奋斗的动力，树立学习知识与培养技能的理念。比如，积极挖掘生态护林员典型人物，配合州林业局做好寻找"最美生态护林员"工作，同时组织他们定期与贫困户开展沟通与交流，认真听取贫困户在脱贫过程中遇到的问题并答疑解惑。向贫困户传授致富方法，让贫困户以致富能手为榜样，形成"向致富能手学习和看齐"的学习氛围，让未脱贫的贫困户真正地意识到，只要通过辛勤劳作，贫困的境况就可以改变。

3. 搭建就业创业平台，扶就业强基础富人民

怒江州各级党委、政府出台贫困群众就业创业的政策保障，让贫困群众有效规避就业创业风险。认真贯彻落实"政策扶持、就业培训、创业服务、典型带动"工作要求，对有创业就业意愿的贫困群众实行

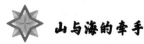

"政策优先、项目优先、资金优先",全方位提供政策咨询、技能辅导、创业培训、融资服务和权益维护等服务。突出技能培训,协调相关行业部门实施种植养殖、乡村特色旅游、家政服务、农村电商、独龙毯和草果手工编织等各类实用技术培训,帮助贫困群众转变择业观念,提高创业和就业能力。深入实施贫困群众创业就业"贷免扶补"小额贷款项目、妇女循环金项目、实施微型企业培育工程,以及各种优惠政策的作用,帮助贫困人群解决创业资金困难,实现创业一人、脱贫一户。另一方面,贫困群众也要积极主动寻找就业创业机会,依托"产业+农民工创业园""产业+旅游""产业+互联网""产业+就业""产业+公共服务""产业+村集体经济"等就业创业机遇。如怒江州积极协同相关职能部门开展春风行动和劳动力转移培训。2015—2020年春风行动,全州共举办招聘活动89场,成功为5484名女性(其中,4225名为农村女性)介绍就业。此外,还成功组织3743名女性参加职业技能培训(其中,1557人享受了培训补贴),通过各类培训,使贫困妇女心里有想法、手中有技术,在脱贫路上信心十足。

第十一章
深化干部交流培训　全力助推脱贫攻坚

——以珠海、怒江组织两地干部交流实践活动为例

扶贫工作，事关全局；扶贫干部，事关扶贫工作成效。扶贫干部直接面对贫困群众，是联系帮扶困户的桥梁和纽带，也是中央各项扶贫政策落实到"最后一公里"的关键。珠海市按照"怒江所需、珠海所能"的原则，精准帮扶，务实协作，从怒江州的实际出发，实施干部人才支援帮扶、发动社会力量参与帮扶、选派优秀年轻后备干部助推脱贫攻坚、强化干部交流培训等措施，助力怒江州提升脱贫攻坚软实力，并取得了显著成效。

一、指引方向，照亮小康"前行路"

习近平总书记指出，新时代，我们党要团结带领人民实现"两个一百年"奋斗目标、实现中华民族伟大复兴的中国梦，必须贯彻新时代党的组织路线，努力造就一支忠诚干净担当的高素质干部队伍。[①] 党的十八大以来，以习近平同志为核心的党中央高度重视增强干部适应新时代发展要求的能力，要求干部有新担当、新作为，这为珠海市、怒江州培养新时代干部以推进精准化脱贫攻坚工作提供了根本遵循。

（一）加强扶贫干部作风建设是促进脱贫攻坚的内在诉求

中华民族伟大复兴，绝不是轻轻松松、敲锣打鼓就能实现的，干部

---

① 习近平：《决胜全面建成小康社会　夺取新时代中国特色社会主义伟大胜利——在中国共产党第十九次全国代表大会上的报告》，载《思想政治工作研究》2017年第11期，第33–52页。

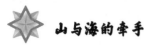

群众必须准备付出更为艰巨、更为艰苦的努力。2020年是全面建成小康社会和打赢脱贫攻坚战的收官之年，时间紧迫，任务艰巨。习近平总书记在决战决胜脱贫攻坚座谈会上强调："脱贫攻坚任务能否高质量完成，关键在人，关键在干部队伍作风。因此，要加强扶贫领域作风建设，坚决反对形式主义、官僚主义，减轻基层负担，做好工作、生活、安全等各方面保障，让基层扶贫干部心无旁骛投入到疫情防控和脱贫攻坚工作中去。"脱贫攻坚工作要实战实干，一切工作都要落实到为贫困群众解决实际问题上，切实防止形式主义，不能搞花拳绣腿，不能搞繁文缛节，不能做表面文章。新时代党的组织路线提出坚持德才兼备、以德为先、任人唯贤的方针，就是强调选干部、用人才要重品德，严格把好政治关、廉洁关。

（二）抓好脱贫攻坚干部培训是推进脱贫致富的重要保障

党和国家事业之所以取得历史性成就、发生历史性变革，与广大干部改革创新、干事创业、担当奉献密不可分。中共中央印发的《2018—2022年全国干部教育培训规划》指出，干部教育培训是干部队伍建设的先导性、基础性、战略性工程，在进行伟大斗争、建设伟大工程、推进伟大事业、实现伟大梦想中具有不可替代的重要地位和作用。[1]习近平总书记在打好精准脱贫攻坚战座谈会上的讲话中提道："要突出抓好各级扶贫干部学习培训工作，中央层面要重点对省级负责同志开展轮训，省、市、县都要加大干部培训力度，分级安排培训活动。各级培训方式要有所区别，突出重点。对县级以上领导干部，重点是提高思想认识，引导树立正确政绩观，掌握精准脱贫方法论，培养研究攻坚问题、解决攻坚难题能力。对基层干部，重点是提高实际能力，要多采用案例教学、现场教学等实战培训方式，培育懂扶贫、会帮扶、作风硬的扶贫干部队伍，增强精准扶贫、精准脱贫工作能力。"因此，要推进怒江州脱贫攻坚全面建成小康社会，需要培养一支忠诚干净且有担当的高素质专业化干部队伍，这就要求通过专业化能力培训，使广大

---

[1] 中共教育部党组：《中共教育部党组印发〈关于贯彻落实《2018—2022年全国干部教育培训规划》的实施意见〉的通知》，载《中华人民共和国教育部公报》2019年第4期，第2－8页。

干部适应新时代、实现新目标、落实新部署的能力明显增强,使"干一行、爱一行、精一行"的专业精神进一步提升,也使基本知识体系不断健全、知识结构不断改善、综合素养不断提高,使复合型领导干部的培养取得新进展。

(三) 优化扶贫干部人才结构是实现精准扶贫的迫切需要

激励干部新担当新作为,是推动党和国家事业发展的迫切需要。① 回顾党的历史,任何时候的工作都离不开广大干部群众积极性、主动性、创造性的调动和发挥。习近平总书记在东西部扶贫协作座谈会上的讲话中提道:"要采取双向挂职、两地培训等方式,加大对西部地区干部特别是基层干部、贫困村致富带头人的培训力度,帮助西部地区提高当地人才队伍能力和水平,打造一支留得住、能战斗、带不走的人才队伍。向对口帮扶地区选派扶贫干部和专业人才,也要突出精准,缺什么补什么,增加教育、医疗、科技、文化等方面干部和人才比例,优化扶贫干部和人才结构。"新时代意味着新起点,新时代呼唤着新作为,要坚持把脱贫攻坚作为锻炼、培养、发现、选拔优秀年轻干部的主阵地和锤炼干部作风的主战场,要深化人才发展体制机制改革,着眼提高干部队伍治理能力,使广大干部实践本领跟上时代发展步伐。要加强思想淬炼、政治历练、实践锻炼,进一步提高政治素养、理论水平、工作能力,推动形成能者上、优者奖、庸者下、劣者汰的正确导向。

二、成绩斐然,绘就攻坚"同心圆"

在全国上下埋头苦干、万众一心,决战决胜脱贫攻坚战之际,在脱贫攻坚这条荆棘与鲜花丛生的道路上,怒江州有这么一群默默奉献的英雄,他们不畏艰苦,俯身走进基层,深入贫困村,融入群众,在点滴付出中收获成长,在苦干实干中谱写奋斗之歌。此外,珠海市自对口帮扶怒江傈僳族自治州以来,一批批帮扶干部跨越千里,把怒江州当作第二故乡,真情奉献,开展帮扶工作,以东部之优补西部之短,以先发优势

---

① 习近平:《努力造就一支忠诚干净担当的高素质干部队伍》,载《求是》2019 年第 2 期,第 4 - 10 页。

促后发效应，谱写了一支支感天动地的扶贫之歌。

（一）干部素养进一步提高，扶贫干部更自信

在珠海市的大力帮扶下，怒江州通过借助"双提升"行动，有效提升了一大批村干部及后备干部的素质和干事能力。截至2020年底，怒江州共有199名村（社区）干部、青年人才党支部后备力量参加"双提升"行动，先后组织397名村（社区）干部参加学历提升教育。比如，贡山县独龙江乡龙元村的一位村干部，曾因家庭困难放弃上大学，后来为提高学历，自费修读大学行政管理专业，随着"一村一品"扶贫项目的落地与实施，其学费得以减半，最重要的是提高了自身的综合能力和素质。如今，怒江州村（社区）干部学历和能力水平已得到极大的提升，让越来越多一线的扶贫干部干事创业的信心满满。

（二）队伍建设进一步完善，扶贫干部更出彩

自开展扶贫协作以来，珠海市高度重视，真心实意付出、真金白银投入，加快推动了怒江州脱贫攻坚进程。珠海市加大干部人才培养的支持力度，深化干部在教育、医疗等关键领域帮扶，拓宽培训、就业、创业平台，给予怒江州更多、更大的帮助，助力怒江打赢深度贫困脱贫攻坚战。其次，珠海市派出的123位干部、医生、教师在怒江深受群众爱戴，提升了怒江干部群众脱贫攻坚的内生动力。一大批珠海市驻怒江州扶贫干部用心、用情、用力帮扶，努力在怒江州医疗卫生、劳动力转移就业和教育方面贡献自己的一份力量，为贫困群众办实事，用实际行动诠释着帮扶干部肩上的责任和使命。怒江州坚持选优派强，管好用好驻村工作队，自2016年来，累计选派7879人次干部驻村，从而进一步提高怒江干部队伍建设的整体水平，提升了怒江基层一线干部为人民服务的政策理论、能力素质和业务水平，让干部们在本职工作岗位上拓宽新思路、开创新佳绩，更好地履行基本民生保障、基层社会治理、基本社会服务等职责，发挥好基层干部在民生保障工作中的兜底作用。

（三）评优考核进一步落实，扶贫干部更安心

2020年是脱贫攻坚收官之年，一直以来，怒江州通过坚持严管和厚爱结合、激励和约束并重，落实"好干部"标准，树立在脱贫攻坚

第十一章 深化干部交流培训 全力助推脱贫攻坚
——以珠海、怒江组织两地干部交流实践活动为例

一线选拔任用干部的鲜明导向，持续加强对基层一线扶贫干部的关心关爱，出实招激励扶贫干部冲在一线，提振干部的士气，让占怒江州干部职工总数52%的7493名扶贫干部"安心"投入怒江脱贫攻坚战中苦干实干亲自干，主动担当作为，成为新时代"好干部"。此外，为加大对脱贫攻坚一线干部的表彰奖励力度，怒江州在评先评优、年度考核等工作中，增加脱贫攻坚一线干部比例，增强脱贫攻坚一线干部的整体自豪感和自信心。2017年，怒江州通报表扬优秀驻村工作队员14人、扶贫先进工作者20人；2018—2019年，提拔使用脱贫攻坚实绩突出的干部286名，通报表扬脱贫攻坚先进集体50个、先进个人490人；2020年，通报表扬疫情防控阻击战中表现突出的97个集体和540名党员、干部、医务人员等，通报表扬15支背包工作队集体和100名背包工作队员，涌现出一大批受到省级表彰的"扶贫好村干部"等先进典型。

三、结对共培，互派干部"双挂职"

为全力推进对口云南省怒江州扶贫协作工作，珠海市积极与怒江州沟通对接，结合怒江的实际需要，强力实施干部人才支援帮扶，选派优秀年轻后备干部助推脱贫攻坚，不遗余力帮助怒江培养各方人才；强化干部交流培训，支持怒江州、县（市）各级各部门党政干部在本地或到珠海开展专题培训和实践教学，先后举办各类培训班70期，累计培训学员6607人次；选派56名珠海干部、86名怒江干部到对方挂职；开展"墩苗计划"和"三同计划"，遴选126名优秀中青年干部到怒江贫困村与困难群众同吃同住同劳动。这些帮扶措施促进东西部扶贫攻坚，观念互通、思路互动、作风互鉴。

（一）落实干部挂职帮扶，打造双向互动与培养

两地干部双向交流与培养，结出了累累硕果。两地挂职干部学习和落实学习领会习近平总书记关于打好精准脱贫攻坚战的重要指示，切实增强使命感和责任感，充分发挥理念优势、知识优势、作风优势、人脉优势，为怒江州脱贫攻坚做出新的贡献。

1. 选派干部到怒江州挂职帮扶，发挥参谋桥梁作用

根据中央关于加强东西部扶贫协作挂职干部人才选派的要求，珠海

市经过自愿报名和择优选拔，分批选派干部到怒江州挂职。自结对帮扶开展至2020年，珠海市共安排38名干部到怒江挂职，形成市有工作组、县有驻县干部、乡镇有帮扶队员的组织架构。选派干部纷纷表示，在两地党委、政府的领导下，发扬珠海特区攻坚、敢于担当的精神，按要求做好各项结对帮扶工作，争当珠海与怒江结对帮扶的排头兵，尽力发挥好桥梁纽带和参谋助手作用，充分发挥自身特长和利用珠海市资源，加快怒江州脱贫攻坚进程。见图11.1。

2. 接收干部到珠海市挂职锻炼，助力怒江州脱贫攻坚

近年来，怒江州高度重视干部挂职工作，把选派干部到外地挂职作为提高干部综合能力和素质、建设高质量专业化干部队伍的一项重要举措来抓。2017年，怒江州依托中央三部委和珠海怒江东西部扶贫协作的帮扶政策，先后选派1名厅级干部、11名处级干部、22名科级干部赴珠海市挂职锻炼。2019年5月，怒江州又选派20名来自州直部门、四县（市）具有培养前途、有发展潜力、年轻有为的处级、科级干部赴珠海市，开展为期6个月的挂职锻炼，分别在珠海市各区的经济、商务、社会管理、政法、宣传等部门。见图11.2。

图11.1 中共泸水市委关于任职的决定

图11.2 怒江州干部到珠海市挂职锻炼

（二）开展干部支援，助力提升脱贫攻坚软实力

1. "墩苗计划"育苗术，走心帮扶暖人心

珠海市将习近平总书记关于年轻干部培养选拔精神和扶贫工作结合起来，把扶贫攻坚作为培养锻炼和考察识别干部的主战场，精心谋划实施"珠海市年轻干部培养墩苗计划"，实现干部培养使用与扶贫协作相融互促。2018年3—6月，珠海第三批"墩苗计划"10位同志，分两组赴怒江开展帮扶工作分别赴怒江大兴地镇和怒江州兰坪县通甸镇进行

为期 3 个月的"墩苗"。在到达墩苗点第一周，10 位同志迅速进入状态，与镇干部一起跑遍了木楠村、团结村等 7 个村，参观了养蜂基地、羊肚菌种植基地、蔬菜种植基地、火龙果种植基地、西门塔尔牛养殖基地等，深入农户了解生产生活情况。见图 11.3。

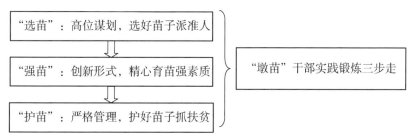

图 11.3 "墩苗计划"三步走战略示意

2. "三同干部"启新程，山海情谊谱新篇

"三同干部"是珠海加强中青年干部培养锻炼，为新时代珠海"二次创业"打造担当作为的干部队伍而实施的举措。旨在通过选派干部到艰苦地区一线，坚持"进基层、进村子、进农户"，与基层群众"同吃、同住、同劳动"，让他们接受宗旨教育、国情教育、纪律教育和作风教育，从而激发干事创业热情，砥砺品质，增长才干。"三同计划"深化了两地扶贫协作关系，加强了两地干部交流。他们与村民互帮互学，以新的思路和视角，为村民脱贫致富出谋划策，帮助村民探索和拓宽脱贫致富的路子。截至 2020 年 11 月，珠海市已累计向怒江州派出"三同计划"学员共 6 批 112 人。见图 11.4、图 11.5。

图 11.4 珠海"苗苗"抵达怒江州墩苗点

图 11.5 "三同干部"抵达怒江州兰坪县通甸

（三）搭建干部交流培训平台，深入实施扶贫调研

珠海市积极搭建珠海怒江两地干部交流培训平台，服务怒江州脱贫攻坚。通过专家讲座、考察学习、座谈交流等形式，在珠海举办了首期怒江中小学校长、幼儿园园长 20 人培训班和首期怒江骨干教师 50 人培训班；通过学习交流形式，在珠海举办了首期怒江州处级干部 34 人专题研修班和怒江组织、人社部门干部 54 人专题培训班等。

1. 切实提高干部人员的业务素质，进一步推进脱贫攻坚工作

为深入推进怒江州脱贫攻坚工作，开拓干部工作视野，吸收先进工作理念，2018 年 12 月，在怒江州人社局的组织带领下，贡山县人社局派出 10 名工作人员到珠海市参加了为期 5 天的"珠海、怒江"对口帮扶劳务协作干部能力素质提升培训班。培训采取理论与实践相结合的教学方式，学员学习了习近平新时代中国特色社会主义思想、公务员礼仪等理论知识，还通过专题学习了珠海城乡一体化养老保险体系、医保一体化历程等内容。参与干部均表示，这次培训进一步丰富和充实了业务知识，开阔了眼界，丰富了礼仪知识，并表示今后将加强自身能力学习，增强服务意识，提升服务水平。

2. 组织干部"充电"，为脱贫攻坚"赋能"

为充分调动工作积极性、主动性、创造性，切实推动社区管理各项工作不断迈向新台阶，2018 年 7 月，50 名兰坪县基层干部参加由横琴新区党群工作部和珠海市委党校联合主办干部培训活动。此次培训坚持问题导向，注重扶贫与扶志扶智相结合，拓宽兰坪干部工作视野，提升兰坪基层党务干部素质，为兰坪的基层党建与脱贫攻坚"双推进"工作奠定了坚实基础。学员们从珠海经济发展的基本情况、发展趋势、基本经验等方面了解珠海，对照兰坪实际，思考新农村建设、社区治理、经济发展等方面的问题，与授课教师积极交流，共话发展。通过此次"充电"，兰坪县基层干部领略到了通过科学规划引领、科技创新、人才引进等机制让横琴新区发生的巨大改变，并表示在以后的工作实践中，将围绕核心、抓住关键、明确思路、因地制宜，进一步找差距、补短板、促发展，扎实推进各项工作。见图 11.6、图 11.7。

图11.6 怒江州劳务协助干部培训

图11.7 兰坪县基层干部到珠海市参加培训

四、建构模式，共诵山海"脱贫经"

在怒江州自身的不懈努力和珠海市的支持和帮助下，怒江州脱贫攻坚战取得了最终的胜利，干部的精气神得到了全面提振，群众的内生动力也明显得到激发。"怒江缺条件，但不缺精神，不缺斗志"的脱贫攻坚精神和"苦干实干亲自干"的脱贫攻坚作风已经形成。[1] 珠海市、怒江州以培养新时代干部为目标，组织两地干部交流实践取得了显著成果，新时代干部要保持高尚的精神追求，切实用道德标准撑起"过滤网"，用党性原则架起"高压线"，用法纪规章筑起"防火墙"。

（一）科学规划，打好新时代干部培训五套"组合拳"

把脱贫攻坚干部培训作为打赢深度贫困脱贫攻坚战的重要抓手，作为一项长期性、系统性和战略性工作任务抓深、抓实、抓细，通过打好五套"组合拳"，促进干部队伍脱贫攻坚工作能力全面提升，为决战决胜脱贫攻坚提供了坚强的组织保证和人才支撑。

1. 自身舞台+帮扶平台，优化培训资源

充分利用自身条件做好本地"教育培训文章"，把州县乡党校作为脱贫攻坚干部教育培训的主渠道、主阵地，充分利用村组党群活动场所、新时代文明实践中心，紧扣基层干部、农村党员实际需求，组织开展党

---

[1] 纳云德：《锻造"有情怀有血性有担当"脱贫攻坚干部 坚决打赢怒江深度贫困脱贫攻坚战》，载《云岭先锋》2020年第4期，第17–18页。

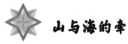

的政策、经营管理、实用技术等培训，不断增强干部群众听党话、感党恩、跟党走的信念。同时，以东西部扶贫协作为契机，优化培训资源。怒江州依托珠海市结对帮扶的资源优势，在珠海市委党校举办了城镇规划、经济管理、抓党建促脱贫、投资和项目管理、党建引领社会治理创新等专题培训班，近三年来，选派多名干部到珠海挂职培训半年以上。

2. 本土专家+外来人才，加强师资融合

怒江州推动领导干部上讲台制度，邀请厅级领导干部通过"峡谷讲坛""形势政策报告会"等形式进行宣讲，邀请相关部门主要领导到各级党校（行政学校）主体班次及其他业务培训中进行专题辅导，充分挖掘州内"土专家""田秀才"，以示范带动提升培训效果，形成本地特有的培训师资。同时，怒江州积极邀请省内外高校教师、专家学者到怒江州开展"峡谷讲坛""送教下乡"及其他各行业部门业务培训等，把本土专家熟悉本地情况与外来教授引进先进理念进行有机融合，形成优势互补，强化培训师资力量雄厚，确保学员既能解决问题又能开阔视野。此外，怒江州还建立了外来人才带培本土人才机制，印发了《怒江州外来干部人才带培本土干部人才考核实施办法（试行）》，充分发挥外来干部人才的帮带作用，确立一带一、一带多团队带培关系，学习外来专家人才先进理念和技术，带培期结束后进行考核，督促本土干部人才学有所获、学有所成，通过帮带出一批"乡土人才""技术能手""致富带头人"，以点带面，继续带动后续本土人才发展，实现培训实效的可持续性。

3. 线上学习+线下学习，培训全员覆盖

积极拓展学习方式，实行线上学习+线下学习的方式、方法，比如，怒江州通过中国干部网络学院线上学，云南农村干部教育学院移动课堂学，云南干部在线学习学院在线学，州、县（市）、乡（镇）三级联动"云课堂"学等线上学习平台，扩大了培训覆盖面，解决了人员不集中和基层干部不脱岗就能接受高质量培训的问题。此外，怒江州结合主体培训班学、系统业务培训学、讲坛讲座学、形势报告会学、理论学习中心组学、单位集中学等面对面学习的形式，做到培训全员覆盖，人人参与学习、人人助力脱贫攻坚的良好氛围。

4. 课堂学习+实践锻炼，提升实战能力

怒江州着眼实战设计教学课程，探索"课堂+实训基地"模式，把培训从室内搬到室外,通过闭卷考试、实地观摩、现场提问答疑、相互学习借鉴先进经验形式开展培训,在泸水市、福贡县、贡山县、兰坪县分别以各自优势举办易地扶贫搬迁安置区管理、乡村旅游发展、农村人居环境整治、产业发展现场观摩班,对州、县(市)行业部门领导、乡镇领导、驻村(驻点)干部、村干部进行培训,通过交流先进经验,提升干部脱贫攻坚实战能力。此外,怒江州还探索创新出新的培训模式,即干部和群众通过实地培训受教育、农户和集体通过食宿接待有收益的"驻村入户"体验式的干部教育培训新模式,把福贡县鹿马登乡鹿马登村拉马得易地扶贫搬迁区建成党员干部教育实训基地,使干部在课堂学习和实践锻炼中增长才干。

5. 学好怎么干+学会如何说,增强攻坚能力

怒江州积极邀请权威专家、部门领导解读扶贫政策,抓党建、促决战,决胜脱贫攻坚,提升产业扶贫、就业扶贫、易地扶贫搬迁组织化,在第三方考评的内容和程序、问卷解读、动态管理与迎接考评、案例解读、扶贫干部高效工作法等方面,以问题为导向开展干部教育培训,让参训干部全面知晓扶贫政策怎么用、重点难点问题怎么解决、问卷调查怎么填、考评怎么准备,开展扶贫干部能力提升专题培训。同时,怒江州举办脱贫攻坚基层干部汇报能力提升培训班,补齐基层干部会干不会说、总结提炼能力弱的短板,全面提升基层干部脱贫攻坚能力。

(二)精心浇灌,助推新时代干部把握人生"总开关"

教育引导干部自觉做共产主义远大理想和中国特色社会主义共同理想的坚定信仰者、忠实实践者,要引导干部深入贯彻以人民为中心的发展思想,践行全心全意为人民服务的根本宗旨,始终保持党同人民群众的血肉联系,以"功成不必在我,功成必定有我"的决心,坚决打赢脱贫攻坚战。

1. 提高思想觉悟,筑牢理想信念

怒江州深入开展社会主义核心价值观教育,引导干部传承红色基因,永葆政治本色,筑牢理想信念。比如,结合庆祝改革开放40周年、新中国成立70周年、中国共产党成立100周年等重大活动开展干部党性教育,组织干部研读习近平新时代中国特色社会主义思想原著,从历史和现实相贯通、国际和国内相关联、理论和实际相结合的宽广视角,

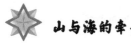

深刻把握习近平新时代中国特色社会主义思想的深邃理论源泉、深厚文化底蕴、丰富实践基础、强大真理和人格力量,深刻把握贯穿其中的马克思主义立场观点方法,不断提高马克思主义水平和政治理论素养,不断提高运用科学理论解决实际问题的能力,全面贯彻党的基本理论、基本路线、基本方略,从而增强新时代干部的政治意识、大局意识、核心意识、看齐意识,引导新时代干部自觉在思想上、政治上、行动上同以习近平同志为核心的党中央保持高度一致。

2. 夯实专业学习,增强履职本领

根据怒江州的实际情况,珠海市充分发挥自身的资源优势和人才优势,协助怒江州组织开展务实管用的专题培训,引导和帮助干部丰富专业知识、提升专业能力、锤炼专业作风、培育专业精神,不断提高干部适应新时代中国特色社会主义发展要求的能力。比如,实施"干部专业化能力提升计划",着力培养既博又专、底蕴深厚的复合型干部,使之做到既懂经济又懂政治、既懂业务又懂党务、既懂专业又懂管理。加强党的路线方针政策和宪法法律法规学习培训,开展经济、政治、文化、社会、生态文明、党建和哲学、历史、科技、国防、外交等各方面基础性知识学习培训,开展互联网、大数据、云计算、人工智能等新知识新技能学习培训,帮助干部完善履行岗位职责必备的基本知识体系,提高科学人文素养。

3. 树牢情怀意识,提升品行作风

在其位谋其政,做一名有情怀的脱贫攻坚新时代干部是立身正行之本,是职责所系、使命所在。在新形势下,每个新时代干部都要有以实现脱贫摘帽和全面小康为己任的担当精神、责任意识,事不避难、忠诚履责、尽心尽力,敢于负责、敢于担当,在其位、有作为,真正做一名有担当的脱贫攻坚干部。在珠海市的大力帮扶下,两地干部自觉树牢忠诚情怀,时刻铭记自己所肩负的打赢深度贫困脱贫攻坚战这一重要使命和重大政治责任,确保党中央各项决策部署在怒江州落地生根、开花结果;自觉树牢家国情怀,如"人民楷模"高德荣退而不休,扎根独龙江,带领群众奋斗数十载,不断提升为党分忧、为国尽责的大胸襟、大觉悟、大境界。自觉树牢为民情怀,始终坚持以人民为中心的发展思想,认真践行全心全意为人民服务的根本宗旨,在感情上贴近群众、工作上依靠群众、思想上尊重群众,将贫困群众实现脱贫致富奔小康的责

任扛在自己的肩头，经常深入群众体察民情、倾听民声、掌握民意，了解群众所思所想所盼，不断彰显中国共产党人的情怀使命。

（三）完善机制，保障新时代干部"安心冲锋"

在珠海市、怒江州以培养新时代干部交流为目标进行的交流实践可以证明，完善的机制可以极大地调动干部的积极性和创造性。严管与厚爱相结合，约束与激励并重，以激发干部担当为动力源，让有为者有位，使实干者实惠。

1. 优化激励机制，调动新时代干部积极性

珠海市助力怒江州优化完善干部相关激励机制，具体表现为以下几个方面：一是基本薪酬待遇优化。之前怒江州乡镇基层干部所得到的薪酬待遇都很一般，甚至不如某些发展良好的农户高，这种现象必然会给干部培养工作带来限制。怒江州致力于解决这一问题，合理设置，提高干部基本薪酬待遇。二是全面实行激励举措。在珠海市的帮扶下，怒江州充分满足专家型干部的个性化需求，让干部更积极地参与到培训工作中，涌现出很多"信念坚定、为民服务、勤政务实、敢于担当、清正廉洁"的新时代好干部。

2. 创新考核机制，兼顾可持续发展的测评理念

在珠海市和怒江州两地干部学习交流中，怒江州学习先进经验和做法，实行根据不同职务、不同区域、不同岗位的工作特点、性质和要求，制定不同的"德、能、勤、绩、廉"责任目标，科学设置干部考核评价指标的内容和权重。尤其是工作实绩划分成明确具体的指标，并进行分解和量化，合理确定权重，科学划分评价档次，用数据作为评价的主要方式，并制订不同的实施方案，科学设置考核流程，对干部进行分类考核。此外，坚持让广大人民群众发挥主人翁作用，把干部考核的制度宣贯群众，把干部考核的过程亮给群众，把干部考核的结果公示给群众，从而赢得广大人民群众对干部考核的认同，真正把让群众满意作为检验干部考核评价机制的"试金石"。

3. 健全监督机制，增强工作合力

近些年，怒江州坚持强化督导考核，研究制定相关考核评价机制，强化督查考核，确保各项任务落实。一是完善脱贫攻坚考核监督评估机制。通过实行最严格的考核制度，倒逼干部作风的转变，切实提高考核评估质量和水平，切实解决基层疲于迎评迎检问题。二是加大督查巡查力度，集中力量解决扶贫脱贫领域"四个意识"不强、责任落实不到位、工作措施不精准、资金管理使用不规范、工作作风不扎实、考核评估不严格等突出问题。三是强化扶贫资金监管，健全公告公示制度，接受群众和社会监督，完善阳光扶贫、廉洁扶贫机制。坚决依纪依法惩治贪污挪用、截留私分、虚报冒领、强占掠夺等行为。

脱贫攻坚是一场没有硝烟的战争，虽然没有枪林弹雨，但同样有冲锋陷阵、流血牺牲。自脱贫攻坚以来，怒江州已有28位同志为扶贫事业献出了宝贵的生命，他们积极响应号召，义无反顾奔赴扶贫一线，用生命诠释了新时代干部的责任与担当。怒江州各级党组织和广大党员、干部通过教育实践活动，树立了为民务实清廉的终身追求，自觉做到常怀为民之心，多行务实之举，勤修清廉之德，秉公用权，得到了群众的信任和支持。

第十二章
强化基层党建　引领精准脱贫
——以怒江基层党组织建设为例

欲筑室者，先治其基。基层党组织是党执政大厦的地基，地基固则大厦坚，地基松则大厦倾。为深入贯彻习近平总书记关于脱贫攻坚、东西部扶贫协作重要讲话和重要指示精神，怒江州和珠海市创新推进党建联建促脱贫攻坚，通过筑强战斗堡垒、强化精准帮扶、提供暖心服务，把脱贫攻坚与基层党建"两根线"拧为"一股绳"，精准助力云南省怒江傈僳族自治州高质量地打好打赢脱贫攻坚战。同"谋划"，共"考核"，在形成合力上"双推进"党的领导是脱贫攻坚最大的政治优势，2020年是打赢脱贫攻坚战的收官之年，新时代脱贫攻坚目标已如期完成，怒江州继续将党的组织优势转化为发展优势，进一步巩固脱贫攻坚取得的重要战略成果。

一、长远之计同谋划，固本之策亮底色

坚持农村基层党组织的领导核心地位，是党做好农村工作的内在要求，是决胜脱贫攻坚、实施乡村振兴战略的根本保证。党的十八大以来，习近平总书记发表了一系列关于推进农村基层党组织建设的重要论述，回答了新时代如何全面提升农村基层党组织建设的重要问题。他一再强调："基层就是基础，关系着党的执政大厦的稳固，必须把抓基层打基础作为长远之计和固本之策，丝毫不能放松。"[①]

[①] 黄敬文：《习近平在部分省区市党委主要负责同志座谈会上强调　谋划好"十三五"时期扶贫开发工作　确保农村贫困人口到2020年如期脱贫》，载《人民日报》2015年6月20日第1版。

（一）党的基层组织是打赢脱贫攻坚战的重要主力军

习近平总书记在党的十九大报告中指出："党的基层组织是确保党的路线方针政策和决策部署贯彻落实的基础。要以提升组织力为重点，突出政治功能，把企业、农村、机关、学校、科研院所、街道社区、社会组织等基层党组织建设成为宣传党的主张、贯彻党的决定、领导基层治理、团结动员群众、推动改革发展的坚强战斗堡垒。"党的基层组织是党在社会基层组织中的战斗堡垒，是党的全部工作和战斗力的基础，新形势下基层党组织工作开展得怎么样，将直接影响到党的凝聚力、影响力、战斗力的充分发挥。

脱贫攻坚是"十三五"规划的重中之重，是国家发展的关键。[①] 农村基层党组织是党直接联系群众的纽带，是党的理论和路线方针政策的直接执行者，是推进精准脱贫战略走好"最后一公里"的关键，是打赢脱贫攻坚战的重要主力军。实现农村贫困人口的收入高于全国平均水平，在教育、医疗、住房等方面得到保障，以此提升生活质量，实现贫困人口整体脱贫，这是脱贫攻坚要实现的目标。为此，贫困地区的扶贫事业被摆在更为重要的位置，脱贫攻坚成为各级党委和政府的工作重心，也成为农村基层党组织建设主要围绕的方向，基层干部终究是落实工作的主体，农村基层党组织更是最烦琐任务的承担者和执行者。农村基层党组织作为农村各项事业的领导核心，具有把准方向、谋划大局、统抓统筹、促进协调、建立机制、带领队伍的职责。作为农村扶贫攻坚的关键，基层党组织须积极主动地转变工作重心，以创新的方式和方法探索更加有效的途径去帮助农村脱贫、农民致富，确保全面建成小康社会能如期实现，这也是对农村党建工作最好的检验。

（二）党的基层组织是有效推进脱贫攻坚的组织保障

中国共产党第十九届中央委员会第五次全体会议明确提出，农村贫困人口脱贫是当前社会建设最艰巨的任务，应加大扶贫力度，而且乡村

---

① 《国务院关于印发"十三五"国家科技创新规划的通知》，载《中华人民共和国国务院公报》2016 年第 24 期，第 6–53 页。

第十二章 强化基层党建 引领精准脱贫
——以怒江基层党组织建设为例

是党执政稳固与否的重要基础。① 在广大农村实施脱贫攻坚方略、加快贫苦人口摆脱贫困这项历史性的伟大事业中，农村基层党组织是坚强有力的组织保障。首先，农村党组织是脱贫攻坚的坚强堡垒。脱贫攻坚是一项长期复杂艰苦且阶段性任务繁多的系统工程，需要基层党组织团结并带领农民党员和贫困群众参与到各项扶贫项目中，把本地的资源优势转化为可带动农村发展的经济优势。其次，基层党组织带头人是携手群众脱贫致富的主心骨，而主心骨作用就在于思想上与党中央保持高度一致，能做到深入解读国家的扶贫政策，并将其与本地实际联系起来制定适宜之策以落实项目。在向贫困群众宣传扶贫政策或项目得不到有效回应时，就要带头从事产业发展，如养殖、种植或者创办手工作坊，用"带着干"代替"逼着干"。

以提升组织力为重点，加强基层组织建设，是党的十九大对基层党组织提出的新定位、新要求。只有打造千千万万个坚定的农村基层党组织，培养千千万万名优秀的农村基层党组织书记，发挥好党组织战斗堡垒作用和党员先锋模范作用，才能把基层党组织的组织优势、组织功能、组织力量充分发挥出来，把广大基层党员和群众的思想、行动、力量、智慧凝聚起来，使他们凝心聚力投身到脱贫攻坚中去。因此，在推动实施精准脱贫战略的进程中，应切实把农村基层党组织建设摆在更加突出的位置来抓。

（三）党的基层组织是增强民族团结和谐的桥梁纽带

怒江州是多民族聚居区域的典型代表，民族地区基层党组织是党在民族村落全部工作的基础，是千百万农民与党之间的桥梁和支撑，是贯彻党的各项政策以及任务的前沿阵地和坚强堡垒。在民族地区，基层党组织是农村各种组织、事业的坚强领导核心，是推动民族地区科学发展的坚强堡垒，是筑牢民族团结和谐的政治基础。牢牢抓住组织这个牛鼻子，建强基层党组织，是促进民族团结稳定的基石。我国的民族团结事业，是中华民族的生命力及希望所在，正因为有了党支部的坚强领导，才能促进少数民族农村经济发展，形成一支强大的政治引领力，促进民

---

① 《中共中央关于制定国民经济和社会发展第十三个五年规划的建议》，载《人民日报》2015 年 11 月 4 日第 1 版。

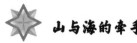

族之间的团结和谐。

民族团结是处理一切民族问题的根本立场和原则,促进民族团结的关键在于党的建设,特别是在基层。对民族地区农村基层党组织而言,提升组织力有利于维护民族团结、推进民族乡村振兴战略实施,是激发基层党建工作的活力源泉。"党建+民族团结"能有效发挥党建在民族团结进步工作中的引领作用,实现党建和民族团结工作"双推进、同增强",各民族如同石榴籽一样紧紧抱在一起,增强民族贫困地区群众脱贫攻坚的信心和决心。因此,必须加强党的基层组织建设,强化组织功能,创新组织设置方式,把基层党组织建设成为推动发展、促进和谐、反对分裂、维护稳定、服务群众、凝聚人心的坚强战斗堡垒。

二、党建引领结硕果,强村富民聚民心

脱贫攻坚是动力之源,也是希望之火。小康路上一个都不能掉队,这是习近平总书记最深的牵挂。总书记的关怀和嘱托,如春水甘露,一直滋润着怒江州人民的心田,激励着怒江州人民奋发进取。自2016年实施深度贫困地区脱贫攻坚以来,怒江州委认真贯彻落实中央组织部抓党建、促脱贫攻坚的部署要求,坚持组织路线服务政治路线,坚持基层党建与脱贫攻坚"双推进",为打赢打好脱贫攻坚战提供了坚强的组织保证。

(一)建强党建阵地,发挥政治引领作用

自脱贫攻坚以来,怒江州各级党组织在聚焦脱贫攻坚中谋篇布局、担当实干,吹响了脱贫攻坚的号角,在怒江建起了一座座坚实的"堡垒",竖起了一面面鲜红的"旗帜"。怒江州以基层党建为抓手,针对问题出实招,通过脱贫攻坚与基层党建"一手抓",全面落实各项任务,使抓党建促脱贫、抓脱贫强党建工作取得了良好实效,为打赢深度贫困脱贫攻坚战和全面小康提供了坚实的组织保障。此外,怒江州坚持以基层党建和乡风文明示范点建设为契机,以乡风文明建设成效为突破口,以基层党建和脱贫攻坚为统领,扎实推进城乡人居环境、乡风文明和各项工作再上新台阶。截至2020年底,怒江州农村党群活动场所达1671个,累计筹集资金1.099亿元,实施活动的场所功能明显提升,

党的基层建设和脱贫攻坚"双推进"成果不断深化。

（二）强化党员意识，彰显先锋模范作用

在决战决胜脱贫攻坚的关键时期，亟须打造一支高素质的党员干部队伍。怒江州抓紧抓实党员队伍教育培训工作，引导和激励广大党员干部担当作为，为打赢打好怒江州深度贫困脱贫攻坚战提供了坚强的思想政治保证。自2016—2020年，怒江州累计发展农村党员1462名，根据搬迁群众党员分布情况，成立了44个党组织，规范社区基层党组织建设。截至2019年初，怒江州各行各业共有党员31746名，全州上下建立了79个党委、238个党总支部、1871个党支部，党组织覆盖怒江州所有行政村和村民小组，党员来源于机关干部、农村居民、学生、非公企业从业人员等方方面面，党员的作用在各行各业都得到了充分发挥。其次，怒江州以农村党员和乡土人才为两大支撑，充分发挥农村党员"生力军"作用和乡土人才"致富带头人"作用，在怒江州范围内广泛深入实施"百名讲师上讲台、千堂党课下基层、万名党员进党校"工程，坚持充分发挥党员干部先锋模范作用，不断促进怒江州基层党组织建设步步提升。

（三）兜牢民生之底，带领群众脱贫致富

坚持农村基层党组织领导地位，是坚持和加强党的全面领导的内在要求，也是实现农村经济社会健康发展的根本保证。自脱贫攻坚以来，怒江州积极提升产业扶贫组织化程度，组建"党支部+产业合作社"1948个，带动建档立卡群众12306户39589人。其次，作为农村经济的重要组成部分，集体经济的强弱，对基层党组织的战斗力、凝聚力、服务力以及脱贫攻坚的进程有着重大影响。怒江州各级党委政府不断整合推进项目，加大对发展壮大村集体经济的扶持力度，广大基层党组织充分结合各自优势，不断拓宽工作思路，制定完善发展规划，在壮大集体经济方面做了一些积极有效的探索，取得了初步成效。兰坪县坚持以加强基层党建为统领，以深化农村改革为动力，不断探索发展壮大村级集体经济的有效途径，切实增强农村基层党组织自我保障、服务群众、推动发展的能力，迈出了强村富民、乡村振兴的铿锵步伐。福贡县、贡山县把"红色股份"注入草果产业，福贡县布拉底村就整合村集体300

亩土地，结合产业发展项目，种植了1万株草果，发展前景广阔。一些村（社区）采取依靠出租房屋、种植中草药等发展壮大村级集体经济，值得广大基层党组织学习和借鉴。

（四）民族团结花怒放，和谐新风暖人心

怒江州始终坚持把加强基层党组织建设，作为促进民族团结的核心要点和重要基础。如何依托怒江州党支部的战斗堡垒作用，助推基层党组织作用的发挥，成为怒江州基层党支部思索的重要课题。以独龙江边境派出所为例，他们始终坚持把共建基层组织作为警地共建的"常青树"，与马库村、巴坡村、独龙江完小等单位的党组织签订警地党支部联创联建工作协议，探索推出融党务、村务、警务于一体的"三务合一"模式，先后设立"流动党员活动室""警地流动党校"，坚持党课联上、制度联建、大事联议，实现了"教育资源共享、党员日常联管、警地共建共赢"的工作目标，形成"党的光辉照边疆、边疆群众心向党"的良好局面。见图12.1、图12.2。

图12.1　兰坪县坚持党建引领、强村富民

图12.2　党务、村务、警务"三务合一"模式

三、帮扶结对携手行，战斗堡垒坚如磐

因为历史和自然等因素，怒江州的改革发展步伐落后于许多地区，贫困人口多，在国家新一轮的脱贫攻坚规划中承担重大责任。按照中央和中共云南省委的安排部署，在新一轮东西部扶贫协作中，珠海市对口帮扶怒江州。怒江州加强基层党组织建设助推脱贫攻坚取得重大成效，是珠海市和怒江州双方共同努力的成果。

第十二章　强化基层党建　引领精准脱贫
——以怒江基层党组织建设为例

（一）自身强劲发力，成就"一剂良方"

怒江州是民族地区，农村的党建问题往往与脱贫致富和民族关系联系在一起，具有典型意义。自脱贫攻坚以来，怒江州以党建为引领，坚持充分发挥基层党组织的战斗堡垒作用和党员干部的先锋模范作用，以党建促发展，促进怒江州基层党组织建设步步提升。

1. 严格党员发展和教育管理，加强党的先进性、纯洁性建设

怒江州各级党委严格按照控制总量、优化结构、提高质量、发挥作用的总要求，严格把好发展程序和纪律要求关，实行党员编码管理，从严规范入党材料，重点从基层一线发展党员。此外，怒江州各级党组织健全完善党员教育培训和网格化管理制度，利用入党积极分子培训、三会一课、领导干部送学下基层、三下乡活动、党员远程教育等多种形式，加强党员的管理和教育培训，不断提高党员的思想政治素质和科学文化素质。以怒江州福贡县为例，2020年，福贡县共组织参加上级调训9个班次，调训干部1731人；组织开办县级培训30个班次，培训党员干部4463人次，其中，开办"万名党员进党校"示范培训班19期，培训党员1814人次，始终把思想建设作为党的基础性建设，从政治忠诚上教育党员干部主动担当作为，把提高能力、练好本领作为强化党员干部担当作为的有力支撑。

2. 强化基层队伍建设，增强党组织的战斗力、凝聚力和向心力

怒江州各级党委高度重视对基层干部队伍的培养和管理，先后从州县直机关单位选派315名新农村建设指导员驻村开展为民服务，并从责任心强、党建工作经验丰富的党员指导员中任命141名常务书记，在服务农村改革发展稳定大局中发挥积极作用，得到基层干部群众的欢迎和肯定。此外，怒江州各级党委严格执行上级党组织关于优化升格村级党组织设置的要求，按程序将符合条件的村级党支部升格为党总支，完善下设党支部和党小组的设置，配齐党支部书记和党小组长，增强基层党组织的战斗力、凝聚力和向心力。

3. 抓好经费保障工作，提高基层干部的工作积极性

近年来，怒江州各县积极拓宽经费筹集渠道，建立健全基层干部激励保障机制和绩效考核机制，加大投入力度，并将其纳入各级财政预算，按要求足额落实村级工作经费和基层干部岗位补贴以及党员教育培训经费。例如，泸水县近几年按每个村（社区）每年6.5万元、每个党总支下设党支部每年1000元，福贡县按每个村每年4万元和每个社区每年5万元、每个党总支下设党支部每年1200元，贡山县按每个村（社区）每年5万元、每个党总支下设党支部每年3000元。怒江州四县都按规定落实了社区干部"五险"政策，极大地提高了基层干部的工作积极性。

4. 引导群众饮水思源，启发群众常怀"感恩之心"

怒江州贡山县独龙江乡马库村组织开展了"三队两个一"活动。"三队"就是驻村扶贫工作队牵头成立的党员志愿服务队、护村队、文体队；"两个一"是每日播放一次《新闻联播》，每周组织一次升旗仪式。此外，该村还创建了基层党建文化长廊、感恩教育走廊，通过12块宣传栏，以图片的形势呈现了"忆往昔""思今朝""展未来"三大主题，形成了特有的"马库经验"，引导教育群众"听党话、跟党走、感党恩"见图12.3、图12.4。

图12.3 福贡县开办"万名党员进党校"培训班

图12.4 马库村每周组织一次升旗仪式

（二）凝心聚力结对共建，绘就脱贫攻坚"同心圆"

对口帮扶以来，珠海市严格按照"两不愁、三保障、一相当"的要求，紧紧围绕打赢脱贫攻坚战的任务目标，夯实基层党建，整体提升对口帮扶怒江州党建工作水平，为建设新时代富足和谐美丽的新怒江，提供坚强的组织保证。

1. 践履政治功能和服务功能，提振脱贫信心

在珠海市和怒江州各级党委和政府的高度重视下，随着各项扶贫政策的落实，怒江贫困群众脱贫致富的信心和内生动力不断增加。"精神贫困"问题得以有效解决，"自强、诚信、感恩"主题实践活动已经入脑入心，树牢了"宁愿苦干、不愿苦熬"的思想观念，主动脱贫意识增强。珠海对怒江的帮扶充分体现了"扶贫先扶志""扶智又扶志"的原则，并以"小手拉大手"的方式，通过教育和引导孩子从而教育家长，增加了群众脱贫的信心。珠海市委、市政府主要领导带着珠海人民的深情厚谊，多次赴怒江调研对接东西部扶贫协作工作，深入怒江四县的乡村农户、项目现场、基层一线，了解掌握怒江脱贫工作的基本情况，研究商讨珠海怒江协作攻坚的精准方案，体现了珠海对东西部扶贫协作和对口帮扶怒江工作的高度重视，也体现了动真情、扶真贫、出真招的精神。

2. 携手开展活动，激活党建合力

为深入学习贯彻习近平新时代中国特色社会主义思想，进一步解放思想、转变观念，提高怒江州党校教师的综合素质和业务水平，2020年12月4日，由中共怒江州委组织部、怒江州委党校主办，珠海市委党校承办的2020年怒江州委党校（行政学院）系统师资培训班在中共珠海市委党校开班。怒江州、县、乡（镇）党校（行政学校）教师共计77人参加了培训。珠海市委党校高度重视此次培训工作，就培训主题、课程设置、教学形式以及师资选配等方面与怒江州委组织部进行了充分沟通，按照"怒江所需，珠海所能"的工作思路，设置"专题课程""现场教学""研讨主题"三个教学单元，旨在提升怒江州党校（行政学院）系统师资的理论水平、教学素质和调查研究能力。

3. 创新培训方法，强化成果运用

以东西部扶贫协作为契机，福贡县将珠海专家"请进来"，成功举办珠海市斗门区精准帮扶福贡县农村致富带头人培训班、福贡县电子商务专题培训班、福贡县党务干部能力素质提升培训班；福贡县着力打造"课堂+基地"的模式，构建起"政治理论+党性锻炼+实用技术"的培训模式，依托拉马得党员干部教育实训基地，共计开展8期"万名党员进党校"的培训，培训700名建档立卡户党员；福贡县注重发挥云岭先锋、学习强国等手机App及基层综合服务平台等媒介作用，帮助党员干部进一步掌握决战决胜脱贫攻坚的政策措施，运用中国干部网络学院手机App、微信公众号等平台，组织县乡共计427名一线党员干部参加全国决战决胜脱贫攻坚网上专题班学习培训，增强精准扶贫、精准脱贫和巩固脱贫成果的能力，为打赢脱贫攻坚战增添了强劲动力。

4. 组织联建手牵手，党员联教肩并肩

珠海市服务基层社会组织综合党委、翠香社区党委、安广大厦党委联合举办的云南怒江州民政系统党务工作者专场"楼宇党日"活动在安广大厦顺利开展。这是一场特别的"楼宇党日"活动，云南怒江州民政系统党务工作者培训班一行38人与珠海的党员一起开展党日活动。此次活动以"安广大厦楼宇党建工作分享"为主题开展现场授课，介绍安广大厦楼宇党建从"无阵地"到"铁打营盘"，从"线条党建"到"立体党建"的工作历程，生动讲述了安广大厦民兵紧急分队和应急救护队发挥作用的事例，以及市服务基层社会组织综合党委与翠香街道党工委党建联建、服务社区居民的实际案例，让云南怒江州民政系统党务工作者们深入了解和切身感受到珠海楼宇党建的浓厚氛围，以及珠海社会组织参与基层社会治理积极发挥作用的巨大力量。见图 12.5、图 12.6。

图 12.5　怒江州委党校系统师资培训班举行开班仪式

图 12.6　安广大厦楼宇开展党建活动

四、淬炼战力砥砺进，风正旗红歌嘹亮

火车跑得快，全靠车头带。脱贫攻坚的"火车头"就是党支部。支部有凝聚力，党员就有了奋斗力，群众脱贫就有了源动力。党支部坚强有力，基层党建有声有色，群众就跟得紧，事情就办得顺利，脱贫攻坚就有了硬核底气。在脱贫攻坚收官之年，又赶上抗击疫情这道"加试题"和"必答题"，为巩固脱贫攻坚战成果，必须继续充分发挥好党组织的领导核心作用。

（一）"队伍"：淬炼精兵强将，凝聚攻坚合力

巩固脱贫攻坚战取得的重大成果，需要打造一支高素质的党员干部

队伍，抓紧抓实党员队伍教育工作，引导和激励广大党员干部有担当有作为，为打赢打好深度贫困脱贫攻坚战提供坚强的组织保障。

1. 选派"特种兵"强班子

组建先锋服务队伍，首要的是选拔出优秀的、能力强的各村党支部和村委会干部、村民小组长或屯级党支委，保证服务队伍力量的完整与健全。在各贫困村的各自然村或者自然屯建立"村屯事联理"理事会或村屯级管委会，推进扶贫政策和项目的落实和实施。在先锋服务队伍的组成上，从上到下完美配备，即乡镇一级对接贫困村的领导、第一书记、大学生村官、村"两委"干部、村务监督委员会成员、村民小组长、村屯级党支部书记等各方力量的集合，第一书记任基层扶贫先锋队队长，本村的扶贫攻坚工作在其领导下开展。

2. 充实"先锋营"强帮扶

突出各级党委在推动基层党建工作中的主体责任，积极发挥各级组织部门在基层党建工作中的抓总负责作用，必须建立健全党委统一领导、部门齐抓共管、一级抓一级、层层抓落实的党建工作格局。同时，采取"选优训强""严管厚爱""近帮长扶"三个结合，形成"三驾马车"，合力拉动抓党建促脱贫攻坚战，实现"尖兵突围"。还要充分发挥第一书记、村党组书记的先锋引领作用，在全村范围内激发党员干事的"热度"，提升党员服务的"温度"，确保落实工作的"力度"，激活基层党建新的生机。

3. 培育"领头羊"带脱贫

加强农村基层党组织建设，助推脱贫攻坚，首先要全方位提高"领头羊"的履职能力和服务水平，让"领头羊"带领党员、群众紧紧跟党走。比如，派驻第一书记积极开展"书记大走访"，拟定村党组织书记遍访贫困户计划和方案，落实遍访贫困户制度，帮助困难群众解决教育、医疗、养老、就业等各类问题。其次，立足基层党建的长期性，做到持久发力、久久为功，注重"领头羊"新生力量的培育，在年轻的村干部、"85""90"后党员中培养一批基层党组织带头人，积极打造年轻有为、文化素质好的党建人才梯队，通过组织政策理论学习、村务日常工作、人居环境整治、生产劳动实践等，让其得到思想上的改造和意志力的磨炼，激发敢为人先的务实精神，坚定一心为民的人生立场。

（二）"堡垒"：淬炼铜墙铁壁，提升攻坚实力

党的基层组织是党全部工作和战斗力的基础，是落实党的路线方针政策和各项工作任务的纽带和桥梁。脱贫攻坚对农村党组织来说是一场硬仗，为继续巩固脱贫攻坚战取得的重大胜利，还须充分发挥农村基层党组织的主体作用，把提高党组织的凝聚力与增强扶贫攻坚的战斗力有机结合起来，为脱贫攻坚增加强劲动力。

1. 建设红色活动阵地

加强民族贫困村基层党组织建设，助推脱贫攻坚，要重视组织建设，首先要进一步发挥乡镇党委在民族贫困村党建中的龙头作用。乡镇党委作为农村经济社会发展的领导核心，是民族贫困村基层党组织建设的"龙头"，在农村党建中有着不可替代的地位，要充分发挥好农村党建"主角"的作用。其次，要发挥基层党支部的战斗堡垒作用。严格规范党员教育管理，对党员参加组织生活、志愿活动、党员发展等方面进行全面管理，比如，建设支部委员会活动阵地，以标准化建设为抓手，全面提升基层党建质量，更好地发挥基层党组织的政治功能。

2. 活化红色精神基因

坚定理想信念宗旨教育，以加强民族贫困村基层党组织建设，助推脱贫攻坚，坚定理想信念宗旨，教育开展系列主题教育学习活动，让党员同志重温党的历史征程。充分调动党员群众的主动性和参与性，组织到"红色村""红色展馆"等基地进行参观学习，传承红色精神，近距离、全身心地浸染红色基因，自觉升华精神境界，激扬价值追求。怒江州编辑制作"做一名合格党员""党的光辉历程""主题教育总要求四个维度"等主题的PPT，组织党员同志观看，回顾红色历史，感受峥嵘岁月，活化红色基因，加强其党性修养，引领农村基层党组织建设取得新成效。

3. 增强红色组织引领

加强民族贫困村基层党组织建设，助推脱贫攻坚，组织开展了一系列活动以强化党员的红色引领作用。比如"党员亮身份、党群心连心"活动，组织佩戴党徽工作，亮明党员身份，展示党员形象，提醒党员责任；组织"党员之家"标示牌挂家门口，增强党员的荣誉感和自豪感；组织"党员服务示范岗"标识牌上墙，将岗位上的党员干部的姓名、

职务、服务、监督电话等相关信息向群众公布，引导党员干部亮出身份、亮出承诺、亮出服务。组建以党员为骨干的志愿服务队伍，积极开展志愿服务活动，聚焦村民"急难愁"和"需盼求"的事情，切实解决村民的工作生活问题，把基层党组织的组织力转化为脱贫攻坚的行动力。

4. 筑牢思想政治基石

思想教育是运用各种符号传播一定的观念，以影响人们的思想和行动，使之参与到既定事项中的一种社会行为。怒江基层党组织开展广泛的思想教育工作，激发怒江各族人民始终听党话跟党走。他们通过组织来调动各项要素，形成了步调一致、整体协调的工作格局，还通过各种代表会、干部会、座谈会、展览会，利用广播、电影、戏曲、晚会，通过标语、图片、讲演、手册和宣传单等方式，用先进事迹或者典型事例激励人们将其作为行动的参照系。

（三）"保障"：淬炼金牌护盾，激发攻坚活力

民族贫困村基层党组织作为执政党层级中的最低一环，在执行落实政策中往往承担着解决"最后一公里"的职责，其在脱贫攻坚中起着举足轻重的作用，所以必须坚持把基层党建作为"一把手"工程，淬炼"金牌护盾"，继续保障扶持帮扶帮建的责任措施落实到位。

1. 发挥"红色引擎"强劲力，合力发展"党建+"

在党的领导和方向指引的旗帜下，鼓励贫困村有想法、有才能、有能力、有创业意识的人汇聚起来，整合并扩大人才资源的优势，一同加入农村合作组织，组织学习知识和技能培训，为农村发展提供智囊团，解决贫困村人力不足、技术落后、资金短缺等现实问题。例如珠海市帮扶怒江州加强基层党组织建设以组织联建、党员联教为抓手，通过"基层两新党组织+农村党组织"结对，以"党支部+合作组织+基建""党支部+党员干部+就业""党支部+农业园区+产业""党支部+旅游景区+消费"等方式，促进两地党组织发展齐头并进，发挥基层两新党组织的人力、物力、财力优势，拓宽怒江州的发展前景，为全面决战决胜脱贫攻坚和全面建成小康社会注入力量。

2. 注重表彰选拔，激励干事创业

党的基层组织在强化组织建设和确保拥有足够的人力、物力等的基

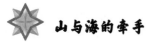

础上，更要将考核指标的力度在制度设计中提高到另一个层次，形成操作性更强、监督性更高的量化考核体系，通过绩效考核的方式引导民族贫困村基层党组织将脱贫攻坚的任务完满完成，将工作做到实处。将与考评有关的内容、程序、方法和结果应用纳入目标责任制中，此外，建立起村（居）支部扶贫工作"月度例会""季度督查""半年考核""年终考核"考评机制。建立"带着问题参加培训，围绕问题学习交流，制订问题解决方案，回到岗位深化运用"的学习链，激励党员干部认真学习，主动参与到培训中，切实增强干部对理论知识的掌握和解决问题的能力，确保党员干部将学习成果转化为现实生产力。

3. 强化机制保障，推动工作落实

机制是以一定的运作方式把事物的各个部分联系起来，使它们协调运行而发挥作用。怒江州不断完善党建促扶贫的长效机制，为贫困村基层党组织领导村民脱贫致富提供了有力保障，理顺了农村党建与扶贫的关系，促进了基层党组织战斗堡垒作用的充分发挥。其一，规范了党建促扶贫的组织实施工作。实行了项目化的管理，以民族特色农业、民族风情旅游等经济项目的理念来推进党建扶贫，由贫困村基层党组织的上级领导部门牵头，具体负责项目的策划、组织实施、协调服务、管理督促、总结宣传、整理归档等全程工作。其二，完善了党建扶贫保障机制。出台优惠扶持政策，加强对党建扶贫贫困村基层党组织的软硬件设施的建设，及时解决党建扶贫过程中遇到的实际问题。其三，明确了党建扶贫领导机制。"五级书记抓扶贫"工作，是中国扶贫模式的一大特色，农村基层党组织书记带领基层党组织在扶贫工作中起核心领导作用。

从怒江州脱贫攻坚工作中基层党组织所起的作用来看，基层党组织是农村各项事业的领导核心，可以集中农村党员干部和群众的智慧，集合一切力量攻克扶贫道路上的难关。注重农村地区的党建，是夯实党执政根基的内在要求，也是检验党作风建设成效的重要举措，更是打赢脱贫攻坚战役的迫切需要。发挥民族贫困村基层党组织和广大农村党员在脱贫攻坚中的战斗堡垒和先锋模范作用，对农村社会经济的发展和基层政权的巩固具有重要的现实意义。民族贫困村基层党组织可以根据形势发展的需要来延伸党组织的阵地，进而拓展服务村民的范围和功能，力求做到"扶贫推进的地方就有基层党建"，"脱贫攻坚瞄准的地方就有基层党建"。

第十三章
夯实基础助腾飞　康庄大道阔步行
——以珠海配套帮扶怒江基础设施建设为例

基础设施建设在脱贫攻坚中占有重要的战略地位，是经济建设、政治建设、文化教育各项工作顺利进行的必要保证。珠海市和怒江州坚决贯彻落实习近平总书记有关扶贫工作的重要论述，按照中央关于东西部扶贫协作的部署和广东、云南两省的要求，在国务院扶贫办的具体指导下，进一步强化初心使命和责任担当，根据怒江州深度贫困的实际，进行相应的基础设施建设与完善工作，为当地的政治、经济及文化建设和发展提供了条件，也为决战决胜脱贫攻坚、顺利实施乡村振兴战略，奠定了坚实的物质基础。

一、政策先行：希望遍撒高山峡谷

（一）农村基础设施建设是脱贫攻坚的物质保障

基础设施是指为社会生产和居民生活提供服务，以保证一个国家或地区社会经济活动正常进行的物质设施，是经济社会赖以生存发展的物质基础，主要包括交通基础设施、水利基础设施和网络基础设施等。基础设施属于公共产品，与人们的日常生产和生活息息相关，是最为基本的民生工程。一般来说，一个地区的富裕程度与当地基础设施完善程度成正相关。基础设施建设越完善，当地就越富裕；反之，基础设施建设越落后，当地就越贫穷与落后。同时，基础设施建设具有乘数效应，对基础设施的投资，可带来数倍的国民收入和财富的增加。

农村基础设施是农村经济社会发展和农民生产生活改善的重要物质保证，加强农村基础设施建设是一项长期而繁重的历史任务。中国共产党第十九届中央委员会第五次全体会议提出，按照生产发展、生活富裕、乡风文明、村容整洁、管理民主的要求，扎实稳步推进社会主义新农村建设。在脱贫攻坚中，基础设施建设同样有着重要的战略地位。中国的农村扶贫工作是从20世纪80年代开始的，经过几十年的努力，我国不少贫困地区通过各种扶贫工作，摆脱了贫穷，走上了致富的道路。进入21世纪以来，扶贫工作依然在农村建设工作中占有重要位置。农村扶贫工作包括农村的经济建设、政治建设以及精神文化建设等，而占基础地位的是农村的基础设施扶贫建设。

（二）基础设施建设对精准扶贫的重要意义

1. 促进贫困地区的经济增长

自改革开放以来，"三农"问题一直是我国各项工作的重中之重。基础设施的建设工作对促进贫困地区的经济增长以及发展方面有着重大意义。一直以来，农村地区经济发展受到阻碍的首要瓶颈无疑是道路不通，因此，"要致富，先修路"的口头禅广泛流传。实施基础设施建设工程恰好弥补了这方面的缺陷。珠海市帮扶怒江州开展易地搬迁工作，完善当地百姓所需要的基础设施，如完善易地扶贫搬迁集中安置区配套设施，并对其周边的交通基础设施进行修建等。其中，道路建设工程实现了当地与外界的互通，加强了怒江州与外界之间的联系，当地的特色农产品在销往各地的同时，也吸引了企业在当地投资建厂，为当地民众增加了收益。

农村基础设施工作的主要目标是将农村的经济带入更加科学的发展道路，尤其是农村扶贫工作。怒江州作为我国"老少边穷"地区的典型代表，经济发展一直是较大的问题，没有较为完善的经济发展规划，发展能力稍显滞后。从另一个角度来看，这些地区的基础设施建设不到位，严重影响了经济的快速、高效发展。对农村基础设施建设进行投入和建设，能够从根本上提升其经济发展的速度和效率。

2. 推进农民增收

"三农"问题中，农民收入的提升是重要内容，只有逐步完善农村的基础设施建设，农民的生产、生活才有保障，从而为发展打下坚实的物质基础。目前，异地搬迁的逐步开展，在一定程度上造成相应的土地损失。在这种前提下，加强农村基础设施建设是重点，况且没有过大的技术门槛，大部分农民都能亲手对基础设施进行安装和完善。相关文献资料表明，我国政府向农村基础设施建设投入的资金，将近一半会以多种形式转化为农民的收入，这样一来，农民在生产、生活中的报酬将有所提高，还可以为今后逐步增收打下基础。

3. 推动贫困地区的现代化发展

现代化是社会不断向前发展的必然产物，与此同时，也会反过来促进社会不断向前发展。因此，对于农村贫困地区来说，早日实现现代化是其获得发展与进步的必要条件。基础设施建设工作为农村地区的现代化发展提供了必需的平台与环境，推动了贫困地区的现代化发展。这既是实现经济增长的基础，也是实现农村地区各个方面进步的有效途径。我国的经济发展是由城乡建设共同实现的，只有城乡建设同步进行、同步发展，经济才能协调发展。农村的基础设施建设稳步推进，城市文明才能向农村靠拢，这也是现代化发展的必然趋势。随着农村基础设施建设的完善，农民也能参与到经济建设中来，共同分享经济发展的优异成果。珠海市各个扶贫相关部门因地制宜，在怒江州投入大量人力、物力、财力，引导其发展具有本地特色的种植业、养殖业等产业，便于刺激当地经济的发展。此外，大力招商引资，引导企业在怒江州投资建厂，帮助当地居民实现就业，不仅能够为当地居民铺设一条由农村向城市发展的宽阔道路，为怒江州当地居民提供更加广阔的视野，也促使他们更深入地了解城市发展和建设，带动城市和农村的融合。

4. 促进整个社会的和谐发展

和谐社会一直是我国不断追求的目标，让所有百姓都可以在和谐、平等的社会条件下生活，不但是国家前进的方向，也是实现整个社会共同进步的需求。其一，社会的和谐发展有利于民族团结。团结就是力量，和谐社会的友好氛围之下，各民族以及各地区可以获得更多交流与合作的机会。而这些交流与合作机会不仅可进一步促进整个社会的和谐氛围，也有利于各民族与各地区之间缩小差距，加速整个社会经济发展的脚步。其二，完善的农村公共基础设施可以让贫困地区人民群众的精神文化生活更加丰富。经济基础决定上层建筑，对尚且只能解决温饱、经济条件落后的贫困地区的老百姓来说，物质生活是高于精神文明建设的。怒江州经济落后，百姓的精神文化生活较为匮乏。易地扶贫搬迁集中安置区的基础设施建设为搬迁的老百姓的精神文化生活提供了有利条

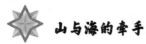

件，为整个社会营造了和谐的社会环境，进而促进了社会各界民众的融洽相处，增强了广大农民的归属感与认同感。在这样的情况下，加强农村地区的基础设施建设，可以在很大程度上让这种归属感成为百姓的精神依靠与希冀，进而发挥出缓和社会矛盾和冲突的作用。

二、切脉问诊：找准怒江致贫病灶

（一）崇山峻岭阻碍社会经济发展

怒江傈僳族自治州成立于1954年8月23日，辖贡山独龙族怒族自治县、福贡县、泸水市、兰坪白族普米族自治县，有29个乡镇、255个村委会、39个社区，总人口55.7万人。由于特殊的地理环境、较低的社会发展程度和欠佳的生产力发展水平，怒江州是云南省乃至全国经济实力最弱、人民生活最贫困、基础设施最差的民族自治州，是贫中之贫、困中之困、坚中之坚的典型代表。怒江州是全国深度贫困"三区三州"之一，全州所辖4个县（市）均为国家扶贫开发工作重点县和滇西边境山区片区县，按2011年的贫困划分标准，全州有农村贫困人口31.29万人，贫困发生率为71.1%。自2014年国家统一部署扶贫对象建档立卡以来，全州共精准识别6.94万户26.78万贫困人口，全州29个乡镇中有21个贫困乡镇，255个行政村中有249个贫困村（其中，深度贫困村218个），全州境内居住着傈僳、怒、普米、独龙等22个民族，少数民族人口占总人口的93.6%，全州55万人主要是"一步跨千年"的"直过民族"，分布在三山夹两江的1.4万平方千米的半山地带，长期与世隔绝，社会发育迟，百姓文化素质低，思想观念封闭。因此，在"直过民族"文化和传统习俗的影响下，脱贫内生动力不足，堪称全国脱贫攻坚的"上甘岭"。

（二）高山峡谷阻挡产业设施建设

怒江州境内群山耸立，江河纵横，横断山脉自东向西排列为云岭山脉、澜沧江、碧罗雪山山脉、怒江、高黎贡山山脉、独龙江、担当力卡山，呈"四山夹三江"的典型高山峡谷地貌。98%以上的面积是高山峡谷，最高海拔5128米，最低海拔738米，这种特殊的地理环境阻碍了大规模种养业的发展。全州具备发展规模化现代农业的土地极少,第二产业基本空白,而现有的一些零星产业普遍散、小、弱,产业化水平低,使得培育"三品一标"产业难度大,产业脱贫的支撑力不强。此外,产品进入市场的渠道也受限,产业带动效益低。

(三)交通基础设施建设难度大

受独特的高山峡谷地形地貌的限制,以及融资难度大、自然灾害多发等现实因素的影响,怒江州交通基础设施建设总体滞后,"欠账"较多。且农村公路配套设施不完善,抗灾能力较差。2019年以前,全州无铁路、无机场、无高速、无航运,仅靠公路运输,二级以上国道比例偏低,通行困难,路况恶劣,安全隐患大,溜索是人们出行的主要交通方式。综合交通建设总体滞后,全州唯一的保泸高速公路2020年年底才建成通车,怒江州民用机场、保泸铁路、航运等项目处于前期工作阶段。此外,项目建设资金缺口较大。怒江州交通项目建设成本高,而地方财政自给能力低,争取上级补助资金难,加之位于公路网末梢,项目投融资难,导致项目建设资金缺口大、困难多、保障弱。

三、对症下药:精准施策提质增效

(一)建设完善交通基础设施,为脱贫攻坚提供前提条件

1. 交通基础设施对怒江经济增长的重要作用

马克思指出:"交通工具的增加和改良,自然会对劳动生产力发生影响,使生产同一商品所需要的劳动时间减少,并建立了精神与贸易的发展所必需的交往。它们对劳动生产力所产生的影响,完全和耕作方法的改良,化学、地质学等等的进步,以及普及教育,法律保障等所产生的影响一样。"无论是传统的经济学理论还是现实的经验观察都告诉我们:交通基础设施对区域经济增长具有重要的促进作用,尤其是在经济全球化与区域同城化趋势日益明显的当今国内外背景下,这一作用将更加显著。

第一,交通基础设施具有典型的网络属性。一方面,怒江州交通基础设施的建立和完善将各个区域的经济活动连成一个整体,使生产要素

通过聚集效应更方便地流向这些地区，进而促进该地区规模收益递增，降低运输成本；另一方面，当地交通基础设施会改变所在地区的可达性和吸引力，从而提升该地的区位优势，加快生产要素的流动。再加上怒江州长期积累的劳动力资源、矿产资源、民族文化资源、生态旅游资源以及消费市场潜力等后发优势，建设便利的交通基础设施会在更短的时间内发掘出这些优势，从而迅速提升其竞争优势，带动相关产业和相邻地区的发展。

第二，交通基础设施具有典型的外部性，它对区域经济增长有明显的正空间溢出效应。生产要素与商品的运输成本不可能为零，而包括公路、水路、铁路与航空在内的交通基础设施对产出增长的影响不仅仅局限于交通基础设施经过的地方，还包括其他相邻区域。交通基础设施使各类生产要素在不同地区聚集与扩散，通过聚集与扩散效应，带动相邻区域的经济发展，从而表现出一种正空间溢出效应。

第三，良好的交通基础设施是落后地区吸引优势区域要素流动与产业梯度转移的必备条件。怒江州交通基础设施的完善有利于珠海及其他地区在该地投资建厂。这不仅满足了珠海等优势地区对自然及劳动力资源的需求，也省去了当地居民外出劳务的成本，还增加了当地居民的收入。在承接优势区域产业转移中，当要素的空间流动还表现为主要依靠交通基础设施的空间扩散时，交通基础设施更为便利的地区就会拥有更多的比较优势和竞争优势。

2. 交通运输基础设施建设成绩显著

2016年以来，国家和省级层面出台了系列扶持怒江的政策，怒江州交通运输局牢牢抓住政策机遇，主动担当作为，攻坚克难，迎难而上，怒江综合交通运输基础设施建设得到了长足发展。在州委、州政府的正确领导下，珠海市、怒江州交通运输局及各相关部门坚持科学发展和服务民生，突出抓好交通运输行业扶贫工作，积极落实和推进"十三五"时期综合交通运输各项工作，有力助推打赢怒江深度贫困脱贫攻坚战。交通基础设施建设取得了历史性的飞跃。

第一，交通固定资产投资规模大幅度上升。2016—2020年，公路固定资产投资累计完成235.683亿元，较"十二五"时期的52.6亿元增长了183.083亿元；民航固定资产投资4.5亿元，实现了零的突破。

第二，公路密度、等级显著提升。截至2020年底，全州境内公路总里程达到 6658.43 千米，相较"十二五"末的 5575.915 千米增加了 19.4%，初步形成了适应怒江独特地形地貌的城乡路网格局，群众出行条件及出行环境得到明显改善。公路网密度达到 41.26 千米/百平方千米。全州道路建设成果显著，现拥有国道 437.016 千米，省道 476.041 千米，县道 1143.144 千米，乡道 2819.446 千米，村道 1723.854 千米，专用道 62.688 千米（图 13.1）。

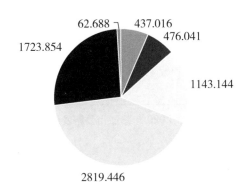

图 13.1　2020 年底怒江州公路类型分布情况

在公路体系中，拥有二级公路 448.56 千米，较"十二五"末的 162.08 千米增加 177%，三级公路 235.508 千米，较"十二五"末的 86.053 千米增加 174%，四级及以下公路 5974.302 千米，较"十二五"末的 5258.493 千米增加 2.7%。四级及以上公路占公路总里程的 89.7%，较"十二五"末的 81.1% 有明显提升。

第三，交通基础设施极大改善。2019 年底，怒江美丽公路的建成通车，在极大地改善怒江沿岸 30 多万群众出行条件的同时，提高了怒江的知名度，成为怒江交通的一张靓丽名片；兰坪通用机场通航，圆了怒江人民的航天梦，实现了怒江综合交通运输零的突破；2020 年底，保泸高速公路建成通车，结束了怒江无高速公路的历史。目前，全州 29 个乡镇已实现 100% 通硬化路、100% 通邮、100% 通客；272 个建制村实现 100% 通硬化路、100% 通邮、100% 通客，圆满完成交通行业扶贫"两不愁三保障"任务（即稳定实现农村贫困人口不愁吃、不愁穿，保障其义务教育、基本医疗和住房安全）。这些年来，全州路网结构不断完善，路面等级不断提高，安全畅通能力得到较大提升。（图 13.2）

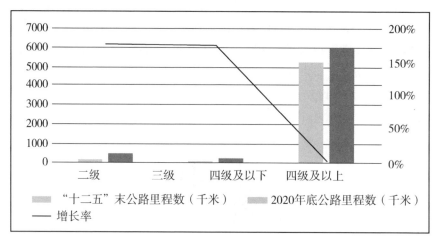

图 13.2　2020 年怒江州公路发展情况

图 13.3　怒江美丽公路建成通车　　图 13.4　怒江美丽公路登梗怒江大桥

　　第四，加快推进农村公路建设。2016 年以来，怒江州实施完成建制村通畅工程、"直过民族"自然村通畅工程、窄路基路面加宽工程、抵边自然村通畅工程、资源路旅游路产业路工程、50 户以上不搬迁自然村通畅工程等农村公路新改建及安全生命防护工程 7517 千米，完成农村公路桥梁 32 座，累计完成投资 22.6 亿元。农村公路路网体系持续完善，居民出行环境得到明显改善。见图 13.3 至图 13.6。

图 13.5　兰坪丰华通用机场通航仪式

图 13.6　保泸公路

第五，道路运输市场发展良好。截至 2020 年底，全州共有道路旅客班线客运经营业户 16 户，营运车辆 1213 辆；货运经营业户 5180 户，营运车辆 760 辆；城市公交 2 户，车辆 148 辆；城市出租车 6 户，车辆 457 辆；农村客运 12 户，车辆 939 辆；机动车维修业户 489 户；机动车综合性能检测站 2 个；驾校 10 家，教练员 306 人，道路运输从业人员 10928 人；道路客运班线 88 条，其中，跨地（市）24 条，跨县 7 条，县内 57 条；29 个乡镇通班线客车，乡镇通班车率 100%；通客车建制村 272 个，通客车率 100%；共建设完成投入使用的客运站有 23 个，其中，一级站 1 个，便携站 14 个。

第六，邮政业平稳快速发展。"十三五"期间，怒江州邮政业务量持续增长，邮政服务网点布局不断扩大，邮政投递村寨通达，邮政实物和信息网更加完善。截至 2020 年底，全州邮政行业业务总量 7132.04 万元，5 年完成邮政行业业务收入 10023.49 万元，快递包裹 6083.64 万件，连续 5 年保持 26.21% 以上增长；民营快递从无到有，现有快递品牌 12 个，法人企业 16 家，分支机构 35 家。全州经营网点共 145 个；全州 29 个乡镇、272 个建制村实现 100% 通邮；基本建成以州府六库为中心、辐射全州的快递服务网络，基本形成商流、物流、信息流、资金流融合发展的格局。

（二）重视用水安全，为群众提供安全保障

饮水安全问题直接关系到广大人民群众的健康。中共中央、国务院领导高度重视饮水安全工作，要求把"切实保护好饮用水源，让群众喝上放心水"作为首要任务，把"让人民群众喝上干净的水、呼吸清新的空气、有更好的工作和生活环境"作为政府工作的目标。切实做好饮水安全保障工作，是维护最广大人民群众根本利益、落实科学发展观的基本要求，是实现全面建成小康社会目标、构建社会主义和谐社会的重要内容，是把以人为本真正落到实处的紧迫任务。在珠海水务局及珠海水控集团供水公司等单位的帮扶下，怒江州通过集中配套建设安置点饮水管网，截至2019年底，2.5万户9.58万人饮水安全已得到保障。

为保障农村饮用水安全，稳定住、巩固好易地搬迁帮扶成果，杜绝已脱贫人口返贫、致贫风险，由珠海水务局联合珠海水控集团供水公司等单位组成的水质调研组多次前往怒江州多地进行实地调研考察工作。见图13.7。2020年6月28日至7月1日，珠海水质调研组前往怒江州，开展农村饮用水水质提升的实地调研考察工作。调研组针对江镇蛮蚌水厂的建设情况介绍，查看取水构筑物、管线和厂区的建设情况，提出要做好水厂的发展规划、预留扩建用地的发展建议；针对六库城区二水厂采用传统工艺进行自来水处理，调研组对水厂运行管理提出水质消毒措施、阀门减压维护等方面的建议（图13.8）；在维拉坝格力小学，调研组认真检查供水水源、储水设施、供水管线；对石岗河水源地的水质、水量、水源保护以及沿山间溪流沟壑敷设的原水管建设工况进行勘察和记录（图13.9）。此外，调研组还根据实地调研的情况，开展相关座谈会，共同探讨怒江州农村饮用水水质合格率偏低的破解之策。珠海水控集团分析怒江州供水的优势、困难和发展方向，并对阀门超压、爆管停水等供水安全隐患提供切实可行的管理建议。见图13.10。

图13.7 调查组参加座谈会　　　图13.8 调研组考察蛮蚌水厂

第十三章　夯实基础助腾飞　康庄大道阔步行
——以珠海配套帮扶怒江基础设施建设为例

图 13.9　调研组在维拉坝格力小学

图 13.10　调研组徒步前往怒江石岗河水源地

（三）通信网络全覆盖，推动扶贫工作发展

当前，我国发展进入信息化时代，互联网大数据的广泛运用，使"互联网+农业"成为一种新模式，也让"互联网+扶贫"成为一种新的尝试。运用互联网大数据的优势，与扶贫的对象、内容、方式等深度对接，便能够充分发挥互联网增量效应和大数据的乘数效应，构筑精准扶贫的新动能，在新的"赶考"路上，向全国人民交出一份满意的答卷。在怒江州工信系统、各基础电信企业及珠海驻怒江扶贫组的共同努力下，于 2019 年 7 月实现全州 255 个行政村村委会、村委会所在地学校、卫生室宽带全覆盖，使全州通信行业扶贫目标任务全面完成。

2016 年至 2020 年 6 月，全州固定宽带家庭用户数从 5.84 万提升至 12.77 万，光纤入户用户数从 4.69 万提升至 12 万，数字电视用户数从 3.54 万提升至 12 万，移动手机用户数从 47 万提升至 56.2 万，贫困村（行政村）宽带网络覆盖率从 44% 提升至 100%。农网改造升级和新一轮农网建设任务全面完成，广播电视、动力电、4G 网络等实现了农村全覆盖。建成 4 个 5G 通信基站，独龙江乡率先开通 5G 实验站。过去落后的社会面貌正在逐步、彻底得到转变。

（四）开展基建合作，完善社区建设

如何做好易地搬迁的"后半篇文章"，解决搬迁区面临的社会管理问题，让搬迁群众不仅住进好房子，更要过上好生活，珠海提供了新思路——全国首创珠海社区与怒江易地搬迁区社区结对。引导珠海香湾街道办香凤社区、翠香街道办钰海社区、新村社区分别与怒江维拉坝珠海社区、丙舍坝团结社区、恩感思洛社区结对帮扶，将珠海社区建设的先进经验带到怒江。

1. 加强社区阵地建设，打造凝心聚力之家

香湾街道办向维拉坝珠海小区党群服务中心捐赠 20 万元，帮助完善基层党组织的办公设施，提高服务水平，并向居民倡导健康生活方式，推行绿色生活理念。在维拉坝珠海小区开展垃圾分类试点工作，培养居民环保意识，增强社区文明建设；借鉴先进社区经验，完善社区管理体系。邀请广东知名物业管理企业对怒江 13 个社区管理人员进行集中培训，帮助解决"建设什么、怎么建设"的问题。通过结对帮扶，把怒江社区建成共治共享、人民群众安居乐业的美好家园。

2. 建立健全综合治理服务体系

在易地扶贫搬迁安置区组建警务室、调解室、网格室、综治中心"三室一中心"，配备治保员、调解员、网格员，做好矛盾纠纷化解、治安防控、隐患排查、法治宣传、信访维稳、网格化服务管理等基层社会治理工作，确保安置区社会治安和谐稳定，建设平安社区。组建党组织领导、居委会具体指导下的老龄协会、红白理事会、文体协会、合作经济组织、集体经济组织、志愿服务队等，挂牌成立 20 个红白理事会，规划建设农村公益性公墓 37 个。"两委"班子成员通过法定程序兼任其他组织的负责人，根据搬迁区实际需求组建农业生产服务技术中心、电商服务中心等组织。

3. 同步完善全州易地扶贫搬迁集中安置点配套设施

截至 2020 年 8 月 12 日，在全州 84 个易地扶贫搬迁安置区，共建成幼儿园 22 所，小学 8 所，卫生室 28 所，村史馆 20 所，文化活动场所 59 个，公共卫生厕所 70 个，污水处理、垃圾清运设施设备 73 个。成立社区居委会 22 个、其他管理机构 24 个，配备工作人员 300 人；设立综治中心（含调解室、警务室、网格室）34 个，配备工作人员 85 人。建成投入使用 7 个暖心食堂；建成 8 个微菜园；成立 27 个专业合作社，覆盖带动搬迁户 2171 户 6653 人；组建生态扶贫专业合作社 31 个，入社社员共 1370 人。搬迁群众纳入农村低保 11466 户 39944 人，特困供养 337 人，兜底 1317 户 2827 人。55 个安置区已成立感恩宣讲团，48 个安置区已成立文艺宣传队，通过常态化开展各项社区治理工作，搬迁群众的获得感、幸福感和认同感明显提升。

（五）完善教育基础设施，创建良好就读环境

"扶贫先扶智"是习近平总书记新时期对坚决打好、打赢脱贫攻坚战的新论断之一。而我国古人很早就重视"潜移默化"式的教育，即隐性教育。如战国时期"孟母三迁"的历史故事，就是从环境熏陶的角度肯定了隐性教育的合理价值。教育配套设施主要包括：教育工作所需要的空间、环境以及有关的教育、教学设备。不仅是开展教育工作所必需的物质资料，也是进行隐性教育的重要内容之一。怒江州作为我国"老少边穷"地区之一，其经济发展滞后，再加上"直过民族"文化和传统习俗等因素的影响，思想观念封闭，教育整体水平滞后，文化素质偏低。因此，对怒江州的教育帮扶尤其重要，而想要顺利开展教育帮扶，相应的基础设施必不可少。珠海市大力度协助当地补齐义务教育短板，每月组织珠海市3～5家中小学校幼儿园的教师到怒江州开展教育交流活动；引进社会资源捐建图书馆，捐赠正版图书；组织支教教师开展巡讲活动，为控辍保学劝返学生和留守儿童开展心理辅导；引进全州首位专业足球教练常驻，以培养足球人才，创建足球特色学校；选派心理学专业教师组建州内第一家省级标准的心康教育辅导室，培训未成年人心康教师116人次；派出4名特殊教育专业教师支持怒江开展特教规划、个训辅导、送教上门、资源教室建设指导等活动，提升随班就读师资水平。紧随国家对教育现代化建设的要求，珠海市携手怒江州在学校硬件设施配套提升、校园文化建设、教学资源丰富等方面做出努力，对标现代化、标准化、规范化，旨在为当地的学生提供更好的受教育环境。

四、春华秋实：真诚帮扶硕果满坡

（一）开拓了经济发展空间

道路交通设施的顺利进行，一方面方便了怒江州各县、乡、村的村民们将当地的农产品等销往外地，另一方面使当地的养殖业、种植业及加工业逐渐发展起来，大大增加了村民的经济收入。交通条件的改善，吸引了更多的游客前来怒江观光旅游，扩大了当地旅游业的发展规模，

村民们除了白天耕作,晚上给游客表演节目以及发展农家旅游等产业,增加了就业渠道,也增加了经济收入。

(二)提升了基层党组织的服务质量

基础设施的增加,改善了党员工作、学习的环境,为干部教育和开展培训提供了很好的条件,给基层党组织的发展带来了硬件上的支持,也为党建工作提供了强大的支持。例如,村委办公楼的扩建、对村委办公用品的资助,以及对村委制度的规范化建设,使村委的办公条件得到了很大的改善,党员干部的精神面貌也为之一新,为村民服务的热情更加高涨,带动了基层社区的管理建设发展,为精准识别扶贫对象,进行动态管理工作提供了动力,为扶贫"清零"行动提供了助力。基层党组织在扶贫工作中得以充分发挥组织协调作用,这也为后续的扶贫工作打下了坚实基础。

(三)提高了人民群众的整体素质

扶贫组对教育设施、公共设施的大力投入,不但大大提高了人民群众的物质生活水平,而且为其在思想上紧跟党中央、开拓视野、更新观念、提高素质提供了很好的条件。如在安置点成立基层党组织和社区管理组织,建立党群活动中心,定期开展"三会一课"、组织生活会、民主评议党员等主题活动。通过文化卫生科技"三下乡"、射弩比赛、歌友会等活动,进一步丰富安置点人民群众的文娱活动,增强搬迁群众的获得感、幸福感,逐步形成睦邻友好、互帮互助、尊老爱幼的良好氛围,不但丰富文化生活,而且能培养人民群众和党员在运动场上的团队精神和协作能力,增强团队战斗力和凝聚力。对小学教学环境的改造以及教学用具的资助,使学校教书育人的作用较前有了很大的提高;对贫困学生的资助也大大提高了整体村民的文化素质,也为下一代劳动力素质提高提供了最基本的条件。扶贫组对卫生设施的建设包括厕所的修建、垃圾桶的投放、垃圾的分类处理等。

进驻怒江州的各个扶贫工作小组、珠海市各相关扶贫部门、企业、社区及社会组织在对怒江州的结对帮扶工作中,重视对当地人民的生存环境及生产条件的改善。因此,各个扶贫项目都事先经过实地考察调研,结合当地实际情况再采取合理有效的帮扶措施,帮扶涉及农村基础设施建设、农村人口素质提高、农村劳动力就业、农业产业化建设等多个方面。基础设施建设的顺利进行使怒江州的脱贫攻坚工作得以顺利开展，为怒江州的经济、政治、教育、文化等各项事业发展提供了坚实的基础。易地搬迁、道路交通、通信、水利等相关工程在内的基础设施建设在怒江州的顺利进行，使其面貌焕然一新。

第十四章
珠海千家春风来　怒江万户笑颜开

——发动珠海社会力量　助力怒江精准脱贫

精准扶贫旨在改善以往扶贫开发当中的目标偏离问题，以做到"扶真贫、真扶贫"。从《国务院关于创新机制扎实推进农村扶贫开发工作的意见》的出台，到《中共中央国务院关于打赢脱贫攻坚战的决定》的发布，标志着我国脱贫攻坚工作进入最后的冲刺期。社会力量作为精准扶贫工作的一股新力量，扮演着贫困对象需求的评估者、提升贫困者能力的使能者、改变贫困者观念的倡导者等角色，其特有的价值理念及其长期累积的专业方法，是赢得脱贫攻坚战不可或缺的一部分。珠海市社会力量在帮扶怒江州的过程中，突出问题导向，健全机制、强化措施、加强衔接，进一步创新脱贫攻坚思路方法，精准施策、精准发力、精准见效，大力投入脱贫攻坚工作中，为贫困人口全部脱贫提供托底保障。

一、理论指导：奋力弘扬传统美德

在党的十九大报告中，习近平总书记指出，扶贫不仅仅是国家的责任，也是社会的责任，更是我们每个个体的责任。中国的扶贫开发工作是针对贫困群众实施的，需要投入大量的人力、物力、财力，不仅需要中央和地方政府的大力支持，更需要社会力量的广泛参与以及农民自身主观能动性的发挥，实现多主体帮扶。社会力量所做的工作与精准扶贫在价值理念、扶贫的最终目标以及扶贫方式上的一致性，说明社会力量参与精准扶贫有很大的协同性。社会力量的专业角色、专业方法以及专业理念等方面的优势，说明其可以介入精准扶贫并发挥其独特的优势。社会力量的介入，不仅壮大了精准扶贫的工作队伍，丰富了扶贫工作的

第十四章　珠海千家春风来　怒江万户笑颜开
——发动珠海社会力量　助力怒江精准脱贫

手段，也为精准扶贫注入新的理念和方法，有助于更加有针对性和精准性地开展精准扶贫工作。

（一）社会力量介入精准扶贫的可行性

社会救济活动，主要是帮助贫困者、老弱者解决生活中遇到的困难和问题。精准扶贫的最终目的是改变贫困者的生活困境，两者在思想、追求的目标等方面具有一致性。其介入精准扶贫的可行性主要体现在以下几个方面。

1. 社会力量专业理念与精准扶贫的思想相契合

理念互通是社会力量介入精准扶贫的思想基础，精准扶贫工作就是要增强他们的"造血"功能，改变以往"输血"式的救济扶贫。其中，"造血"式的开发扶贫要求扶贫工作队伍须深入贫困者家庭，了解贫困人口的详细情况，分析其致贫的主要因素，挖掘贫困者的潜能，从而增强贫困者自主脱贫的能力。一方面，珠海市各社会组织秉持"助人自助"的工作理念，采用专业的工作方法和助人技巧，组成相关的调研组深入怒江州县、乡等地实地走访，了解当地贫困户最真实的信息，对其需求进行准确评估，分析他们致贫的根本原因，再制定相应的帮扶策略；另一方面，珠海市各社会组织帮助贫困对象整合资源，构建人际关系网络，同时注重在服务过程中挖掘其潜能来帮助他们实现自助，从而摆脱贫困。因此，社会力量所做的工作与精准扶贫的最终目标都是帮助弱势群体改变贫困的现状。

2. 社会力量的专业理论为介入精准扶贫提供理论依据

社会工作所涉及的参与式理论、增能理论、优势视角理论、社会支持理论等，为其介入精准扶贫并发挥作用提供了理论支撑。如增能理论视角下，社会力量帮助贫困者脱贫的过程中，注重对贫困者能力的提升。通过挖掘贫困对象的潜能，发现贫困者个人的优势，激发贫困对象自主脱贫的信心。优势视角理论认为每个个体都有自身的优势，陷入困境的原因是个体的潜能没有得到发挥，只有挖掘贫困者自身的优势，才能利用其优势实现自身的"自助"。参与式理论则强调对贫困者所处的社区环境进行全面的分析判断，充分考虑社区成员的观点与建议，通过动员社区居民使其参与社区发展项目以及社区发展的规划、实施、监测与评估过程中。这些专业理论为珠海市社会力量介入精准扶贫提供了强有力的理论支撑。

3. 国家的政策支持为社会力量介入精准扶贫开辟了空间

国家政策的支持是社会力量介入精准扶贫的方向指南。国务院发布的《关于进一步动员社会各方面力量参与扶贫开发的意见》指出，"广泛动员全社会力量共同参与扶贫开发，是我国扶贫开发中的成功经验"。2015年11月27日，习近平总书记在中央扶贫开发工作会议上的讲话中指出："调动各方力量，加快形成全社会参与的大扶贫格局，'人心齐，泰山移'，脱贫致富不仅仅是贫困地区的事，也是全社会的事。要更加广泛、更加有效地动员和凝聚各方面力量。要强化东西部扶贫协作。东部地区不仅要帮钱帮物，更要推动产业层面合作，推动东部地区人才、资金、技术向贫困地区流动，实现双方共赢。"同时，总书记还提到"要研究借鉴其他国家成功做法，创新我国慈善事业制度，动员全社会力量广泛参与扶贫事业，鼓励支持各类企业、社会组织、个人参与脱贫攻坚。同时，要引导社会扶贫重心下沉，促进帮扶资源向贫困村和贫困户流动，实现同精准扶贫有效对接"。

2015年11月，《中共中央国务院关于打赢脱贫攻坚战的决定》指出，要"实施扶贫志愿者行动计划和社会工作专业人才服务贫困地区计划"，同时强调要加大政府购买服务的力度，鼓励各类社会组织参与精准扶贫，通过专业的服务，帮助贫困者解决贫困问题。这些政策的出台，表明了国家对社会力量介入精准扶贫工作中的支持，并为发挥其作用提供了广阔的空间。社会力量作为扶贫帮困的新生命，在精准扶贫过程中将新的理念和方法注入，不但能提高扶贫的针对性和精准性，而且有利于提升扶贫的质量。

（二）社会力量介入精准扶贫的优势

精准扶贫工作的核心在于"精准"，社会力量的专业理念、工作方法以及专业角色等优势可以更好地解决精准扶贫中遇到的问题。社会力量介入精准扶贫有利于助推"帮扶对象精准、项目安排精准、资金使用精准、措施到户精准、因村派人精准、脱贫成效精准"六大精准脱贫措施高效落地。

第十四章 珠海千家春风来 怒江万户笑颜开
——发动珠海社会力量 助力怒江精准脱贫

1. 价值理念上的优势

扶贫济困是社会力量的重要使命，最早起源于慈善救济活动，在以往的反贫困实践中，使其逐渐形成了专业助人的方法和助人技巧，累积了丰富的扶贫经验。扶贫要重视对贫困人口个人能力的培养，政府以往的扶贫注重"助人"，忽视了"自助"，短期内有一定的效果，但很容易导致"返贫"现象的出现。而社会力量介入精准扶贫的实践工作重视贫困对象能力的培养，帮助贫困者从根本上摆脱贫困。在服务过程中，其坚持专业助人的基本原则，真诚对待服务对象，从心理上接纳服务对象，尊重服务对象的意见和自决权利，为服务对象的隐私保密。在服务目标上，强调要重视人的价值与尊严，相信每个人的潜能与能力，把挖掘贫困对象潜能、解决贫困对象生活困难当作自己的工作目标。在理念上，其助人自助的理念、满足服务对象个别化的需求以及尊重案主自我决定与精准扶贫的思想一致。因此，社会力量介入精准扶贫在价值理念上有一定的优势。

2. 专业角色的优势

社会力量在专业角色上有其独特的优势。他们在服务过程中，先要与服务对象建立专业关系，通过扮演不同的角色为受助者提供各种服务，可为推进扶贫工作发挥以下功能。

（1）贫困对象需求的评估者。作为需求评估者，在服务过程中强调从需求出发介入精准扶贫，首先就是对贫困户进行入户走访，通过与贫困者沟通，倾听他们内心的想法，了解他们目前面临的困境以及最迫切的需求，了解他们的发展意愿，真正搞清楚他们最希望社会力量帮忙做些什么。

（2）提升贫困者能力的使能者。增能理论的指导下，在个人层面、人际层面以及社会参与层面帮助贫困者获得权利感。相信每个人都有尚未开发的潜能，因此在服务的过程中，注重贫困者自身能力的改变。一方面，通过提供知识、技能并链接相关的资源，使贫困者在改善自身经济和生活的活动中能够积极主动地参与，从而塑造自身能力，恢复生活信心；另一方面，通过挖掘贫困对象的潜能，发现贫困者自身的优势，并帮助其发展，从而提升贫困者摆脱贫困的能力。

（3）改变贫困者观念的倡导者。社会力量以倡导者的角色，帮助贫困者改变思想观念。在某些情况下，他们就是贫困者改变某种行为的提倡者,在介入精准扶贫的实践中,注重与贫困者沟通交流、交换意见、分享思想及感情,从而帮助贫困者改变思想观念。通过调研发现,大多数贫困者知识水平有限,对政府扶贫措施的理解也有限,这些力量可以作为政策的倡导者,为贫困户宣传讲解有关精准扶贫的政策,引导贫困者改变思想观念,提升贫困者自主脱贫的意识。

二、凝心聚力:多方联动输血赋能

习近平总书记提出,扶贫开发是全党全社会的共同责任,要动员和凝聚全社会力量广泛参与。除了中央企业、国有企业、高等院校等坚决贯彻落实中共中央、国务院的决策部署,把扶贫重任扛在肩头,珠海市也涌现出一大批爱心企业、社会组织,如格力电器、珠海派诺科技股份有限公司、珠海爱浦京软件股份有限公司、广东飞企互联科技股份有限公司、珠海元盛电子科技股份有限公司、珠海市关爱协会、珠海市智源社会经济发展研究院等,一同助力贫困村脱贫摘帽,为精准扶贫、精准脱贫工作做出了重要贡献。

至2020年12月,珠海有207家企业与怒江的174个贫困村"喜结连理",点对点地精准帮扶,携手奔小康。其中,175家企业帮扶资金已达1999.7万元;开展结对项目284个,已开展247个,项目启动率为86.9%;174个贫困村中,有92个村已完成帮扶项目建设,83个村的帮扶项目正在进行中。在已经完成村企结对的这174个贫困村里,有57个村是国务院扶办公布的挂牌督战村,并已全部完成企业和社会组织双结对。结对企业对怒江57个挂牌督战村投入资金2380万元,实施帮扶项目64个。结对社会组织还将持续投入帮扶资金357万元。同时,珠海市区还在原有社区结对的基础上,新增10个成熟社区,已促成13个珠海社区和怒江州13个大型易地扶贫搬迁安置点结对,推动易地扶贫搬迁的后续工作取得良好成效。

(一)大力支持凝聚力量,壮大公益性社会组织队伍

必须坚持充分发挥政府和社会两方面力量,加强精准扶贫合力,构建专项扶贫、行业扶贫、社会扶贫互为补充的大扶贫格局,调动各方面积极性,引领市场、社会协同发力,形成全社会广泛参与脱贫攻坚的格

局。珠海市民政局、团市委、工商联、商务局等积极在扶贫、助教、扶老、帮残、助孤、助学等社会关注、群众期盼的领域，壮大攻坚队伍，激励他们利用自身优势开展扶贫助贫活动。自2016年以来，珠海市对口怒江州帮扶加入了大批社会力量组织，如市青联、青企协、青志协、珠海市慈善总会、各大企业及珠海市各社区等，进一步激发了众人拾柴火焰高的社会组织力量，推进了脱贫攻坚工作的顺利开展。珠海市还为做好易地扶贫搬迁工作，积极培育和引导本土社会组织，提供珠海模式的先进经验和服务方法，以完善当地公共服务体系，努力实现移民安置区跨越式发展。

（二）主动组织实地调研，深入开展精准帮扶

珠海市各个扶贫相关部门为做到帮扶工作精准有效，从而实现扶真贫、真扶贫的目标，先后多次组织带领社会组织代表前往怒江泸水市、兰坪县、福贡县、贡山县及一些贫困村开展扶贫工作调研，举办专题对口帮扶座谈会，并研究制订精准扶贫工作措施方案。如珠海市商务局2018年10月陪同市委统战部主要领导同志前往怒江州开展考察，推动广东天章信息纸品有限公司、珠海远康企业有限公司等企业与怒江州6个结对帮扶村代表进行现场签约；同年11月，组织丽珠集团，亿商宝库等企业赴怒江开展商务帮扶交流活动，调研了六库、兰坪电商服务中心、冷链物流、食用菌种植等项目，与怒江当地企业进行了交流座谈，积极推动珠海市外经协会与怒江对外经贸商会签订商务帮扶协作协议。

（三）加强工作调度推进，发挥典型引领示范带动作用

2016年10月15日，习近平总书记对全国脱贫攻坚奖表彰活动做出指示："设立全国脱贫攻坚奖，表彰对扶贫开发作出杰出贡献的组织和个人，树立脱贫攻坚先进典型，对动员全党全社会共同努力、打赢脱贫攻坚战具有重要意义。"为了树立典型示范，营造攻坚氛围，珠海、怒江两地齐动深入开展扶贫工作。2019年10月17日，云南怒江州州委、州政府隆重召开"全州脱贫攻坚表彰大会暨脱贫攻坚先进事迹报告会"。怒江州各相关扶贫部门及珠海市驻怒江州扶贫协作工作组成员，以及受表彰的先进集体和个人参加本次表彰大会。对全州2019年

度在脱贫攻坚过程中涌现出的 50 个先进集体、120 名先进个人予以表彰，对 330 名先进个人予以通报表扬。其中，珠海市南方人力资源服务有限公司、怒江何伯中蜂养殖有限公司、怒江美享农业开发有限公司、格力集团荣获"脱贫攻坚贡献奖——扶贫明星企业"，大力营造社会组织参与脱贫攻坚的浓厚氛围。

一支支社会组织结出了脱贫攻坚的累累硕果。据统计，自 2016 年以来，珠海市充分利用各帮扶单位的资源优势，调动社会各方力量参与脱贫攻坚，深入而有序地推进了"社会力量参与精准扶贫"行动，扎扎实实推进了各项扶贫工作。经过这几年的宣传发动，珠海市已经形成全社会关注帮扶怒江州的局面，大家踊跃为怒江脱贫攻坚出钱出力，社会帮扶资金累计（含捐物折款）超 3.1 亿元。全民关心、全民参与怒江脱贫攻坚的氛围在特区社会已然形成。

三、众志成城：攥指成拳共襄振兴

（一）教育帮扶，扶智"造血"

1. 完善教育基础设施，改善学生就读环境

发展乡村教育，让每个乡村孩子都能接受公平、有质量的教育，阻止贫困现象代际传递，是功在当代、利在千秋的大事。截至 2020 年，珠海市已组织两地 129 所学校结对，扎实推进"一堂两班百校千人"教育扶贫工作，配置中小学移动教学平板系统 300 台，建设智慧课堂 95 间，覆盖学校 85 所，并先后在 5 所学校开设 11 个普通高中"珠海班"，2 个初中"金湾班""斗门班"，分别招收学生 498 名、81 名。接收 1646 名怒江籍应往届初高中毕业生分别到珠海 8 所中职技工学校就读（其中，建档立卡贫困户学生 1387 人）。（图 14.1）选派教师 170 人（206 人次）到怒江支教，跟岗及培训怒江教育行政干部、骨干教师 2858 人次。6 次组织 461 名怒江师生到珠海开展"江海情·青春梦""七彩阳光与爱同行"等研学活动。① 此外，"十三五"以来，全面实

---

① 胡钰衎：《珠海累计投入近亿元资金帮扶怒江州教育发展　教育扶贫谱写"山海情歌"》，载《南方日报》2021 年 1 月 7 日第 ZC03 版。

施义务教育专用网络建设工作,教育信息化2.0行动计划稳步推进,教育信息技术设备、教学仪器装备、音体美器材、图书建设累计投入资金14516.14万元,实现万兆主干、千兆到校、百兆到班。

2017年,根据珠海市委、市政府的统一部署,为助力珠海开展东西部扶贫、扶智,助推怒江的基础教育事业均衡发展,格力集团勇挑国企担当,出资5000万元援建云南省怒江州泸水市格力小学和格力幼儿园。建成后的格力小学成为一所集现代化、标准化、规范化于一体的一流特色学校,格力幼儿园则成为该镇首所规范幼儿园。见图14.2。

图14.1　2020怒江"珠海班"夏令营开营

图14.2　格力小学、格力幼儿园举行开学典礼

2. 衣暖人心,爱心帮扶

华发集团对5个贫困村的在读大学生每人提供5000元助学金,帮助困难学子解决学费难题,并多次联系珠海学校,收集在校师生捐赠的闲置衣物,开展冬衣捐赠活动,解决贫困村学生的寒冬保暖问题;参加华发公益基金会及容闳学校家联会举办的"衣暖人心　让爱出发"爱心帮扶活动,为学生筹集爱心包裹,捐赠书包、文具、衣服、鞋子等实物;向对口帮扶村儿童捐赠校服,并将物资交由洛本卓乡扶贫项目制衣工厂生产,促进了扶贫产业的发展。(图14.3)在2019年国家扶贫日当天,华发集团联合华发公益基金会赴怒江州与各村代表一起举行主题日现场捐赠仪式,累计帮扶28名在校大学生和374名小学生,并以每人每年1000元的标准向结对帮扶村因病因残致贫、孤寡户提供帮扶慰问。见图14.4。

图14.3 "衣暖人心 让爱出发"爱心帮扶活动

图14.4 华发集团携手华发公益基金会举行活动

泸水市古登乡马垮底小学建于1958年9月,因为地理环境恶劣和学生上学路途遥远,全体学生只能在学校住宿,连续上学18天才能回家一次。学校里热水设备和洗衣房老旧,给学校师生的日常生活带来了极大的不便。2019年8月30日,对澳供水公司发动全体员工捐款15173.68元,用于学校购买书籍、热水设备和洗晒工具,解决了马垮底小学的实际困难。

3. 倾情助学,筑暖心"上学梦"

珠海"温暖上学路"基金专门用来资助农村籍住校小学生,目前已募集到60万资金,从大兴地镇的中心小学开始试点,并逐步推广到全州各乡镇小学。该基金根据学生家庭距离学校远近,划分不同补助标准,按学期资助,直接划转至学生家长账户上。此外,珠海支教教师谢春平利用自身资源,牵头发起了"橄榄枝"助学活动,每月资助50个贫困学生每人300元助学金,设立了"珠海·怒江橄榄枝奖教基金",每月捐赠6万元,还捐赠491.38万元成立了珠海民盟"烛光行动"奖教奖学基金。

2017年5月,珠海团市委和市慈善总会分别组织相关单位深入了解怒江青少年学习生活的实际困难和物资需求,并联合南屏科技工业园党群服务中心、珠海特区报社发起了"共筑江海情·温暖学子心"对口帮扶怒江贫困青少年的爱心助学活动。该项目启动后,得到了珠海仕高玛机械设备有限公司、纳思达股份有限公司以及珠海市青年联合会、珠海市海归青年交流促进会等单位的积极响应。该助学活动在2017年开展不到一年就收到超过376个爱心单位和个人捐赠善款1310860.18元人民币、15900元澳门元、54500元港元以及价值632940元的物资。

见图 14.5。此外，由珠海市团市委牵头，慈善总会、海归青年交流促进会、共青团等多个单位联合举办的爱心助学活动、青年发展提升等帮扶事项自 2017 年启动后一直在持续进行，这有利于珠海为怒江州持续"输血"，提升其自身"造血"功能。见图 14.6。

图 14.5 "共筑江海情 温暖学子心"活动

图 14.6 向怒江州学子发放助学物资

4. 跨越山海相会，关爱留守儿童

从 2016 年起，珠海与怒江山海相连，因结对而结缘。珠海市委、市政府制定印发了《珠海市对口怒江州东西部扶贫协作工作实施意见》，全市上下团结一心，纷纷行动。2016 年，怒江全州共向珠海市转移就业 1277 人。为充分发挥好妇联组织在家庭工作中的优势，关爱怒江留守儿童，珠海市妇联与怒江州妇联共同制定了《珠海市妇联对口帮扶怒江州妇女儿童工作计划》。两地妇联共同举办了"跨越山海的相会"夏令营活动，让留守儿童与他们在珠海务工的父母团聚。通过与珠、港、澳三个地方的儿童沟通交流，开阔他们的视野，提升他们的自信心和综合能力，也为他们播下感恩党、感恩父母、努力拼搏、建设家乡、改变贫穷的种子。

孩子是家庭的希望，儿童是祖国的未来。为加强内地与港澳的密切交流，珠海市妇联充分发挥服务妇女儿童家庭的优势，整合社会爱心企业、社会组织等各界力量，为珠、港、澳、怒（江）四地儿童搭建一个民族交流、文化共融的平台，共同打造"从大山到大海·怒江留守儿童珠海夏令营"公益性项目，邀请云南怒江州留守儿童到珠海市与父母团聚，进行一场开心智、扩视野、暖亲情的"为梦想创造可能之旅"，提升他们的自信心和综合能力，为他们播下感恩父母、努力拼搏、建设家乡的希望种子；同时，邀请港澳执委和特邀代表家庭与珠海、怒江家庭结对参与夏令营，激发四地儿童的民族情、中国梦、爱国心和成才志，唱响同心同德、齐心协力、奋发有为、共筑中国梦的动人旋律。

（二）因地制宜引发展，产业扶贫带创业致富

产业扶贫是增强贫困地区内生动力、实现持续发展的重要抓手，珠海市依托怒江州的自然条件和资源禀赋，探索"分散组织生产、集中规模经营"的模式，帮扶怒江州发展特色产业，在部分领域突破怒江产业"小、散、弱"的状况，在有条件的地方和领域开展规模化种养殖。马垮底村地处偏僻山区，发展山大鸡养殖项目，采取"党支部＋公司＋专业合作社＋养鸡示范户＋建档立卡贫困户"的模式，带动当地建档立卡贫困群众发展生态鸡养殖，增加当地村民的经济收入。按照"人往基层走、钱往基层投、物往基层使"的原则，2019 年 1 月，对澳供水公司拨付 10 万元扶贫资金至珠海市扶贫基金会，用于鸡场基础设施建设工作，保障马垮底村家禽养殖产业孵化落地。2019 年 10 月，泸水市古登乡马垮底村本地土鸡科学养殖示范养殖基地按标准化建设要求建设完工，并投入生产，开始示范带动养殖，走科学养殖之路。

1. 因地制宜，发展怒江特色产业

珠海市香洲区、万山区等发挥人才、技术资金、管理等优势开展农业产业帮扶，结合泸水市农业生产协作"六个一工程"即养殖羽土鸡、高黎贡山猪、种植林下中药材、楤木青花椒、种植食用菌、种植饲草饲料地，做好现有核桃、草果的提质增效，做大做强核桃树、棉木、花椒树、草果"三棵树一棵草"产业。探索出具有泸水特色的产业扶贫，以"优势产业＋龙头企业＋合作社＋基地＋农户"的发展模式，支持各类新型经营主体通过土地流转、土地托管、牲畜托养、土地经营权股份合作等方式。

为积极落实"百企帮百村"扶贫工作，助力精准扶贫，九龙地产公司认真学习珠海市政府、国资委和集团相关指导文件，结合对口帮扶村——怒江州福贡县鹿马登乡麻甲底村的实际情况，以讲求实效、夯实基础、稳步推进的原则，与帮扶村委会不断探讨、沟通，确定产业帮扶项目——"麻甲底村榨油坊项目"，榨油坊主要以加工茶籽油为主，来带动本村产业发展。九龙地产公司投入帮扶资金 10 万元用于榨油坊设

备采购。

2. 企业结对，招商引资

据统计，珠海市2019年新引进8家企业到怒江注册公司开展产业合作帮扶，累计引导企业实际投资10690万元，通过利益联结机制带动受益的建档立卡贫困人口2896人，带动建档立卡贫困人口606人就近就地就业，投入产业帮扶资金11101万元，帮扶实施62个特色农业种植、养殖、农产品加工、扶贫车间、旅游服务等产业项目，通过利益联结机制和吸纳务工就业等形式，帮扶受益的建档立卡贫困户8725户32711人。

根据工作要求，珠海市对口怒江州"百企帮百村"活动遴选出175家珠海企业，与怒江州218个深度贫困村中的175个村进行签约结对扶贫，截至2019年12月，成功结对率为73.4%。市商务局承担泸水市、兰坪县、福贡县、贡山县等10个贫困村的村企结对帮扶工作，截至2019年12月已全部落实，企业结对率100%。每家结对帮扶企业将捐献10万元，用于精准解决结对贫困村最急需解决的实际难题，切实改善怒江州贫困村的生产和生活条件。

2017年，珠海市商务局联合怒江州商务局承办"怒江—珠海商务扶贫暨怒江州招商引资推介会"，两地相关职能部门、企业代表、新闻媒体共260多人出席会议，成功促成18个项目现场签约，项目类别涵盖现代生态农业、旅游文化产业、电子商务、生物医药和大健康产业等领域，有效推动珠海市与怒江州优势互补、互利共赢发展。2018年，协助怒江州商务局赴澳门参加澳门投资贸易展览会以及生物医药展会。

丽珠医药集团股份有限公司于2018年3月在贡山县投资100万元筹备设立"贡山丽珠药源科技有限公司"，从事农业技术研究推广、中药材种植收购销售、农副产品收购加工销售等业务。珠海农控集团投资300万元，在泸水市六库县设立怒江民荣冷链物流有限公司，从事冷库、物流、农产品种植加工销售等业务，招聘的员工全部为当地工人。2018年，该公司自产的毛豆销售额达到4000万元。

3. 暖心助力，培养创业致富"领头羊"

自结对帮扶开展以来，针对部分贫困群众发展能力弱的问题，珠海市金湾区制定了《贡山县东西部扶贫协作扶持贫困村"创业致富带头人"发展产业带动就业实施方案》，珠海市社会各界从"选、培、扶、联"四方面入手开展工作：一是重点扶持参加2019年国扶办"贫困村创业致富带头人"，带动5~10户以上建档立卡户的专业合作社、新型生产经营组织或个体经营实体；二是选送酒店、客栈、农家乐等经营管理者赴希尔顿花园酒店旅游服务行业实训基地参加能力素质提升培训；三是对符合条件的创业扶持重点对象给予一次性2万元的创业扶持补助；鼓励企业加大当地土地流转，做大做强当地特色农产品产业，对租用建档立卡贫困户土地的企业给予地租补助；四是对招收建档立卡贫困户就业的企业及务工人员给予补助。通过选培当地创业致富带头人，强化他们与贫困户的利益联结，让他们成为带动群众脱贫奔康的"领头羊"。截至2019年11月底，帮扶贡山县培训致富带头人19名，旅游服务业经营管理者46名，发放创业扶持补助11家共计22万元，带动建档立卡贫困户480户1496人，可以覆盖到全县目前开展的全部产业。

（三）消费扶贫成效好，链接供求实现脱贫增收

消费扶贫，是有效巩固脱贫攻坚成果的扶贫方式，也是社会力量参与脱贫攻坚的重要途径。消费扶贫不仅有利于调动怒江贫困人口依靠自身努力实现脱贫致富的积极性，还有利于促进怒江州产业持续发展、贫困人口稳定脱贫。珠海自2016年结对帮扶怒江州以来，大力推进消费扶贫，助力怒江好物产"飞出"高山深谷。截至2020年10月，珠海各界已累计采购和销售果蔬、火腿、茶叶、食用菌等各类怒江农特产品达7721万元。其中，自2020年9月开展消费扶贫月活动以来，通过线上线下共同发力，实现销售扶贫产品781.93万元。

根据怒江州种植的特色农产业，对澳供水公司积极开展"以购代捐"的消费扶贫，结合员工节日慰问，以"组团式""订单式"方式购买怒江州农副产品。2019年9月、11月，该公司分别通过农控集团批量采购怒江州产品，包括菌汤包、羊肚菌等，合计214934元。同时，借助企业平台优势及消费渠道积极推广销售怒江州特色农产品，动员员工个人消费总计10500元，解决了贫困户农特产品的销售问题，打通了从农户到合作社、从餐饮企业到消费者的供应链，连接起了有效的供求关系。

2019年1月17日，市工商联（总商会）与珠海市农控集团菜篮子投资有限公司签署农副产品购销战略合作协议，目的是积极响应党中央

第十四章 珠海千家春风来 怒江万户笑颜开
——发动珠海社会力量 助力怒江精准脱贫

"全国人民共同携手奔小康"以及珠海市"百企帮百村""精准扶贫""消费扶贫"的号召，解决珠海市对口帮扶云南怒江地区农副产品滞销问题，三年长效帮扶怒江州，共同推动扶贫地区农副产品在珠海市的销售，有力地推动了贫困地区的经济发展。同时，珠海市商务局组织珠海易登科文化传播有限公司、星汉智能科技股份有限公司等企业代表参加星园市场农产品展销会等消费扶贫活动。其中，珠海易登科文化传播有限公司高层负责人在2018年12月8日的展销会上，以个人名义购买了价值6000多元的农副商品，积极帮助怒江州增收。

此外，珠海市香洲区、万山区与贫困村、贫困户建立稳定的利益联结机制和资产合作关系，以建立特色农业产业基地订单农业、农产品深加工等方式帮扶协作泸水市特色生态农业，组织香洲区、万山区龙头企业与泸水市新型农业经营主体沟通交流，加强农产品经贸和深加工合作，帮助泸水市搭建农副产品推介展销平台，引导泸水市特色农产品进入珠海、珠三角乃至港澳市场。

（四）劳务帮扶促稳岗就业

劳务输出是贫困群众脱贫致富最直接、最有效、最现实的途径之一，可以达到一人就业、全家脱贫的目的。怒江州劳动力转移就业不仅有增收脱贫的现实作用，更有帮助贫困人口开眼界、学技能、转变落后观念、融入现代社会的深远意义。

2019年，怒江州劳动力转移工作取得转移人数和稳岗率"双突破"。珠海、怒江两地联合开展转移就业引导性培训和针对性、实用性较强的技能培训，组织了80多家珠海企业深入怒江州各县市、乡镇、易地扶贫搬迁安置点开展劳动力转移对接，不断完善以"怒江员工之家"为平台的就业服务工作，持续加大转移就业组织动员和带队打工奖励和稳岗奖补力度。据统计，2019年，怒江州转移到广东省就业的劳动力有7397人（含职校实习就业666人），其中，贫困劳动力4199人（含实习就业324人），较2018年增长19.19%。转移到珠海就业的劳动力共3239人，其中，贫困劳动力2178人，较上年增长114.15%。在珠海务工的稳岗率从原来的20%提高到90%。2019年，珠海市通过产业帮扶项目带动贫困人口就地务工906人，通过扶贫车间等措施吸纳建档立卡贫困人口就业267人，合计帮助贫困人口就近就业1173人，较上年增长73%。

珠海市南方人力资源服务有限公司（以下简称"南方公司"）作为珠海市珠光集团控股有限公司的下属企业，已陆续组织逾60家珠海优质重点企业赴怒江开展专场招聘近30场次，现场提供岗位近7000个，通过网络等方式累计提供岗位逾2万个。截至2020年7月31日，南方公司已累计转移4116名劳动力至珠海就业，怒江籍务工人员稳定就业率从2017年的35%上升至2020年的90%以上，为促进怒江州贫困人口精准脱贫做出了较大贡献。

东西部扶贫协作和对口支援，是推动区域协调发展、协同发展、共同发展的大战略，是加强区域合作、优化产业布局、拓展对内对外开放新空间的大布局，是实现先富帮后富，最终实现共同富裕目标的大举措。在脱贫攻坚道路上，社会力量积极响应，履行社会责任，深入扶贫一线，从产业扶贫、教育扶贫、民生扶贫等多方面激发贫困群众的内生动力，阻断贫困代际传递，帮助构建脱贫致富长效机制，有力推动脱贫攻坚取得阶段性成果，赢得广大帮扶对象的信任和赞誉，突显了感党恩、听党话、跟党走的高度政治觉悟和行动自觉。见表14.1。

表14.1 珠海市爱心企业和社会组织结对情况一览

序号	企业名称	社会组织名称	结对帮扶村	备注
1	珠海市万山区桂山商业公司	珠海市港澳流动渔民协会	泸水市六库镇大密扣村	挂牌督战村
2	珠海市担杆镇资产经营中心	珠海市香洲港澳流动渔民协会	泸水市六库镇段家寨村	挂牌督战村
3	珠海市鑫圣投资有限公司	珠海市湾仔港澳流动渔民协会	泸水市六库镇苗干山村	挂牌督战村
4	珠海格力电器股份有限公司	珠海市港口协会	泸水市六库镇双米地村	挂牌督战村
5	珠海原妙医学科技股份有限公司	珠海证券期货业协会	泸水市称杆乡称杆村	挂牌督战村
6	珠海优特电力科技股份有限公司	珠海市会展旅游业协会	泸水市扶称杆乡排把村	挂牌督战村

(续表)

序号	企业名称	社会组织名称	结对帮扶村	备注
7	广东兆邦智能科技股份有限公司	珠海市医药行业协会	泸水市称杆乡赤乃耐村	挂牌督战村
8	珠海交通集团路桥开发建设有限公司	深圳市佳兆业公益基金会 珠海市医药流通行业协会	泸水市称杆乡自把村	挂牌督战村
9	珠海达明科技有限公司	珠海市新的社会阶层人士联合会	泸水市称杆乡堵堵洛村	挂牌督战村
10	珠海国际（澳门）职介所公司	珠海外商投资企业协会	泸水市称杆乡玛普拉地村	挂牌督战村
11	珠海市对外经济合作企业协会	珠海市进出口商会	泸水市称杆乡勒墨村	挂牌督战村
12	珠海国贸购物广场有限公司	珠海市服务贸易和外包行业协会	泸水市称杆乡前进村	挂牌督战村
13	珠海市供水机械工程有限公司	珠海市注册会计师协会	泸水市称杆乡王玛基村	挂牌督战村
14	纳思达股份有限公司	珠海市会计学会	泸水市称杆乡阿赤依堵村	挂牌督战村
15	珠海城市管道燃气有限公司	珠海市建筑业协会	泸水市古登乡亚碧罗村	挂牌督战村
16	珠海市润星泰电器股份有限公司	珠海市规划勘察设计行业协会	泸水市古登乡俄夺罗村	挂牌督战村
17	珠海经济特区对澳门供水有限公司	珠海市建设监理协会	泸水市古登乡马垮底村	挂牌督战村
18	珠海高速客轮有限公司	珠海市建筑安全协会	泸水市古登乡加夺马村	挂牌督战村
19	珠海格力物业管理有限公司	珠海市物业管理行业协会	泸水市古登乡色仲村	挂牌督战村

（续表）

序号	企业名称	社会组织名称	结对帮扶村	备注
20	珠海市新恒基发展有限公司	珠海市医学会	泸水市古登乡念坪村	挂牌督战村
21	珠海农控集团怒江投资有限公司	珠海市女企业家协会	泸水市洛本卓乡托拖村	挂牌督战村
22	珠海华发实业股份有限公司	珠海市台商投资企业协会	泸水市洛本卓乡保登村	挂牌督战村
23	珠海市建安集团有限公司	珠海市民营企业商会	泸水市洛本卓乡俄嘎村	挂牌督战村
24	珠海华发集团财务有限公司	珠海市华发公益基金会	泸水市洛本卓乡子竹村	挂牌督战村
25	珠海航空城发展集团有限公司	珠海市浙商慈善基金会	泸水市洛本卓乡色德村	挂牌督战村
26	珠海创投港珠澳大桥珠海口岸运营管理有限公司	珠海市快递行业协会	泸水市洛本卓乡格甲村	挂牌督战村
27	东信和平科技股份有限公司	珠海市斗门区农产品流通协会	福贡县上帕镇双米底村	挂牌督战村
28	珠海复粤实业发展有限公司	珠海市农副产品交易市场行业协会	福贡县上帕镇腊吐底村	挂牌督战村
29	珠海市斗门区旭日陶瓷有限公司	珠海市农产品流通协会	福贡县匹河乡普洛村	挂牌督战村
30	珠海健帆生物集团科技股份有限公司	珠海市电力行业协会 珠海市关爱协会	福贡县匹河乡瓦娃村	挂牌督战村
31	珠海元盛电子有限公司	珠海市软件行业协会	福贡县匹河乡果科村	挂牌督战村
32	珠海派诺科技股份有限公司	珠海市江西商会	福贡县子里甲乡子里甲村	挂牌督战村

（续表）

序号	企业名称	社会组织名称	结对帮扶村	备注
33	广东粤明电力工程有限公司	珠海市海南商会	福贡县子里甲乡俄科罗村	挂牌督战村
34	广东建粤工程有限公司	珠海市安徽商会	福贡县子里甲乡腊母甲村	挂牌督战村
35	珠海市年顺建筑有限公司	珠海湖南商会	福贡县子里甲乡金秀谷村	挂牌督战村
36	珠海爱浦京软件股份有限公司	珠海福建商会	福贡县子里甲乡亚谷村村	挂牌督战村
37	珠海云州智能科技有限公司	珠海市广西商会	福贡县架科底乡架科村	挂牌督战村
38	广东飞企互联科技股份有限公司	珠海市吉林商会	福贡县架科底乡南安建村	挂牌督战村
39	同望科技股份有限公司	珠海市湖南湘潭商会	福贡县架科底乡达大科村	挂牌督战村
40	广东中联建建筑工程有限公司	珠海四川商会	福贡县架科底乡阿达村	挂牌督战村
41	太平洋海洋工程（珠海）有限公司	珠海市湖北黄冈商会	福贡县架科底乡维独村	挂牌督战村
42	珠海华郡房产开发有限公司（华发）	珠海市湖南长沙商会	福贡县架科底乡里吾底村	挂牌督战村
43	珠海市广丰物流有限公司	珠海市黑龙江商会	福贡县鹿马登乡腊马洛村	挂牌督战村
44	珠海南方集成电路设计服务中心	珠海市律师协会	福贡县石月亮乡知洛村	挂牌督战村
45	长园电力技术有限公司	珠海市公证协会	福贡县马吉乡马吉米村	挂牌督战村
46	珠海格力市政工程有限公司	中共珠海市金网教育集团委员会	兰坪县中排乡北甸村	挂牌督战村

（续表）

序号	企业名称	社会组织名称	结对帮扶村	备注
47	珠海市横琴好景置业有限公司	珠海市体育总会	兰坪县中排乡怒夺村	挂牌督战村
48	上海隧道工程有限公司广东分公司	珠海市高尔夫球协会	兰坪县中排乡大宗村	挂牌督战村
49	珠海中冶名恒置业有限公司	珠海市文化产业协会	兰坪县中排乡大土基村	挂牌督战村
50	珠海市嘉运投资有限公司	珠海市旅游总会	兰坪县中排乡克卓村	挂牌督战村
51	珠海横琴跨境说网络科技有限公司	珠海市企业创新协会	兰坪县石登乡三角河村	挂牌督战村
52	广发证券股份有限公司	珠海市教育学会	兰坪县石登乡庄河村	挂牌督战村
53	珠海市横琴新区建设工程质量检测中心有限公司	珠海潮人海外联谊会	兰坪县兔峨乡丰甸村	挂牌督战村
54	珠海大横琴城市新中心发展有限公司	珠海市明珠公益慈善基金会	兰坪县兔峨乡大华村	挂牌督战村
55	珠海大横琴集团有限公司、珠海市横琴新区英才人力资源服务有限公司	中国国际商会珠海商会	兰坪县兔峨乡吾马普村	挂牌督战村
56	珠海市保益经贸发展有限公司	珠海市保险行业协会	兰坪县营盘镇拉古山村	挂牌督战村
57	珠海保税区建设开发有限公司	珠海市银行业协会	兰坪县营盘镇恩罗村	挂牌督战村
58	珠海圣美生物诊断技术有限公司	—	泸水市大兴地镇团结村	贫困村
59	珠海新恒润发展集团有限公司	—	泸水市大兴地镇木楠村	贫困村

（续表）

序号	企业名称	社会组织名称	结对帮扶村	备注
60	珠海市泉国丰房产投资发展有限公司	—	泸水市大兴地镇卯照村	贫困村
61	珠海雅敦生物科技有限公司	—	泸水市大兴地镇自扁王基村	贫困村
62	钰海地产集团有限公司	—	泸水市六库镇赖茂村	贫困村
63	珠海市泰锋电业有限公司	—	泸水市六库镇排路坝村	贫困村
64	珠海正汉置业有限公司	—	泸水市六库镇白水河村	贫困村
65	珠海红湾亿豪置业有限公司	—	泸水市上江镇新建村	贫困村
66	珠海绿景房地产开发有限公司	—	泸水市上江镇大练地村	贫困村
67	珠海通晟林产工业有限公司	—	泸水市上江镇蛮英村	贫困村
68	珠海市骏驰房地产开发有限公司	—	泸水市上江镇丙奉村	贫困村
69	珠海市沿海绿色家园房地产开发有限公司	—	泸水市上江镇丙贡村	贫困村
70	广东万山投资有限公司	—	泸水市六库镇六库村	贫困村
71	珠海联邦制药股份有限公司	—	泸水市片马镇片四河村	贫困村
72	珠海市香洲区海源教育技术培训学校	—	泸水市称杆乡双奎地村	贫困村
73	东信和平科技股份有限公司	—	泸水市古登乡佑雅村	贫困村

(续表)

序号	企业名称	社会组织名称	结对帮扶村	备注
74	广东六丰能源服务有限公司	—	泸水市古登乡腊斯底村	贫困村
75	珠海醋酸纤维有限公司	—	泸水市上江镇付坝村	贫困村
76	珠海华发城市运营投资控股有限公司	珠海河南商会	泸水市洛本卓乡金满村	贫困村
77	珠海城市建设集团有限公司	—	泸水市古登乡尼普罗村	贫困村
78	珠海公交文化传媒有限公司	—	泸水市古登乡季加村	贫困村
79	珠海市南方人力资源服务有限公司	—	泸水市古登乡干本村	贫困村
80	珠海市柠溪大西洋西餐厅	—	泸水市大兴地镇自基村	贫困村
81	珠海市新东升集团有限公司	—	泸水市大兴地镇鲁奎地村	贫困村
82	珠海丽珠试剂股份有限公司	—	泸水市洛本卓乡刮然村	贫困村
83	广东铭泰集团有限公司	—	泸水市大兴地镇四排拉多	贫困村
84	珠海市制造业协会	—	泸水市鲁掌镇三河村	贫困村
85	广东天章信息纸品有限公司	—	泸水市老窝镇中元村	贫困村
86	珠海名图科技有限公司	—	泸水市六库镇新田村	贫困村
87	珠海市大洲科技有限公司	—	福贡县马吉乡古当村	贫困村

（续表）

序号	企业名称	社会组织名称	结对帮扶村	备注
88	珠海高新发展有限公司	—	福贡县石月亮乡利沙底村	贫困村
89	珠海南方软件园发展有限公司	—	福贡县石月亮乡石门登村	贫困村
90	珠海高科创业投资管理有限公司	—	福贡县鹿马登乡鹿马登村	贫困村
91	珠海市高新建设投资有限公司	—	福贡县鹿马登乡赤洒底村	贫困村
92	珠海市春泽宏景房产开发有限公司	—	福贡县上帕镇腊竹底村	贫困村
93	珠海市佳兆业房地产开发有限公司	—	福贡县匹河乡架究村	贫困村
94	珠海市昱晖房地产开发有限公司(时代)	—	福贡县匹河乡老姆登村	贫困村
95	广东世荣兆业股份有限公司	—	福贡县匹河乡沙瓦村	贫困村
96	珠海再生时代文化传播有限公司	—	福贡县石月亮乡亚朵村	贫困村
97	珠海光宇电池有限公司	—	福贡县上帕镇知子洛村	贫困村
98	珠海越亚半导体股份有限公司	—	福贡县上帕镇古泉村	贫困村
99	珠海九控房地产有限公司	—	福贡县鹿马登乡麻甲底村	贫困村
100	广东坚士制锁有限公司	—	福贡县上帕镇达普洛村	贫困村
101	珠海中润投资集团有限公司	—	福贡县上帕镇珠明林村	贫困村

(续表)

序号	企业名称	社会组织名称	结对帮扶村	备注
102	珠海金山软件有限公司	—	福贡县匹河乡知子罗村	贫困村
103	珠海元朗食品有限公司	—	福贡县匹河乡托坪村	贫困村
104	珠海整合置业有限公司	—	兰坪县河西乡大羊村	贫困村
105	珠海来利科技有限公司	—	兰坪县河西乡玉狮村	贫困村
106	广东中保消防安全集团有限公司	—	兰坪县河西乡胜利村	贫困村
107	珠海保税区启航物流有限公司	—	兰坪县河西乡联合村	贫困村
108	珠海富力房地产开发有限公司	—	兰坪县啦井镇长涧村	贫困村
109	澳能（横琴）能源发展有限公司	—	兰坪县河西乡新发村	贫困村
110	珠海大横琴置业有限公司	—	兰坪县通甸镇通甸村	贫困村
111	珠海大横琴城市公共资源经营管理有限公司	—	兰坪县通甸镇丰华村	贫困村
112	珠海大横琴科技发展有限公司	—	兰坪县通甸镇黄松村	贫困村
113	中建三局第一建设工程有限责任公司珠海分公司	—	兰坪县通甸镇下甸村	贫困村
114	中国电建集团市政规划设计研究院有限公司	—	兰坪县通甸镇水俸村	贫困村

第十四章 珠海千家春风来 怒江万户笑颜开
——发动珠海社会力量 助力怒江精准脱贫

（续表）

序号	企业名称	社会组织名称	结对帮扶村	备注
115	珠海大横琴泛旅游发展有限公司	—	兰坪县通甸镇金竹村	贫困村
116	横琴发展有限责任公司	—	兰坪县河西乡河西村	贫困村
117	横琴国际广告文化创意产业发展有限公司	—	兰坪县河西乡共兴村	贫困村
118	横琴金投创业谷孵化器管理有限公司	—	兰坪县中排乡中排村	贫困村
119	亿商宝库跨境电商	—	兰坪县啦井镇期井村	贫困村
120	星汉智能科技股份有限公司	—	兰坪县啦井镇富和村	贫困村
121	珠海元盛电子科技股份有限公司	—	兰坪县啦井镇挂登村	贫困村
122	珠海巨龙盛世贸易有限公司	—	兰坪县啦井镇新建村	贫困村
123	惠嘉交通集团有限公司	—	兰坪县啦井镇九龙村	贫困村
124	珠海震邦发展有限公司	—	兰坪县营盘镇沧东村	贫困村
125	珠海市怡禾实业集团有限公司	—	兰坪县营盘镇凤塔村	贫困村
126	珠海横琴中经经贸商务有限公司	—	兰坪县营盘镇白羊村	贫困村
127	珠海市圣缘博艺展览有限公司	—	兰坪县营盘镇连城村	贫困村
128	珠海伊德赛科技有限公司	—	兰坪县石登乡界坪村	贫困村

（续表）

序号	企业名称	社会组织名称	结对帮扶村	备注
129	珠海市新恒达汽车修理有限公司	—	兰坪县石登乡小格拉村	贫困村
130	珠海横琴子安传媒科技有限公司	—	兰坪县通甸镇弩弓村	贫困村
131	懿德嘉行（珠海）教育产业发展管理有限公司	—	兰坪县通甸镇福登村	贫困村
132	珠海市中竣物业管理有限公司	—	兰坪县通甸镇箐头村	贫困村
133	珠海优力创科技有限公司	—	兰坪县通甸镇德胜村	贫困村
134	广东东方翠健康科技有限公司	—	兰坪县河西乡三界村	贫困村
135	横琴新区智汇亲地置业有限公司	—	兰坪县河西乡箐花村	贫困村
136	珠海市乐土投资管理有限公司	—	兰坪县河西乡胜兴村	贫困村
137	广东嘉宝华医药集团股份有限公司	—	兰坪县河西乡永兴村	贫困村
138	珠海米兰集团有限公司	—	兰坪县中排乡小龙村	贫困村
139	珠海横琴中闽投资控股有限公司	—	兰坪县中排乡烟川村	贫困村
140	珠海市千尺企业管理咨询有限公司	—	兰坪县中排乡信昌坪村	贫困村
141	珠海瑞格广告有限公司	—	兰坪县中排乡多依村	贫困村
142	珠海市鸿港建筑工程有限公司	—	兰坪县中排乡碧玉河村	贫困村

（续表）

序号	企业名称	社会组织名称	结对帮扶村	备注
143	珠海市胜威企业有限公司	—	兰坪县石登乡石登村	贫困村
144	珠海市香洲益荣贸易有限公司	—	兰坪县石登乡水银厂村	贫困村
145	珠海祥艺印刷广告有限公司	—	兰坪县石登乡谷川村	贫困村
146	珠海益健假日酒店	—	兰坪县石登乡回龙村	贫困村
147	珠海市同裕房地产有限公司	—	兰坪县兔峨乡江末村	贫困村
148	新伟大房产开发有限公司	—	兰坪县兔峨乡果力村	贫困村
149	珠海明泉辰光文化创意公司	—	兰坪县营盘镇黄梅村	贫困村
150	珠海市殷达建筑有限公司	—	兰坪县营盘镇新华村	贫困村
151	珠海市邦多商贸有限公司	—	兰坪县营盘镇松柏村	贫困村
152	珠海远康企业有限公司	—	兰坪县营盘镇黄柏村	贫困村
153	广东西岸建设有限公司	—	兰坪县通甸镇龙潭村	贫困村
154	珠海横琴村镇银行股份有限公司	—	兰坪县石登乡车邑坪村	贫困村
155	珠海国维财富投资集团有限公司	—	兰坪县石登乡大竹箐村	贫困村
156	中谷石化（珠海）集团有限公司	—	贡山县普拉底乡其达村	贫困村

（续表）

序号	企业名称	社会组织名称	结对帮扶村	备注
157	珠海粤裕丰钢铁有限公司	—	贡山县普拉底乡咪谷村	贫困村
158	珠海展辰新材料有限公司	—	贡山县捧当乡马西当村	贫困村
159	珠海长炼石化设备有限公司	—	贡山县捧当乡闪当村	贫困村
160	珠海华博新材料有限公司	—	贡山县捧当乡永拉嘎村	贫困村
161	珠海市振平投资控股有限公司	—	贡山县茨开镇镇丹珠村	贫困村
162	珠海市汇平投资管理有限公司	—	贡山县茨开镇吉束底村	贫困村
163	联邦制药	—	贡山县普拉底乡腊咱村	贫困村
164	珠海鼎立包装制品有限公司	—	贡山县普拉底乡禾波村	贫困村
165	珠海润都制药股份有限公司	—	贡山县普拉底乡力透底村	贫困村
166	珠海华实科技有限公司	—	贡山县茨开镇茨开村	贫困村
167	丽珠医药集团股份有限公司	—	贡山县丙中洛镇双拉村	贫困村
168	广东天章集团	—	贡山县丙中洛镇甲生村	贫困村
169	珠海迈科智能科技股份有限公司	—	贡山县丙中洛镇秋那桶村	贫困村
170	珠海市美满汽车贸易有限公司	—	贡山县丙中洛镇丙中洛村	贫困村

（续表）

序号	企业名称	社会组织名称	结对帮扶村	备注
171	三一海洋重工有限公司	—	贡山县普拉底乡补久娃村	贫困村
172	番禺珠江钢管（珠海）有限公司	—	贡山县捧当乡迪麻洛村	贫困村
173	汤臣倍健股份有限公司	—	贡山县茨开镇满孜村	贫困村
174	广东和氏自动化技术股份有限公司	—	贡山县茨开镇双拉娃	贫困村
175	三威集团	—	贡山县茨开镇嘎拉博	贫困村

注：本表资料由珠海市和怒江州扶贫工作领导小组提供。

参 考 文 献

专著

[1] 中共中央马克思恩格斯列宁斯大林著作编译局. 马克思恩格斯选集：第一卷［M］. 北京：人民出版社，2012.

[2] 中共中央马克思恩格斯列宁斯大林著作编译局. 马克思恩格斯文集：第三卷［M］. 北京：人民出版社，2008.

[3] 邓小平. 邓小平文选：第三卷［M］. 北京：人民出版社，1993.

[4] 江泽民. 江泽民文选：第一卷［M］. 北京：人民出版社，2006.

[5] 习近平. 习近平谈治国理政：第一卷［M］. 北京：外文出版社，2018.

[6] 中共中央文献研究室. 习近平总书记重要讲话文章选编［M］. 北京：中央文献出版社，2016.

[7] 习近平. 摆脱贫困［M］. 福州：福建人民出版社，2016.

[8] 中共中央文献研究室. 十八大以来重要文献选编：上［M］. 北京：中央文献出版社，2014.

[9] 中共中央文献研究室. 十八大以来重要文献选编：中［M］. 北京：中央文献出版社，2016.

[10] 中共中央文献研究室. 十八大以来重要文献选编：下［M］. 北京：中央文献出版社，2018.

[11] 习近平. 做焦裕禄式的县委书记［M］. 北京：中央文献出版社，2015.

[12] 中共中央文献研究室. 习近平关于社会主义经济建设论述摘编［M］. 北京：中央文献出版社，2017.

[13] 中共中央党史和文献研究院. 习近平扶贫论述摘编［M］. 北京：中央文献出版社，2018.

［14］黄承伟.中国共产党怎样解决贫困问题［M］.南昌：江西人民出版社，2020.

［15］人民日报评论部.习近平用典［M］.北京：人民日报出版社，2015.

［16］玛雅.道路自信：中国为什么能［M］.北京：北京联合出版公司，2013.

［17］蓝红星，庄天慧.中国深度贫困地区跨越贫困陷阱研究［M］.北京：经济管理出版社，2019.

［18］陈刚，徐舜杰.人类学与山地文明［M］.黑龙江：黑龙江人民出版社，2016.

报纸文章

［1］习近平在中共中央政治局第二十二次集体学习时强调　健全城乡发展一体化体制机制　让广大农民共享改革发展成果［N］.人民日报，2015－05－02（1）.

［2］习近平.认清形势聚焦精准深化帮扶确保实效　切实做好新形势下东西部扶贫协作工作［N］.人民日报，2016－07－22（1）.

［3］习近平.在决战决胜脱贫攻坚座谈会上的讲话［N］.人民日报，2020－03－07（2）.

［4］习近平.在知识分子、劳动模范、青年代表座谈会上的讲话［N］.人民日报，2016－04－30（2）.

［5］习近平.在基层代表座谈会上的讲话［N］.人民日报，2020－09－20（2）.

［6］习近平.全面贯彻落实党的教育方针　努力把我国基础教育越办越好［N］.人民日报，2016－09－10（1）.

［7］习近平.决胜全面建成小康社会　夺取新时代中国特色社会主义伟大胜利：在中国共产党第十九次全国代表大会上的报告［N］.人民日报，2017－10－28（1）.

［8］习近平.牢记初心使命贯彻以人民为中心发展思想　把祖国北部边疆风景线打造得更加亮丽［N］.人民日报，2019－07－17（1）.

［9］习近平.给"国培计划（二〇一四）"北师大贵州研修班参训教师的回信［N］.人民日报，2015－09－10（1）.

［10］习近平.在深度贫困地区脱贫攻坚座谈会上的讲话［N］.人民日

报,2017-09-01(2).

[11] 习近平.把群众安危冷暖时刻放在心上　把党和政府温暖送到千家万户[N].人民日报,2012-12-31(1).

[12] 习近平.携手消除贫困　促进共同发展[N].人民日报,2015-10-17(2).

[13] 刘延东.深入贯彻党的十九大精神　奋力开创新时代民族工作新局面[N].光明日报,2017-12-22(3).

[14] 中共十九届四中全会在京举行　中央政治局主持会议　中央委员会总书记习近平作重要讲话[N].人民日报,2019-11-01(1).

[15] 中共中央关于制定国民经济和社会发展第十三个五年规划的建议[N].人民日报,2015-11-04(1).

[16] 马陆亭.扶智、扶业、扶志,是教育扶贫之根本[N].光明日报,2020-06-30(13).

[17] 王淑娟.怒江州推进草果产业发展,构建稳定增收长效机制　大峡谷的致富果[N].云南日报,2020-05-17(5).

[18] 李寿华.珠海结对怒江开展特色办学[N].云南日报,2020-07-29(6).

[19] 习近平在贵州调研时强调　看清形势适应趋势发挥优势　善于运用辩证思维谋划发展[N].人民日报,2015-06-19(1).

[20] 黄敬文.中央经济工作会议在北京举行[N].人民日报,2020-12-19(1).

[21] 鞠鹏.中共十九届五中全会在京举行[N].人民日报,2020-10-30(1).

[22] 刘永富.切实把精准扶贫精准脱贫落到实处:学习贯彻习近平总书记扶贫开发战略思想研讨会发言摘编　坚决打赢脱贫攻坚战[N].人民日报,2016-10-20(16).

[23] 李涛.习近平在东西部扶贫协作座谈会上强调　认清形势聚焦精准深化帮扶确保实效　切实做好新形势下东西部扶贫协作工作[N].人民日报,2016-07-22(1).

[24] 李斌,李自良,张铎."全面实现小康,一个民族都不能少":习近平总书记会见贡山独龙族怒族自治县干部群众代表侧记[N].

人民日报，2015-01-23（2）.

［25］宋雪梅.四年投入扶贫资金逾33亿元　珠海财政靶向发力坚决打赢脱贫攻坚战［N］.珠海特区报，2020-04-08（1）.

［26］陈怡希.我省对标对表控辍保学目标任务：义务教育"一个都不能少"［N］.云南日报，2020-08-08（8）.

［27］怒江州文化和旅游局.怒江文化旅游产业呈现持续健康发展态势［N］.怒江日报，2019-09-18（2）.

［28］珠海特区报评论员.鱼渔并授推进精准扶贫：再论全面对接做实珠海与怒江东西扶贫协作工作［N］.珠海特区报，2016-10-10（2）.

［29］萧橡."优先支持贫困劳动力就业"重在做细做实［N］.北京青年报，2020-04-30（2）.

［30］蒋洪强等.云南怒江州的绿水青山价值与生态脱贫之路［N］.中国环境报，2020-08-13（3）.

［31］谢环驰.习近平在十八届中共中央政治局常委同中外记者见面时强调　人民对美好生活的向往就是我们的奋斗目标［N］.人民日报，2012-11-16（4）.

［32］黄敬文.习近平在部分省区市党委主要负责同志座谈会上强调谋划好十三五时期扶贫开发工作　确保农村贫困人口到2020年如期脱贫［N］.人民日报，2015-06-20（1）.

［33］向德平.推动贫困治理专业化精细化［N］.光明日报，2019-10-17（11）.

［34］李景治.加强和改善党对脱贫攻坚的领导［N］.人民日报，2020-07-15（9）.

［35］刘明国.习近平扶贫重要论述的深刻内涵与重大贡献［N］.学习时报，2019-04-24（1）.

［36］胡钰衍.珠海累计投入近亿元资金帮扶怒江州教育发展　教育扶贫谱写"山海情歌"［N］.南方日报，2021-01-07（ZC03）.

期刊文章

［1］习近平.在解决"两不愁三保障"突出问题座谈会上的讲话［J］.求是，2019（16）：4-12.

[2] 马锐.加强工贸企业安全生产体系管理与专项治理[J].劳动保护,2018(1):15-16.

[3] 左停,刘文婧,李博.梯度推进与优化升级:脱贫攻坚与乡村振兴有效衔接研究[J].华中农业大学学报(社会科学版),2019(5):21-28,165.

[4] 齐峰,由田.新时代文化扶贫的现实困境与路径探究[J].江淮论坛,2020(1):146-150.

[5] 许英凤,侯西安.习近平生态扶贫思想及其现实启示[J].西南交通大学学报(社会科学版),2018,19(5):1-6.

[6] 李川南,段建琴.坚决打赢打好怒江州深度贫困脱贫攻坚战[J].中共云南省委党校学报,2019,20(2):133-137.

[7] 李刚,徐虹.影响我国可持续旅游扶贫效益的因子分析[J].旅游学刊,2006(9):64-69.

[8] 李勇.改革开放以来东西扶贫协作政策的历史演进及其特点[J].党史研究与教学,2012(2):36-43.

[9] 杨扬,韩潇霏.教育精准扶贫的现实困境及应对策略[J].教学与管理,2020(9):17-20.

[10] 肖日葵.家庭背景、文化资本与教育获得[J].教育学术月刊,2016(2):12-20,41.

[11] 陈贵刚.怒江州旅游业发展问题探析[J].中共云南省委党校学报,2007(1):123-124.

[12] 陈惠敏.深度贫困地区经济结构优化与教育扶贫协同发展的对策[J].广西社会科学,2018(10):94-96.

[13] 陈豪荣.舟山市多举措开展涉氨专项治理[J].劳动保护,2018(6):24-26.

[14] 国务院关于印发"十三五"国家科技创新规划的通知[J].中华人民共和国国务院公报,2016(24):6-53.

[15] 金久仁.精准扶贫视域下推进城乡教育公平的行动逻辑与路径研究[J].教育与经济,2018(4):30-36,45.

[16] 赵迎芳.当代中国文化扶贫存在的问题与对策[J].理论学刊,2017(5):113-120.

[17] 钟慧笑.教育扶贫是最有效、最直接的精准扶贫:访中国教育学

会会长钟秉林［J］.中国民族教育，2016（5）：22 – 24.

［18］陶少华.资本理论视阈下旅游扶贫类型学新探［J］.云南民族大学学报（哲学社会科学版），2020，37（1）：106 – 110.

［19］黄承伟.东西部扶贫协作的实践与成效［J］.改革，2017（8）：54 – 57.

［20］梅淑娥."两定制一兜底"做好健康扶贫工作［J］.中国经济信息，2018（21）：48 – 49.

［21］谢君君.教育扶贫研究述评［J］.复旦教育论坛，2012（3）：66 – 71.

［22］翟绍果，严锦航.健康扶贫的治理逻辑、现实挑战与路径优化［J］.西北大学学报（哲学社会科学版），2018，48（3）：56 – 63.

［23］熊才平，丁继红，葛军，等.信息技术促进教育公平整体推进策略的转移逻辑［J］.教育研究，2016，37（11）：39 – 46.

［24］檀学文，白描.论高质量脱贫的内涵、实施难点及进路［J］.新疆师范大学学报（哲学社会科学版），2021（2）：29 – 40.

［25］魏丹.教育精准扶贫的价值逻辑、实践问题及对策［J］.教学与管理，2019（33）：4 – 7.

［26］纳云德.锻造"有情怀有血性有担当"脱贫攻坚干部　坚决打赢怒江深度贫困脱贫攻坚战［J］.云岭先锋，2020（4）：17 – 18.

［27］中共云南省委.让贫困地区同步全面建成小康社会：深入学习贯彻习近平总书记关于扶贫开发的战略思想［J］.求是，2015（7）：11 – 14.

［28］张琦，张涛，李凯.中国减贫的奇迹：制度变革、道路探索及模式创新［J］.行政管理改革，2020（5）：47 – 56.

［29］王红艳.中国扶贫模式核心特征研究［J］.理论学刊，2020（4）：139 – 149.

［30］何家伟.习近平东西部扶贫协作重要论述研究［J］.武汉科技大学学报（社会科学版），2020，22（2）：164 – 171.

网络文献

［1］11月27日至28日，习近平出席中央扶贫开发工作会议并发表重

要讲话 [EB/OL]. (2015-12-30) [2020-09-28]. http://www.farmer.com.cn/ywzt/wpd/fp/201512/t20151230_1168665.htm.

[2] 习近平扶贫新论断:扶贫先扶志、扶贫必扶智和精准扶贫 [EB/OL]. (2016-01-03) [2020-10-07]. http://news.cnr.cn/native/gd/20160103/t20160103_521009771.shtml.

[3] 张文凌. 云南怒江实施生态补偿助百姓脱贫. [EB/OL]. (2017-09-29) [2020-09-05]. http://news.cyol.com/content/2017-09/29/content_16544271.htm.

[4] 郁伍林:怒江乡村旅游产业领头雁 [N/OL]. 怒江日报, 2019-07-29 [2020-11-05]. http://zwb.nujiang.cn/Html/2019-07-29/16449.html.

[5] 李寿华. 珠海携手怒江 跨越山海协力攻坚 [EB/OL]. (2020-07-26) [2020-09-16]. https://baijiahao.baidu.com/s?id=1671453736371286975&wfr=spider&for=pc.

[6] 云南发布. 帮扶昭通、携手怒江!滇粤合力攻坚克难 [EB/OL]. (2020-07-07) [2020-09-13]. https://www.wxnmh.com/thread-7322436.htm.

[7] 怒江州委组织部. 怒江:驻村工作队"样板"助力脱贫攻坚 [EB/OL]. (2019-04-08) [2020-09-16]. http://ylxf.1237125.cn/NewsView.aspx?NewsID=283266.

[8] 内蒙古自治区中国特色社会主义理论体系研究中心. 易地扶贫搬迁要实现可持续发展 [EB/OL]. (2017-07-17) [2020-11-05]. http://theory.people.com.cn/n1/2017/0717/c412680-29409303.html.

[9] 怒江州委统战部. 珠海市&怒江州:跨越千里,携手战贫 [EB/OL]. (2020-08-28) [2020-09-19]. http://www.swtzb.yn.gov.cn/ggbf/202008/t20200828_1022908.html.

[10] 国家统计局住户办. 扶贫开发持续强力推进 脱贫攻坚取得历史性重大成就:新中国成立70周年经济社会发展成就系列报告之十五 [EB/OL]. (2019-08-12) [2020-11-25]. http://www.gov.cn/xinwen/2019-08/12/content_5420656.htm.

[11] 国务院人口普查办公室,国家统计局人口和就业统计司. 中国

2010 年人口普查资料［R/OL］.（2011-04-28）[2020-09-15］. http：//www. stats. gov. cn/tjsj/pcsj/rkpc/6rp/indexce. htm.

［12］地形地貌［EB/OL］.（2019-09-08）[2020-09-26］. https：//www. nujiang. gov. cn/2019/0908/13039. html.

［13］怒江傈僳族自治州人民政府州长李文辉. 政府工作报告：2020 年 1 月 17 日在怒江傈僳族自治州第十一届人民代表大会第五次会议第一次全体会议上［N/OL］. 怒江日报，2020-03-11[2020-09-29］. http：//zwb. nujiang. cn/Html/2020-03-11/19088. html.

附 录

山与海的牵手
——珠海、怒江扶贫协作之歌

蔡新华 词
李需民 曲

1=F 4/4 ♩=93

[女]山依偎着海，海拥抱着山，高山与大海一脉相连。[男]山呼应着海，海呼唤着山，珠海与怒江心手相牵。

1=♭E（前5=后6）

[众女/众男]我从南海之滨，来到高黎贡山。带来了特区人民的心愿心愿，我从南海之滨，来到高黎贡山。

民族团结春满园，精准扶贫重任在肩。扶贫协作脱贫攻坚哦扶贫攻坚，民族团结春满园，精准扶贫重任在肩。

凝聚着怒江各族的期盼期盼
珠海与怒江共创明天明天

1=F

[男]山村托着海，海辉映着山，珠海与怒江千里共婵娟。山村托着海，海辉映着山，珠海与怒江千里共婵娟。

娟

后　记

　　2019年8月,时任怒江州社科联主席陈大勇、副主席祝培荣一行五人到珠海调研。珠海市社科联党组书记、主席蔡新华同志主持召开座谈会,在会上双方达成共识:新时代的哲学社会科学工作者应当积极主动践行习近平总书记在哲学社会科学工作座谈会上的讲话精神,不负总书记对哲学社会科学工作者的殷切期盼,"立时代之潮头,通古今之变化,发思想之先声",有所作为,有所贡献。双方认为应当携手合作,对珠海市自2016年以来对口怒江州东西部扶贫协作实践案例尽快展开研究,以期形成具有理论和实践意义的学术成果。在此基础上,编纂一部珠海对口怒江东西部扶贫协作的理论研究文集,成为两地社科界的共识。理论文集既是珠海帮扶怒江脱贫攻坚的一个理论总结,也是中国东西部扶贫协作实践的一个典型案例,更是彰显习近平新时代中国特色社会主义思想作为当代中国马克思主义的科学性、真理性、实践性、伟大性的实践之篇。

　　为此,珠海市社科联和怒江州社科联共同组成编委会,蔡新华同志担任主任委员。他将本论文集书名拟定为"山与海的牵手",并写出了《山与海的牵手——珠海、怒江扶贫协作之歌》的歌词,珠海市音乐家协会主席、著名作曲家李需民欣然为之作曲。编委会邀请前后两任珠海驻怒江扶贫工作组组长张松、叶真同志担任本书顾问,拟定文集初步纲目,确定由珠海市智源社会经济发展研究院具体组织编写,由中国地质大学(武汉)二级教授兼智源研究院院长李祖超同志和珠海市社科联党组成员、副主席曹诗友同志任主编。编委会积极协调珠海、怒江各方,广泛发动材料的征集工作,并派出由曹诗友同志带队,李祖超、祝培荣、杨延文、林湘、谢首军、仝宣文、孙心宇等组成的调研组,深入怒江州及所辖市(县)政府、街道、企业、学校、医院、安置居住区,广泛接触干部群众,对怒江州的工业、农业、文教、卫生、商业、旅游、国土资源等进行深入调研,收集到大量第一手材料和典型案例。编委会和编写组多次召开协调会、写作会、审稿会,最终交出了这一答卷。

编委会和编写组的同志们前方后方同步开展工作,上下同心,攻坚克难,有时一个问题反复讨论很多次,通宵达旦,夜以继日,此中艰苦,唯此心知。在写作的过程中,所有参与的同志都有一种激情、一种斗志、一种发自内心的使命感。大家都被怒江感动,被怒江人爱国爱家、积极乐观、团结进步、勤劳务实的精神感动,被怒江干部群众勇于担当、积极求变、冲锋在前、牺牲奉献的精神感动,更被怒江州脱贫攻坚面临的困难程度和特殊程度震撼,被怒江州在自身的努力和各方的帮助下如期实现脱贫目标的伟大成就震撼;同时,也被珠海感动,被珠海在帮扶怒江过程中体现的山海情深、义无反顾、全民参与、不计代价的帮扶精神感动,被珠海干部群众深度参与怒江州脱贫攻坚过程中涌现出来的各种英雄事迹感动。这也使我们更加深刻地认识到习近平新时代中国特色社会主义思想是真正的当代中国马克思主义,21 世纪马克思主义是中华文化和中国精神的时代精华,认识到习近平总书记关于扶贫的重要论述在脱贫攻坚战中的科学指导作用,认识到只有坚持中国共产党的领导,坚持中国特色社会主义道路、理论、制度、文化自信,坚定政治意识、大局意识、核心意识、看齐意识,坚决维护习近平总书记党中央的核心地位,维护党中央权威和集中统一领导,才能实现这样的"人间奇迹"。所有的这些感动、震撼和认识最终化成本书的文字。

我们力求真实再现珠海市帮扶怒江州脱贫攻坚的实践,总结东西部广大干部群众携手打赢脱贫攻坚战的成功经验,努力讲好山海牵手实现扶贫致富双赢的感人故事,尝试探索新时代深度贫困地区脱贫致富的基本规律,从哲学社会科学理论的高度进行归纳总结,提炼形成可供复制和借鉴的理论和实践模式。特别是论文中一些有针对性且具有可行性的建议,我们希望能更多、更准确、更快速地应用到怒江州今后的发展中。当然,由于我们经验不足且成书时间较为仓促,难免挂一漏万,诸多不足之处还请专家和读者批评指正。

在本书即将付梓之际,感谢本书顾问张松、叶真同志为本书的编纂提供宝贵意见和大力支持。感谢珠海市农业农村局(市扶贫办)和怒江州相关单位对本书最新数据(截至 2020 年 12 月)的复校和修订。

后记

感谢中国地质大学（武汉）高等教育研究所、马克思主义学院对本书写作及出版的热情支持，感谢中山大学出版社对本书出版的支持，感谢各位编辑的帮助和辛劳，感谢珠海炎黄文化研究会会长、著名书画家张建猛（墨人）先生为本书题写书名。本书还借鉴参考了大量的相关研究文献，恕不一一恭录，谨致诚挚的谢意。

此外，特别感谢为本书的成功编写提供了宝贵素材的珠海市各单位及其工作人员（排名不分先后）：驻怒江扶贫工作组、市委宣传部、市工业和信息化局、市民政局、市财政局、市交通运输局、市农业农村局（市扶贫办）、市商务局、市文化广电旅游体育局、市卫生健康局、市国资委、市工商联、团市委、市妇联等，横琴新区（扶贫办）、香洲区（社科联）、斗门区（宣传部、组织部、扶贫办、教育局、人社局、卫健局、文旅局）、高新区、保税区，格力集团、珠光集团、航空城集团、华发集团、市供水公司、九控房地产公司、高速客轮有限公司、供水机械工程有限公司、金网教育集团等。还要特别感谢为本书的成功编写提供了实地调查资料的怒江州各单位及其工作人员（排名不分先后）：州委宣传部、州扶贫办、泸水市、福贡县、兰坪县、贡山县、通甸镇、丙中洛镇、知子罗村、秋那桶村、腊咱村等，怒江州职教中心、云南师范大学附属怒江州民族中学、大理大学附属泸水一中、兰坪一中、格力小学、怒江州人民医院、兰坪县人民医院、丙中洛镇卫生院等，以及各扶贫车间、各种养殖基地、各搬迁安置点等。

本书是集体智慧的结晶。编写组成员主要是李祖超教授指导的博士、硕士团队。各部分执笔人为——前言：林湘；绪论：李祖超；第一章：仝宣文；第二章：陈庆庆；第三章：李霞、李祖超；第四章：李霞；第五章：裴跃祖；第六章：张文冰；第七章：刘百冰；第八章、第十章：彭锶雪；第九章：仝宣文、谢首军；第十一章、第十二章：李梦柯；第十三章、第十四章：侯运丽；歌曲作词：蔡新华，作曲：李需民；后记：林湘；协助整理资料：陈庆庆、陈蕾、陈俊泳、王晓璐、钱雪琴、伍青青。

编　者

2021 年 12 月